C·H·Beck

PAPERBACK

W0094002

CHRISTOPH PODEWILS

DEUTSCHLAND UNTER STROM

Unsere Antwort auf die Klimakrise

Mit einem Vorwort von
Eckart von Hirschhausen

C.H.BECK

Mit 11 Abbildungen

Mit * markierte Passagen im Text verweisen auf den
Anhang mit weiterführenden Links.
Stand: Juni 2021

Alle Links und weiterführende Informationen unter
www.deutschlandunterstrom.de

Originalausgabe
© Verlag C.H.Beck oHG, München 2021
www.chbeck.de
Umschlaggestaltung: geviert.com, Nastassja Abel
Umschlagabbildung: © Shutterstock
Satz: C.H.Beck.Media.Solutions, Nördlingen
Druck und Bindung: Druckerei C.H.Beck, Nördlingen
Gedruckt auf säurefreiem und alterungsbeständigem Papier
Printed in Germany
ISBN 978 3 406 77537 6

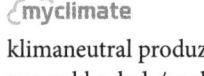

klimaneutral produziert
www.chbeck.de/nachhaltig

Für Franca und Johann. Sie werden eines Tages
hoffentlich sagen können, dass wir die Klimakrise
in den Griff bekommen haben.

Inhalt

Energiewende Made in Germany

Vorwort von Eckart von Hirschhausen

Wo würden Sie lieber einatmen: hundert Meter neben einer Solaranlage oder hundert Meter neben einem Kohlekraftwerk? Und wo würden Sie lieber stehen, wenn die Technik versagt: hundert Meter neben einem Windrad oder hundert Meter neben einem Atomkraftwerk?

Zwei provokative Fragen zu einem Thema, das unsere Gemüter erhitzt, aber eben im Fall vom Kohlekraftwerk auch die Atmosphäre.

Allein aus der Perspektive der Medizin wundere ich mich, warum die Energiewende immer noch vorrangig als ein technisches Problem diskutiert wird, statt, wie mir das angemessener erscheint, auch darüber zu reden, wie viel gesünder hundert Prozent erneuerbare Stromerzeugung für uns alle wäre. Stromerzeugung hat sehr viele politische und gesellschaftliche Dimensionen, und weil sie so zentral für die Treibhausgasbilanz ist und damit für die Frage, wie stark uns all die negativen Folgen in diesem Jahrhundert treffen, möchte ich ein paar Dinge zu dem Thema teilen, die mich überrascht haben.

Braunkohleverstromung ist extrem ungesund. Für die Menschen, die im Kohleabbau arbeiten, und für alle, die später die Drecksluft einatmen müssen. Ein weniger bekanntes Risiko sind weitere Gifte, die aus den Schornsteinen kommen. Quecksilber kennen die meisten noch als die Silbersäule in den alten Thermometern. Weil es so giftig ist für unser Nervensystem, wurde es im medizinischen Kontext verboten: Thermometer enthalten heute kein Quecksilber mehr. Auch Impfstoffe sind seit 2002 frei von Quecksilberverbindungen. Braunkohle leider nicht. Weil Quecksilber in dem Gesteinsgemisch drinsteckt, wird es automatisch auch mitverbrannt und freigesetzt. Damit sind Deutschlands Kohlekraftwerke nicht nur Klimasünder, sondern auch Giftschleudern. Sie stoßen jährlich rund sieben Tonnen Quecksilber aus. Ausnahmsweise sind da die US-Grenzwerte strenger. Wenn man die für Quecksilber anwenden würde, müssten alle deutschen Braunkohlekraftwerke sofort vom Netz. Nirgendwo in Europa wird von dem insbesondere für das Nervensystem giftigen Schwermetall mehr emittiert als in Deutschland.

Und wie ungesund ist es für die Arbeiter? Immer wieder wird über Arbeitsplätze in der Braunkohleindustrie gesprochen, die man aus historischer Verantwortung doch zu schützen habe. Für viele Menschen ist der Beruf ein großer Teil ihrer Identität, manchmal sogar über Generationen hinweg. Im Ruhrgebiet oder in der Lausitz war man stolz auf die «Malocher». Gerade weil alle wussten, wie sehr die harte Arbeit auf die Knochen ging, wurden die Arbeiter wie Helden verehrt. Es ist wichtig, diese Menschen für ihre Rolle beim Wiederaufbau und beim Wirtschaftswunder anzuerkennen. Auf der anderen Seite ist es auch wichtig, diesen Mythos zu hinterfragen, wenn heute viel klarer als damals ist, dass es erstens günstigere und gesündere alternative Energiequellen gibt. Und der Preis heute auf der persönlichen wie auf der gesellschaftlichen Ebene zu hoch ist.

So neu ist das Thema nicht. Am 28. April 1961 versprach Willy Brandt in seinem Wahlprogramm: «Erschreckende Untersuchungsergebnisse zeigen, dass im Zusammenhang mit der Verschmutzung von Luft und Wasser eine Zunahme von Leukämie, Krebs, Rachitis und Blutbildveränderungen sogar schon bei Kindern festzustellen ist. Es ist bestürzend, dass diese Gemeinschaftsaufgabe, bei der es um die Gesundheit von Millionen Menschen geht, bisher fast völlig vernachlässigt wurde. Der Himmel über dem Ruhrgebiet muss wieder blau werden!» Damit rückte Brandt ein vernachlässigtes Problem ins Blickfeld, die Schattenseiten des deutschen Wirtschaftswunders, und er forderte «Soziale Gerechtigkeit durch mehr Umweltschutz». Jochen Flasbarth, heute Staatssekretär im Umweltbundesamt, erinnert sich an seine Kindheit in Duisburg. «Wir konnten die Wäsche zum Lüften nicht raushängen, weil wir sie sonst dreckiger wieder reingezogen hätten. Das war vor allem der rote Staub der Kupferhütte.» Atemwegserkrankungen und Asthma bei den Kindern war damals entsprechend häufig. Der «blaue Himmel» ist wahr geworden, der Umweltschutz hat im Ruhrgebiet eine unglaubliche Erfolgsgeschichte geschrieben.

Als ich mit Bernd Ulrich, dem Politik-Chefredakteur der *Zeit* darüber sprach, warum sich die Politik mit dem Klimaschutz so schwer tut, erzählte er mir von seinem Patenonkel, der noch im Kohlebergbau als Steiger gearbeitet hat. «Ich kenne den Gestank von Schwefel und Kohlen, ich habe noch die Männer gesehen, wie sie ihre Lunge ins Taschentuch gehustet haben. Was mich als Kind schon gewundert hat: Diese Männer haben alle auch geraucht. Ich glaube, sie waren gezwungen, ihren Körper für den Bergbau hinzugeben. Das Rauchen war dann ein Akt der Autonomie. Bergbau war eine extrem anstrengende, eine sehr traurige Arbeit. Diese Männer haben sich aufgeopfert für den Fortschritt, und irgendwann wurden sie aufs alte Eisen geschoben. Ich verstehe, dass das einen frustriert.»

Von den Arbeitern erreichten viele nicht das Rentenalter. Die dritte Begegnung, die mich an der Glorifizierung der Kohlearbeitsplätze zweifeln ließ, war ein Gespräch mit Horst Lichter im Rahmen meiner WDR-Sendung *Sprechstunde*. Horst hatte als junger Mann bereits zwei Schlaganfälle, was sehr ungewöhnlich ist. Auf der Suche nach möglichen Gründen erzählte er, dass auch er im Bergwerk gearbeitet und dabei ständig diese Stäube eingeatmet habe, die, wie man heute weiß, über die Lunge auch im Kreislaufsystem und im Gehirn heftige Schäden hinterlassen können. Wieso denken wir beim Kohleausstieg so wenig an die Opfer? Wir nehmen es hin, dass tausende und abertausende Bergleute gestorben sind, viel zu früh, an Lungenkrebs und anderen Krankheiten. Wir nehmen es für die Autoindustrie hin, dass tausende Menschen jedes Jahr durch Verkehrsunfälle sterben. Und wir nehmen es hin, dass durch die Luftverschmutzung weitere zigtausend

Menschen sterben. Wofür? Bernd Ulrich hinterfragt: «Die Opfer-
bereitschaft der Gesellschaft ist ansonsten geringer geworden.
Wir würden ja, von absoluten Extremfällen abgesehen, nicht
mehr tausende Soldaten in irgendwelche Kriege schicken und da
umkommen lassen. Aber auf dem Schlachtfeld der Industrie und
Konsumgesellschaft akzeptieren wir es immer noch.»

Man kann die Geschichte unserer Zivilisation nur verstehen,
wenn man auch mitdenkt, welche Energiequellen den Menschen
in welcher Zeit zur Verfügung standen. Die Klimakrise ist der
Preis für die 200 Jahre Industrialisierung. Und wir haben, um diesen Teufelskreis umzudrehen, nicht weitere 200 Jahre Zeit, sondern müssen spätestens in 30 Jahren, also zur Mitte dieses Jahrhunderts, die komplette Trendwende geschafft haben: Energie
ohne Treibhausgase erzeugen und langfristig die Kohle, die wir als
Kohlendioxid in die Luft gepustet haben, wieder aus der Atmosphäre zurück auf die Erde holen und am besten wieder unter
der Erde lagern – das ist die Mammutaufgabe, vor der wir gerade
stehen.

Transformation heißt auch, dass es manche Berufe nicht mehr
braucht. So war das immer. Als das Rad erfunden wurde, mussten
Sänftenträger besänftigt werden. Als das Auto erfunden wurde,
die Kutscher. Deshalb wird es in diesem Prozess auch Menschen
geben, die umdenken müssen, sich eventuell auch als «Verlierer»
fühlen könnten. Aber gibt es nicht auch eine andere Sicht darauf?
Als die Digitalisierung der Filmindustrie begann, konnten Menschen erstmalig Filme als VHS-Kassetten oder später DVD nach
Hause nehmen und selbst etwas tun, wofür es bis dahin das Kino
gab: einen Film einlegen. Damals eine Sensation. Die erste Welle
des Kinosterbens begann, dafür entstanden Videotheken an jeder
Straßenecke. Gibt es die noch? Nein – denn im nächsten Schritt
wurde Streaming möglich, es brauchte keine DVD- oder VHS-
Technik mehr. Haben die etwa 100 000 Videotheken-Besitzer ihren Arbeitsplatz bis 2038 gesichert und subventioniert bekommen? Nein. Die machen heute alle etwas anderes. Sie waren auch

in keiner Gewerkschaft. Das nur als Vergleich zu dem Brimborium, das wir um 20 000 Arbeitsplätze in der Kohleindustrie machen, von denen die Hälfte der Mitarbeiter in den nächsten Jahren altersgemäß eh in Rente gehen.

Die Energiewirtschaft produziert 312 Millionen Tonnen CO_2, diese Menge entspricht 39 Prozent des gesamten deutschen CO_2-Ausstoßes. Dabei sind die Kohlekraftwerke der größte Posten, vor Industrie und Verkehr, und vor allem der Posten, bei dem man am schnellsten umrüsten kann. Würde man alle Braunkohlekraftwerke abschalten, würde das mit einem Mal 150 Millionen Tonnen CO_2 einsparen. Und andere Schadstoffe wie Feinstaub, Blei oder Arsen auch.

Es ist sehr viel mühsamer, alle Autos zu elektrifizieren und die Erzeugung von Stahl und Zement umweltverträglicher zu machen, als endlich die dreckige Kohle dort zu lassen, wo sie Mutter Natur ja aus gutem Grund gelagert hat: im Boden. Die Klimafolgeschäden durch die deutsche Kohleverstromung liegen laut Umweltbundesamt bei 50 Milliarden Euro pro Jahr. Hinzu kommen Gesundheitsschäden durch Abgase aus der Kohleverbrennung von über 4 Milliarden Euro pro Jahr. Wenn wir angeblich so knapp vor dem Blackout stehen, wenn wir nicht alle Kraftwerke weiterlaufen lassen – warum exportieren wir dann für viele Milliarden im Jahr 2020 immer noch Kohlestrom? So wie auch die letzten zehn Jahre Deutschland immer mehr Strom erzeugt hat, als wir selber brauchen – mit enormen Folgekosten in der Zukunft.

Apropos nicht eingepreiste Kosten: Eine der abstrusesten Wortschöpfungen der Energiebranche ist «Ewigkeitslasten». Damit bezeichnet man die Folgekosten, die zum Beispiel nach Beendigung des Bergbaus an bestimmten Orten entstehen oder für längere Zeit anfallen. Sozusagen der Nach-Hall, das Gegenteil von Nachhaltigkeit. Nicht nur sind die Ressourcen für immer verbraucht und als Emissionen in der Atmosphäre, auch die tiefen Löcher im Boden durch den Kohleabbau bleiben. Was ich nicht wusste: Im Steinkohlebergbau des Ruhrgebiets wurde die Erdoberfläche bis zu 25 Meter abgesenkt. Ohne ständiges Abpumpen des Grundwassers wären weite Teile des Ruhrgebiets eine Seenlandschaft. Die schnelle Mark der Energieversorger mit der Kohle war also «auf Pump». Und jetzt lassen sie sich auch den Ausstieg noch bezahlen. Die Ewigkeitslasten der Atomenergie sind bis heute nicht zu beziffern, weil immer noch nach einem Endlager gesucht wird, das per Gesetz die sichere Lagerung für hoch radioaktive Abfälle für mehr als eine Million Jahre gewährleisten muss. Ein Ding der Unmöglichkeit.

Ein Schnäppchen in Bezug auf die Ewigkeitslasten sind erneuerbare Energien. Sie gibt es nicht.

Die Deutschen sehen sich gerne als Exportnation. Ein Exportschlager, der in seiner weltweiten Bedeutung oft übersehen wird, ist das EEG – das Erneuerbare-Energien-Gesetz von 1991. Der Kerngedanke bestand darin, dass jemand, der eine Solaranlage auf seinem Dach installiert, den Strom, den er nicht braucht, in das allgemeine Stromnetz einspeisen kann und dafür eine Vergütung erhält. Diese Grundidee haben über fünfzig Länder weltweit von uns übernommen. Das hat maßgeblich dazu beigetragen, dass Solarenergie sehr schnell sehr günstig wurde. Die Preise für die Herstellung der Anlagen fielen schneller als erwartet, und damit ist die Stromerzeugung aus Photovoltaik, wie das offiziell heißt, heute viel günstiger als Strom aus Kohle, Atomkraft oder Erdgas. Das deutsche EEG hat damit PV-Strom für viele Menschen weltweit erschwinglich gemacht, so betrachtet ist es eines der erfolgreichsten Entwicklungshilfeprogramme aller Zeiten.

Und deshalb sei kurz an den Treiber und Vordenker Hermann Scheer erinnert, der sagte: «Weniger als hundert Prozent erneuerbare Energien in Deutschland einzusetzen ist eine Beleidigung der Intelligenz unserer Ingenieure!» Als er 2010 starb, schrieb Peter Unfried, Chefredakteur der *taz*: «Hermann Scheer ist größer als die Beatles. Über seine Bedeutung kann heute noch kein Konsens bestehen. Aber das wird sich ändern. Scheer wurde ‹Sonnengott› genannt – häufig verächtlich. Sie werden sich daran nicht mehr erinnern, wenn die Photovoltaik auf jedem Dach installiert sein wird. Weil es günstiger sein wird, den Strom selbst zu machen, als von Konzernen zu kaufen.»

Auch ein Vorteil: Sonnenkollektoren stinken nicht! Während Deutschland 2009 noch das führende Land in der Produktion war, stammen heute fast alle Solarmodule aus Asien. Deutschland hat durch die Verschlechterung der politischen Rahmenbedingungen auf dem Gebiet der Photovoltaik nach 2012 rund 80 000 Arbeitsplätze verloren. Im selben Zeitraum entstanden in China in der Photovoltaik mehr als eine Million Arbeitsplätze.

Das Potenzial für Solaranlagen ist enorm. In einer aktuellen Studie des Fraunhofer-Instituts finden sich lauter bislang nicht im großen Maßstab genutzte Anwendungen wie die Agrophotovoltaik. Klingt nach militanten Gegnern der Energiewende, aber Agro steht für Landwirtschaft, die eine Stromproduktion auf derselben Fläche integriert. Ganz praktisch können unter höher gelegten Modulen auch Nutzpflanzen wachsen, die es gerne schattiger haben. Auch auf Gewerbe- und Industriedächern ist enormes Potential. Zahllose Regeln verhindern bislang, dass es ausgeschöpft wird. Es gibt inzwischen PV-Dachziegel, Folien und Gläser und sogar schwimmende PV-Anlagen. Der Braunkohletagebau hat in Deutschland mehr als das Dreifache der Fläche des Bodensees zerstört. Würde ein Viertel dieser Fläche geflutet und mit schwimmender PV belegt, so eröffnete sich ein technisches Potenzial von 55 Gigawatt – zum Vergleich: Ein typisches Atomkraftwerk leistet 1,5 GW. Die Ideen sind alle da. Es fehlt der politische Wille. Bisher.

Deshalb habe ich gerne zugesagt, Christoph Podewils mit diesem Buch zu unterstützen. Das Wissen und die vielen konkreten Umsetzungsideen müssen in die Mitte der Gesellschaft. Die verständliche und unideologische Art von Christoph ist dafür sehr wohltuend geeignet. Wir kennen uns aus den verschiedenen Gesprächskreisen, in die ich komme, seit ich mich mit meiner Stiftung Gesunde Erde – Gesunde Menschen für die Verbindung von Klimaschutz als Gesundheitsschutz engagiere. Wenn Sie mehr darüber wissen wollen, schauen Sie auf der Homepage oder, weil der Trend ja zum Zweitbuch geht, auch in mein wichtigstes Werk: «Mensch, Erde! Wir könnten es so schön haben».

Es braucht jede und jeden, damit wir das Vordenken in konkretes Handeln bringen. Die Lösungen sind da. Worauf warten wir noch?

Ihr

Eckart v. Hirschhausen
   Arzt, Wissenschaftsjournalist und Gründer der Stiftung Gesunde Erde – Gesunde Menschen

PS: Falls Sie sich jetzt fragen, was Sie heute schon tun können: Der nachhaltigste Strom ist immer noch der, den man gar nicht erst verbraucht. Die großen Stromfresser sind Geräte, die Wasser mit Strom aufheizen, zum Beispiel die Waschmaschine. Wussten Sie, dass mit vielen modernen Waschmitteln die Wäsche auch bei 20 Grad sauber wird? Viele haben so eine Hygiene-Idee im Hinterkopf, als müsste man alle Keime «auskochen». Das macht Sinn auf der Infektionsstation, aber im Alltag bei Ihnen daheim muss das überhaupt nicht sein. Wer bei 20 °C statt bei 40 °C wäscht, kann bis zu 60 Prozent der Energie und damit der CO_2-Emissionen einsparen. Und wenn man dann auch noch auf den Trockner verzichtet, kann man dafür auch mal das Licht anlassen und wieder ein gutes Buch lesen. Wie dieses zum Beispiel.

Einleitung

In den USA brennen im Jahr 2020 Wälder von der Größe der Schweiz, der Rauch lässt noch bei uns den Himmel rot leuchten. Nach drei Jahren Dürre ist jeder dritte Baum in Deutschland todkrank, und manchen Gemeinden geht im Sommer das Wasser aus. Im Jahr 2021 legt sich erst klirrender Frost über das Land, anschließend fällt der Frühling aus und im Juli gehen Unmengen von Regen über der Eifel und angrenzenden Regionen nieder. Sie verwandeln Dörfer in Trümmerfelder, in denen sehr viele Menschen sterben. Fast zur gleichen Zeit steigen die Temperaturen im kanadischen British Columbia – gelegen in dem gleichen geografischen Breiten wie Nordeuropa – auf fast 50 Grad Celsius. Wieder brennen die Wälder, wieder sterben viele Menschen.

Es ist tatsächlich so, wie Greta Thunberg es herausschreit: Unser Haus Erde steht in Flammen. Und wir benehmen uns wie Kinder bei Gewitter. Wir ziehen die Decke über den Kopf und tun so, als ob es da draußen nicht blitzen und donnern würde. Doch anders als ein Gewitter klingt die Klimakatastrophe nicht einfach nach einiger Zeit ab. Im Gegenteil, sie beginnt gerade erst. Der Permafrostboden auf der Nordhalbkugel schmilzt und setzt gigantische Mengen des Supertreibhausgases Methan frei. Wald- und Buschbrände in Australien, Südamerika, den USA und in Russland lassen weit mehr CO_2 in die Atmosphäre als alle Fahrzeuge, Flugzeuge und Schiffe auf der Welt zusammen. Die schrumpfende Schnee- und Eisdecke der Erde führt dazu, dass weniger Sonnenlicht zurück ins All reflektiert wird und stattdessen Erdboden und Atmosphäre aufheizen. Die Klimakatastrophe verstärkt sich dadurch immer weiter selbst.

Es ist höchste Zeit, den Brand unseres Hauses Erde zu löschen, damit zumindest Teile davon bewohnbar und lebenswert bleiben. Die Schuldfragen – Wer hat am meisten Treibhausgase emittiert?

Wer tut am wenigsten gegen die Klimakatastrophe? Gibt es vielleicht sogar einen kleinen natürlichen Anteil am Klimawandel? – sind nur akademisch interessant und vor allem kontraproduktiv. Denn Antworten darauf kosten Zeit und Energie, verschlimmern damit das Ansteigen der Erdtemperatur und vor allem: Sie löschen keine Brände.

Dieses Buch soll zeigen, dass es dennoch nicht zu spät ist, dass wir in Deutschland und weltweit noch etwas gegen die Klimakatastrophe tun können. Deutschland hat der Welt früh gezeigt (und wurde dafür vielfach belächelt), dass Wind- und Solarstrom ein Industrieland antreiben können – heute folgen uns andere Länder darin. In anderen Bereichen hinken wir allerdings hinterher: Von Dänemark und Schweden könnten wir seit Jahren lernen, wie man klimafreundlich heizt. Von Norwegen, wie innerhalb weniger Jahre Autos mit Verbrennungsmotor von der Straße verdrängt werden. Und Portugal demonstriert, dass der billigste Strom der Welt mit sehr großen Solaranlagen produziert wird. Überall auf der Welt liegen also die Puzzleteile für Klimaschutz herum, wir müssen sie nur zusammensetzen.

Hätten wir früher damit begonnen, so würden wir Klimaschutz heute kaum merken. Leider ist es wie bei einer Abschlussprüfung in der Schule. Wenn man nicht rechtzeitig anfängt, dafür zu lernen, wird es umso anstrengender, je näher der Prüfungstermin rückt – und irgendwann ist jede Mühe sogar umsonst. Wir befinden uns inzwischen drei Wochen vor der Prüfung und nicht sechs Monate.

Diese Aufschieberitis hat das Bundesverfassungsgericht in seinem spektakulären Urteil zum ursprünglichen Klimaschutzgesetz Ende April 2021 scharf gerügt:* Es gehe nicht an, so urteilten die Karlsruher Richter, dass Deutschland seine Anstrengungen zum Schutze des Klimas immer weiter in die Zukunft verlagere. Das schränke die Freiheit künftiger Generationen ein – übrigens auch die Freiheit, in Zukunft überhaupt noch Treibhausgase emittieren zu dürfen. «Die Schonung künftiger Freiheit verlangt auch, den Übergang zu Klimaneutralität rechtzeitig einzuleiten», gibt das

Gericht uns allen auf. Aufgeschreckt davon, übersetzte die Bundesregierung unter Angela Merkel und Olaf Scholz den Urteilsspruch sogleich in ein neues Klimaschutzgesetz. Im Kern besagt es, dass wir den Treibhausgasausstoß unserer Häuser, im Verkehr und bei der Stromerzeugung in den Jahren bis 2030 ungefähr halbieren müssen. Etwas großzügiger ist das Gesetz lediglich bei der Landwirtschaft und bei der Industrie, denn dort entstehen Treibhausgase nicht nur bei der Energieerzeugung, sondern auch bei Herstellungsprozessen oder auf dem Acker. Und 2030 ist nur eine Zwischenstation. Bis 2045, so das Ziel des neuen Klimaschutzgesetzes, soll Deutschland unterm Strich gar keine Treibhausgase mehr ausstoßen.

Innerhalb von nicht einmal einer Generation werden wir unser Land grundlegend umbauen müssen. Das ist eine beispiellose Anstrengung, und wir werden in Kauf nehmen müssen, dass sich unser Leben ändert. Wie können die Änderungen aussehen, die uns erwarten, die wir aber auch gestalten können?

Das Wichtigste: Eine Energie, die wir erst seit gut 100 Jahren in großem Maßstab nutzen, wird uns in die Zukunft führen – Elektrizität. Denn Strom können wir nicht nur klimafreundlich in so gut wie unendlichen Mengen aus Wind und Sonne erzeugen, sondern seit wenigen Jahren auch billiger als in konventionellen Kraftwerken. Für Biosprit, Holzpellets, Biogas, Wasserkraft und Geothermie gilt diese Universalität hingegen nicht. Sie können deshalb nur eine Nebenrolle spielen.

Die Frage, die wir beantworten müssen, wenn es darum geht, klimaschädliche fossile Energieträger aus unserem Leben zu verbannen, lautet daher stets: Wie können wir das Gleiche, was wir bisher mit Kohle, Öl und Erdgas erreicht haben, mit Strom schaffen? Wie lassen wir damit Autos und Lastwagen fahren? Wie Flugzeuge fliegen? Wie bekommen wir damit im Winter unser Haus warm? Wie verhütten wir damit Eisen? Wie produzieren wir damit Dünger?

Als Hauseigentümer müssen wir uns zum Beispiel mit der Aussicht vertraut machen, dass wir in den nächsten Jahren den Gaskessel gegen eine elektrische Wärmepumpe austauschen und am besten auch gleich in eine Gebäudedämmung investieren, damit die Pumpe möglichst wenig arbeiten muss. Denn nach wie vor gilt: Am billigsten und nachhaltigsten ist jener Strom, der gar nicht erst produziert und transportiert werden muss, weil niemand ihn verbraucht.

Und wenn wir schon einmal dabei sind: Eine Solaranlage auf jedem Dach wäre nicht schlecht. Denn klimafreundliche Häuser werden in einer Welt, die den Klimabrand zu löschen versucht, mit Sicherheit wertvoller werden. Dass wir mit unserer Haussanierung zusätzlich gut schließende Fenster und Behaglichkeit erhalten, können wir auf der persönlichen Habenseite verbuchen.

Wer gerade für viel Geld ein spritfressendes Auto gekauft hat, könnte dessen letzter Besitzer sein, denn in wenigen Jahren hat das Ding nur noch Schrottwert – unverkäuflich, weil ein Brandbeschleuniger. Elektroautos, Fahrräder und öffentlicher Personenverkehr werden uns künftig von A nach B bringen.

Wir werden allerdings akzeptieren müssen, dass sich die Landschaft unserer Kindheit verändert. Denn wir brauchen große Flächen, um Kohle, Öl und Gas durch die Energie von Wind und Sonne zu ersetzen. Was nicht heißt, dass unter Wind- und Solaranlagen kein Vieh weiden und kein Acker bestellt werden kann. Doch an den Anblick von Windparks müssen wir uns weiter gewöhnen, genauso an große Solarkraftwerke. Denn sie liefern als einzige Technologie, was wir in großen Mengen brauchen: emissionsfreien Strom für sehr wenig Geld. Weil die Sonne nachts nicht scheint und der Wind nicht immer weht, gehören Reservekraftwerke mit in die Rechnung – betrieben mit klimafreundlichem Brennstoff, der aus erneuerbaren Energien gewonnen wird.

Genauso werden wir uns Gedanken machen müssen, ob ein Arbeitgeber, der seine Umsätze mit klimaschädlichen Produkten macht, noch lange einen sicheren Arbeitsplatz anbieten kann. Denn wenn Kunden auf der einen und Banken auf der anderen Seite jene Unternehmen meiden, die ihre Klimarisiken nicht im Griff haben: Womit soll ein solcher Arbeitgeber noch Geld verdienen, wo soll er sich Geld leihen und womit Löhne zahlen? Aus dieser Logik heraus werden Unternehmen eher früher als später immer mehr klimafreundliche Produkte anbieten und diese auch von ihren Lieferanten verlangen. Volkswagen gibt mit seiner geradezu epochalen Elektroautostrategie dafür ein Beispiel. Für die Mitarbeiter:innen der Unternehmen heißt das natürlich auch: Sie müssen Klimaschutz lernen. Wir alle müssen Klimaschutz lernen.

Die Bundesregierungen seit den 1990er-Jahren haben sich lange verhalten wie unmotivierte Schüler. Sie haben Vokabeln gepaukt – die Auswirkungen des Klimawandels erforschen lassen ebenso wie die Technologien –, aber sie haben nicht gelernt, daraus Sätze und Texte – also eine glaubwürde Klimaschutzpolitik – zu bilden. Jeder, der mit solchen Vorkenntnissen schon einmal eine Englischarbeit geschrieben hat, weiß, dass das der sicherste Weg zur Sechs ist.

Erst im Jahr 2019 scheint der Knoten geplatzt zu sein. Deutschland hat nach den meisten anderen EU-Staaten ebenfalls beschlossen, aus der Kohleverstromung auszusteigen, die schlimmste Blockade beim Ausbau der Windkraft und der Photovoltaik wurde 2020 beseitigt, mit der letzten Überarbeitung des Erneuerbare-Energien-Gesetzes werden endlich ehrgeizige Erneuerbare-Energien-Ziele festgeschrieben, und die EU hat mit Blick auf die Weltklimakonferenz in Glasgow im November 2021 ihr Klimaschutzziel so verstärkt, dass Europa bis 2050 klimaneutral werden kann. Außerdem im Angebot: eine Wasserstoffstrategie, mit der große Teile der deutschen Schwerindustrie in den nächsten Jahren klimaneutral werden können, und ein CO_2-Preis auf Erdgas, Sprit und Heizöl, der uns Verbrauchern signalisiert, dass klimaschädliches Verhalten immer mehr Geld kosten wird.

Obendrein gab es noch nie mehr Geld für Maßnahmen gegen den Klimawandel: Tausende von Euro für die Käufer eines Elektroautos, für den Austausch von alten Heizungen und die Dämmung von Häusern, Millionen für die Umrüstung von Industrieanlagen und das Abschalten von Kohlekraftwerken, Milliarden für die Strukturentwicklung in Kohleregionen wie der Lausitz – neue

Schienenwege, ein schnelles Internet, Forschung für eine klimafreundliche Industrie. Dieses Geld ist, richtig eingesetzt, nicht nur ein Mittel, um die Klimakatastrophe zu bekämpfen, sondern auch ein Investitionsprogramm in die Zukunftsfestigkeit des Landes.

Die Corona-Pandemie hat uns gelehrt, was passiert, wenn man nicht handelt, obwohl auf dem Tisch liegt, was zu tun ist – weil andere Länder es schon vorgemacht haben, weil Forscher:innen sehr gute Argumente und Vorschläge auf den Tisch legen. Sie hat uns mit der «Bundesnotbremse» auch gelehrt, dass Klarheit, Einheitlichkeit, Konsequenz und Entschlossenheit bei Verboten und Geboten Werte für sich sind. Zaudern können wir uns beim Klimaschutz nicht leisten. Denn die Klimakrise gefährdet nicht nur Gesundheit und Leben einzelner Menschen, sondern unser gesamtes Raumschiff Erde mit all seinen Bewohnern.

Gleichwohl ist die Corona-Pandemie für das, was wir uns an Veränderungen zumuten müssen, gar keine schlechte Vorbereitung. Sie hat uns gelehrt, dass wir mit Unsicherheit und mit katastrophalen Situationen umgehen können, dass wir uns, wenn es sein muss, innerhalb von Tagen komplett ändern können. Und zwar als ganzes Land. Gelernt haben wir auch, dass Umstellungen zwei Seiten haben: Wir haben Dinge entdeckt, die wir gut finden und weiterpflegen werden – eben weil sie auch ohne den Corona-Zwang einen Wert haben. Es sind Spaziergänge in einer uns bisher unbekannten nahen und doch wunderschönen Umgebung, Treffen mit Freunden auf der Parkbank oder Videoschalten am Frühstückstisch mit weit weg lebenden Verwandten. Ebenso haben wir gelernt, fremde Menschen in Videokonferenzen kennen- und schätzen zu lernen und dass es beglückend sein kann, ins Büro zu fahren, um sich dort mit Kolleg:innen auszutauschen.

Ähnliche Effekte wird es auch beim Kampf gegen die Klimakatastrophe geben. Ob es nun weniger Lärm in den Städten sein wird, weil Elektroautos leiser sind, eine Revitalisierung der ländlichen Gegenden, weil dort nun einmal viel Energie geerntet werden wird, oder – so hoffe ich sehr – Dinge, die wir uns heute noch nicht einmal erträumen, die wir aber eines Tages lieben werden.

Teil 1

Die Grundlagen

1 Kleine Einführung in Begriffe und Technik

In diesem Buch geht es nicht um viele Fachbegriffe, aber um ein paar kommt man nicht herum. Die wichtigsten erklärt dieses Kapitel – nicht immer bierernst und dadurch vielleicht auch interessant, wenn man im Physikunterricht nicht immer aufgepasst hat.

Ampere und Volt

Wer als Kind schon einmal als Mutprobe an einen elektrischen Weidezaun gepackt hat, der weiß: Strom tut weh. Er lässt den Körper zusammenzucken, man verliert die Kontrolle über seine Hände und Arme, springt zurück und umfasst seine Hände, um den Schreck zu lindern. Gefährlich ist das beim Weidezaun trotz Spannungen von mehreren tausend Volt in der Regel nicht. Ganz im Gegensatz zu den 230 Volt, die an jeder Haushaltssteckdose anliegen. Wer sich zum Beispiel an einem kaputten Stecker einen elektrischen Schlag einfängt, der fühlt ein schweres, lang anhaltendes Brennen in den Körperteilen, die der Strom auf seinem Weg vom Kontakt zum Boden, wo er abgeleitet wird, durchflossen hat – wenn er Glück hat. Es kann auch schlimmer ausgehen und tödlich enden.

Wie kann es sein, dass 230 Volt aus der Steckdose so sehr schmerzen und tödlich sein können, 15 000 Volt und mehr am Weidezaun aber nicht? Um die Antwort zu verstehen, kann man sich zwei Wasserstrahlen vorstellen: einen sehr feinen, der mit sehr hoher Geschwindigkeit aus der Düse austritt (und auch immer nur für einen Sekundenbruchteil). Der zweite strömt langsamer aus der Düse, ist dafür aber sehr dick. Der Weidezaunstromstoß ist wie der Schuss des dünnen Wasserstrahls – unangenehm, aber er lässt sich aufhalten und aushalten. Der Schlag aus der Steckdose ist wie der dicke Wasserstrahl: sehr mächtig und nicht zu stoppen. Die Geschwindigkeit des Wasserstrahls symbolisiert hier die Spannung, die in Volt angegeben wird. Die Dicke des Strahls steht für die Stromstärke, die in Ampere gemessen wird.

Die Stromstärke ist beim Weidezaun recht klein; sie wird vom Weidezaungerät auf ein Ampere begrenzt. Bei der Steckdose fließen bis zu 16 Ampere, bevor der Sicherungsautomat dem Spuk ein Ende bereitet.[1] Die gleichen 15 000 Volt mit einer größeren Stromstärke enden hingegen in einem tödlichen Blitz. Unter welcher Spannung eine Leitung steht und welche maximale Stromstärke sie abgeben kann, sieht man ihr nicht an. Deshalb ist bei elektrischen Anlagen immer Vorsicht geboten. Also nicht anfassen, auch nicht als Mutprobe – das Weidezaungerät kann schließlich auch mal kaputt sein.

Kilo-, Mega-, Gigawatt:
Wie muss man sich das vorstellen?

Multipliziert man Volt und Ampere und bildet das Produkt von Spannung und Strom, so erhält man als Ergebnis die Einheit Watt. Um diese wird es in diesem Buch immer wieder gehen – meistens steht noch Kilo, Mega und Giga davor. Watt, das ist die physikalische Einheit für elektrische Leistung. Ein typischer Föhn beispielsweise hat eine Leistungsaufnahme von einem Kilowatt, er erwärmt damit einen Luftstrom zum Beispiel von 20 auf 50 Grad Celsius. Wer sich eine Stunde lang föhnt, verbraucht eine Kilowattstunde Strom. Das Produkt aus Leistung und Zeit nennt sich «Arbeit».

Tausend Föhns mit jeweils einem Kilowatt Leistung verbrauchen zusammen ein Megawatt. Diese Zahl steht zum Beispiel auf dem Typschild eines etwas größeren Ortsnetztrafos, der Strom für

---

1   Bei zeitgemäßen Elektroinstallationen verhindert der Fehlerstromschutzschalter, dass überhaupt nennenswert Strom durch den menschlichen Körper fließt. Er registriert, dass es irgendwo ein Stromleck gibt, und schaltet dann den entsprechenden Stromkreis ab. Für den Menschen ist das die eigentliche Sicherung.

eine ganze Siedlung bereitstellt. Ein Megawatt ist auch die Leistung, mit der eine kleine Lokomotive einen ganzen Zug in Bewegung setzen kann.

Tausend Megawatt wiederum ergeben ein Gigawatt, die Leistung eines großen thermischen Kraftwerks: Die beiden größten einzelnen Braunkohleblöcke Deutschlands in Niederaußem leisten jeweils maximal 1,06 Gigawatt. Das ist genug, um eine Metropole an den Tagen mit dem höchsten Stromverbrauch zu versorgen. So liegt die Spitzenlast in Frankfurt beispielsweise bei etwa 0,8 Gigawatt, also 800 Megawatt.* Zu solchen Zeiten verbraucht Frankfurt dann in etwas mehr als 60 Minuten eine Gigawattstunde Strom.

Schließlich die Terawattstunde: Sie besteht aus tausend Gigawattstunden. Gebraucht wird sie vor allem als Maßeinheit für den Stromverbrauch von Staaten. Die Menschen und Unternehmen in Deutschland verbrauchen im Jahr mehr als 500 Terawattstunden direkt, hinzu kommt der Stromverbrauch der Kraftwerke selbst, dadurch stehen unter dem Strich rund 550 Terawattstunden.

Wie viel Energie verbraucht ein Mensch im Jahr – wo kommt sie her, wo geht sie hin?

An Energie denken wir vermutlich nicht, wenn wir ins Brötchen beißen oder ein Curry essen. Doch genau das ist Essen: Treibstoff für unseren Körper – sogar aus nachwachsenden Rohstoffen, also erneuerbar. Wenn wir als Durchschnittsmensch einigermaßen in Form sind, dann sollten wir täglich je nach Geschlecht und Körpermaßen zwischen 1600 und 2500 Kilokalorien in Form von gesunden und leckeren Lebensmitteln zu uns nehmen. Rechnet man die Kilokalorien in die im Energiesystem gebräuchliche Einheit um, braucht ein Mann am Tag zwischen 2,3 und 2,9 Kilowattstunden, eine Frau zwischen 1,9 und 2,2 Kilowattstunden. Für deutlich weniger als 1000 Kilowattstunden in Form von Butterbrot, Braten, Bowles und Bonbons funktioniert unser Körper also ein Jahr lang. Das ist, verglichen mit den Werten, um die es sonst in diesem Buch geht, lächerlich wenig Energie.

CO_2 hat nicht nur einen Preis – der Unterschied zwischen privaten und industriellen Emissionen

Wer in der Europäischen Union ein Chemie- oder Stahlwerk, ein Kraftwerk oder ein Passagierflugzeug betreibt, der muss für jede Tonne CO_2, die entsteht, wenn Öl, Gas oder Kerosin verbrennen, eine Berechtigung zur Klimaschädigung erwerben, ein CO_2-Zertifikat. Klimaschädliches Wirtschaften bekommt so einen Preis. Die Zertifikate werden von den EU-Emissionshandelsstellen ausgegeben, Jahr für Jahr werden es weniger, so dass die Berechtigungsscheine immer knapper und teurer werden. Um dem steigenden Preisdruck zu entgehen, sollen die Unternehmen in CO_2-ärmere Technologien investieren und nach und nach klimafreundlich werden. Lange waren die Zertifikate allerdings mit rund 5 Euro pro Tonne CO_2 spottbillig – die EU hatte viel zu viele auf den Markt geworfen, so dass die erwünschte Lenkungswirkung ausblieb. In den vergangenen Jahren wurde das System jedoch mehrfach repariert, so dass Anfang 2021 erstmals die Marke von 50 Euro übertroffen wurde. Das ist ein Niveau, bei dem viele Unternehmen ihr Geld lieber für klimafreundliche Technologien ausgeben als für das sprichwörtliche Verbrennen von Zertifikaten. Die CO_2-Zertifikate im EU-ETS werden ähnlich wie Aktien an Börsen gehandelt, ihre Preise schwanken täglich, und sie reagieren auf Konjunkturnachrichten ebenso wie auf Meldungen zum Thema Klimaschutz.

Neben dem EU-ETS, der nur für große Anlagen gilt, gibt es seit 2021 noch einen zweiten CO_2-Preis in Deutschland. Dieser liegt gesetzlich festgelegt bei 25 Euro pro Tonne und wird wie eine Steuer auf Heizöl, Gas und Sprit aufgeschlagen. Eingeführt hatte ihn die Bundesregierung nach den Klimaprotesten von Fridays for Future. Der CO_2-Preis des Bundesemissionshandelsgesetzes (BEHG) erhöht sich jährlich um 5 beziehungsweise 10 Euro pro Tonne, so dass wir zur Mitte des Jahrzehnts 55 Euro je Tonne CO_2-Emissionen auf unseren Sprit- und Brennstoffverbrauch zahlen werden. Benzin und Diesel werden dadurch gegenüber

2021 um rund 8 bis 10 Cent pro Liter teurer werden, Heizöl pro Liter um knapp 10 Cent und Erdgas pro Kilowattstunde um etwas mehr als einen halben Cent. Damit hat Deutschland einen moderaten Preis für den privaten CO_2-Ausstoß gesetzt, und es ist fraglich, ob er ausreicht, damit sich nicht nur einige wenige Menschen in Richtung Klimaschutz bewegen.

Strombörse

Strombörsen sind die Marktplätze, auf denen Strom gehandelt wird: etwa die europäische Strombörse Epex in Paris, eine Tochter der Strombörse EEX in Leipzig. Energiekonzerne, Stromanbieter, Großunternehmen und zugelassene Händler kaufen und verkaufen dort ganz ähnlich wie an einer Wertpapierbörse Strom – von wem und an wen, wird nicht bekannt, denn die Strombörse fungiert als Mittelsmann, über den alle Geschäfte laufen. Die an der Börse für jede einzelne Stunde jedes einzelnen Tages, aber auch für andere Zeiträume ausgehandelten Preise für eine Megawattstunde Strom sind auch Vorbild für die Stromgeschäfte, die direkt zwischen Verkäufern und Käufern geschlossen werden. Letztere machen zwar rund drei Viertel der Stromgeschäfte aus, die Preise allerdings unterscheiden sich nicht grundlegend von den Börsenpreisen – denn dann wäre es ja für eine Partei vorteilhafter, an der Börse zu handeln und nicht direkt. Wohl aber sparen die direkten Händler Handelsgebühren an der Börse.

An der Börse bieten Stromproduzenten über elektronische Handelssysteme für jede Stunde des Tages den Strom, den sie zu diesen Zeitpunkten erzeugen können, an. Stromabnehmer fragen dort umgekehrt für jede Stunde des Tages jene Strommenge nach, die sie zu diesen Zeitpunkten verbrauchen wollen. Stromverkäufer wie Stromkäufer schreiben jeweils den Preis zu ihren Angeboten, für den sie den Strom verkaufen beziehungsweise kaufen würden. Die Aufgabe der Strombörse besteht nun darin, für jede Stunde des Tages Angebot und Nachfrage ins Gleichgewicht zu bringen. Am Gleichgewichtspunkt entsteht so ein Strompreis, den alle akzeptieren für eine Strommenge, die insgesamt gebraucht

Strompreise an der Strombörse (Day-ahead) im Jahr 2020
tägliche Schwankungen und Monatsmittel

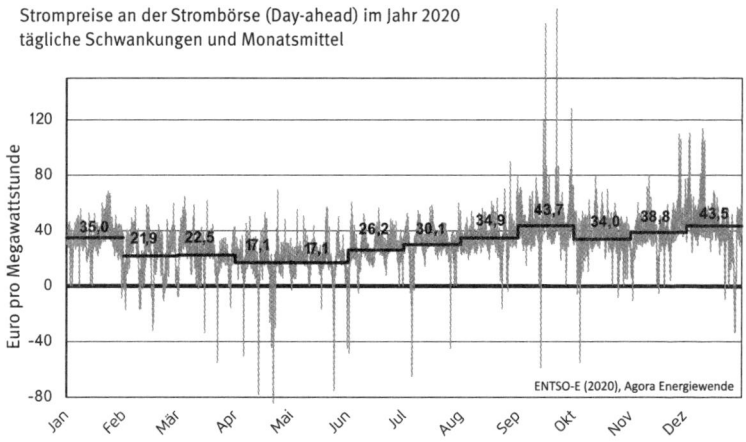

Abbildung 1: Die Preise an der Strombörse spiegeln das Zusammenspiel von Angebot und Nachfrage: Hohe Preise entstehen bei hoher Nachfrage und geringem Angebot vor allem von Wind- und Solarstrom. Bei niedrigen Preisen ist es umgekehrt.

wird und erzeugt werden kann. Auch wer ein Angebot eingestellt hat, das darunterliegt, erhält diesen Clearing-Preis.

Dazu sortiert die Börse für jede Stunde des Tages die Lieferangebote nach Preis und Menge. Das Gleiche tut sie für die Kaufangebote. Daraus ergeben sich für jede Lieferstunde zwei Kurven: Die Angebotskurve steigt von links nach rechts an – von den billigsten Stromangeboten hin zu den teuersten. Die Nachfragekurve fällt von links nach rechts ab – von den höchsten Angebotspreisen bis hin zu den niedrigsten Angebotspreisen. An irgendeiner Stelle schneiden sich die beiden Kurven – hier ist der Gleichgewichtspunkt. Er setzt für die entsprechende Stunde sowohl den Börsenstrompreis fest als auch die Liefermenge. Basierend auf den Handelsgeschäften an der Börse, stellen dann Kraftwerksbetreiber und Stromlieferanten ihre Fahrpläne zusammen. Die Preise schwanken dabei extrem nach Tageszeit, Wochentag oder Angebot von erneuerbaren Energien.

Neben dem kurzfristigen Handel spielen Termingeschäfte an

der Strombörse eine große Rolle: Über einen Zeitraum von mehreren Jahren im Voraus können sich Händler auf diesem Weg ihren Strombedarf sichern und Verkäufer ihre voraussichtlichen Strommengen absetzen. Das gibt beiden Seiten langfristige Planungssicherheit und ist beispielsweise die Basis für Preisgarantien beim Haushaltsstrom.

CO_2-Fußabdruck

Damit sich das Weltklima höchstens um 1,5 Grad Celsius erwärmt, wie es mit dem Pariser Klimaschutzabkommen vereinbart wurde, dürfen alle Menschen der Erde noch rund 280 Milliarden Tonnen CO_2 emittieren. Bei einem aktuellen CO_2-Ausstoß von weltweit 1331 Tonnen in jeder Sekunde ist das Konto deshalb Anfang 2028 leer. So hält es einem die rasend schnell laufende CO_2-Uhr des Mercator Research Institute on Global Commons and Climate Change erschreckend vor Augen.* Das ist der Grund dafür, dass die 2020er-Jahre entscheidend dafür sind, das Klima noch zu retten. Es wird darum gehen, die Emissionen erst zu verlangsamen und bis 2050 auf null zu bringen. Ob das gelingt, liegt vor allem bei uns, denn noch produzieren wir CO_2-Tonnen immer und ständig. Gut 11 Tonnen CO_2 sind es für jeden Menschen in Deutschland im Mittel pro Jahr. Das müssen wir auf höchstens zwei Tonnen reduzieren, um die Erderwärmung auf 1,5 Grad zu begrenzen – und zwar für jeden Menschen weltweit. Wo Sie derzeit persönlich stehen, können Sie mit dem CO_2-Rechner des Umweltbundesamtes online ausrechnen.* Eine kleine Einordnung liefern auch die folgenden Absätze.

Auto

Die durchschnittliche Fahrt zur Arbeit ist 20 Kilometer lang. Wer mit einem Benziner oder Diesel fährt, bläst auf seinem Arbeitsweg durchschnittlich vier Kilogramm CO_2 in die Luft. Unter Berücksichtigung von Urlauben und Wochenende summiert sich das auf mehr als eine Tonne im Jahr.

Essen

Die Tierhaltung ist der dickste Treibhausgasbrocken in der Landwirtschaft. Zum einen, weil beim Anbau von Futter durch das Düngen mit Gülle oder Mineraldünger Lachgas entsteht* (ein noch viel stärkeres Treibhausgas als CO_2). Zum anderen, weil in den Mägen der Rinder viel Methan entsteht. Rechnet man Transport und Verarbeitung von Futter und Fleisch mit ein, so entsprechen zwei Rindersteaks CO_2-Emissionen in Höhe von 105 Kilogramm.* Ein Abendessen am Grill unter Männern steht damit schnell für eine ganze Tonne Treibhausgasemissionen. Selbst ein Flug von Düsseldorf nach Mallorca ist mit 680 Kilogramm für beide Wege klimafreundlicher.

Heizen

Wer in einem durchschnittlich isolierten Haus mit 150 Quadratmetern lebt, benötigt pro Jahr knapp 29 000 Kilowattstunden Heizwärme, damit niemand friert. Wird die Heizung mit Gas betrieben, so korrespondiert das mit 5,7 Tonnen CO_2-Ausstoß, beim Heizöl mit 7,4 Tonnen CO_2. Bei vier Bewohnern macht das pro Person rund 1,4 bis 1,9 Tonnen Treibhausgasausstoß im Jahr. Besser fährt, wer mit Pellets, Strom, Solarenergie oder Fernwärme heizt.

Stromverbrauch

Noch wird der Strom in Deutschland rund zur Hälfte aus fossilen Energien hergestellt. Jede Kilowattstunde, die Sie zum Beispiel 2019 verbraucht haben, wurde mit einem CO_2-Rucksack von rund 400 Gramm Gewicht geliefert.* Die rund 2800 Kilowattstunden (ohne Heizstrom), die jeder Haushalt in Deutschland im Mittel jährlich verbraucht, addieren sich so auf 1,1 Tonnen CO_2-Emissionen.

Woher weiß mein Stromversorger eigentlich, wann ich den Föhn anstelle?

Unsere Stromlieferanten stehen vor einer riesigen Herausforderung: Auf der einen Seite müssen sie in jeder Millisekunde genau so viel Strom für uns beschaffen, wie wir in derselben verbrauchen. Auf der anderen Seite haben sie jedoch keine Ahnung, wann wir die Waschmaschine, den Herd, die Kaffeemaschine oder den Föhn anstellen (das sind die größeren Verbraucher im Haushalt). Dieses Problem lösen die Stromlieferanten mit einer Kombination aus Erfahrungswerten, dem Ablesen des Wetterberichts (sehr niedrige und sehr hohe Außentemperaturen erhöhen den Stromverbrauch) und ein wenig Extrasrom zum Ausgleich der Schätzungenauigkeit. Die Erfahrungswerte nennen sich Standardlastprofile. Sie geben an, wie viel Strom im Durchschnitt von einer bestimmten Kundengruppe – etwa Haushalten oder Geschäften – zu einer bestimmten Viertelstunde im Jahr bei einer bestimmten Außentemperatur verbraucht wird. Für keinen Einzigen von uns stimmen diese Werte individuell. Nehmen wir aber alle Einwohner unserer Gemeinde oder Stadt zusammen, mitteln unseren gemeinsamen Stromverbrauch in jeder Viertelstunde, so passen die Standardlastprofile erstaunlich gut. Was dann noch an Strom fehlt oder zu viel beschafft wurde, gleichen die Stromlieferanten untereinander und mit den Betreibern der Stromnetze aus, die dafür eigens Kraftwerke unter Vertrag haben.

Die Standardlastprofile sind öffentlich, Sie können sie auf der Internetseite Ihres Netzbetreibers herunterladen. Für Berlin lässt sich daraus zum Beispiel ablesen, dass für Haushalte der höchste Stromverbrauch im Jahr 2021 für den Silvestertag um 17.45 Uhr erwartet wird.* Man kann mutmaßen, dass das viel mit Raclette- und Fonduegeräten zu tun hat. Der niedrigste Stromverbrauch von Haushalten im Jahr 2021 fällt nach den Erfahrungen des Berliner Stromnetzbetreibers hingegen auf die Sommernächte in den großen Ferien um den 21. Juli herum – wenn alles schläft oder im Urlaub ist.

Strom kommt aus der Steckdose. Oder?

Die Steckdose neben Ihnen ist der Zugang zu einem Netz, das vom Polarkreis bis nach Marokko und von Irland bis in den Westen der Türkei reicht. Es umfasst 24 Länder und 400 Millionen Verbraucher:innen. Sie stehen über Ihren Hausanschluss mit all diesen Anschlüssen in elektrischer Verbindung – über Ihren Hausanschlusskasten, armdicke Stromkabel unter dem Bürgersteig, dem Ortsnetztransformator, der seinen Strom aus dem Mittelspannungsnetz bezieht, das seinerseits über Transformatoren mit dem Hochspannungs- und Höchstspannungsnetz verbunden ist. In all diesen Netzebenen gibt es nicht nur Stromverbraucher, sondern auch Kraftwerke, die Strom einspeisen. Sie tun das in genau dem Rhythmus, den das Stromnetz vorgibt: 50-mal in der Sekunde wechselt die von ihnen produzierte Wechselspannung ihre Fließrichtung, und zwar im ganzen großen europäischen Verbundnetz auf die exakt gleiche Weise. Sehr selten sinkt die Netzfrequenz ab, dann ist zu wenig Strom im Netz, etwa weil ein Kraftwerk ausfällt und nicht schnell genug durch andere Kraftwerke kompensiert werden kann. Bei einem zu großen Absinken droht ein großer Stromausfall. Das Gleiche gilt, wenn die Netzfrequenz zu sehr ansteigt. Die Netzfrequenz ist daher das wichtigste Vitalsignal des Stromnetzes – der Puls des elektrischen Zeitalters.

Warum wir bald alle einen neuen Datenanschluss in unseren Zählerschrank bekommen

Das ganze Haus ist digital: die Küchenmaschine, das Audiosystem, der Fernseher und sogar die per Fernsteuerung programmierbare Beleuchtung. Das ganze Haus? Nein, in den meisten Zählerschränken werkelt seit Jahrzehnten ein schwarzer Kasten mit Rollenanzeige. Typischerweise wird er einmal im Jahr abgelesen, inzwischen nicht nur von den Stromnetzbetreibern, sondern sehr häufig auch von uns selbst. Das ist für viele Menschen in Deutschland der einzige Moment im Jahr, in dem sie sich mit ihrem Stromverbrauch auseinandersetzen.

Die Europäische Union hat schon vor Jahren beschlossen, dass diese sogenannten Ferraris-Zähler zum Schrott gehören (angesichts ihres hohen Kupferanteils ist das sogar eine lohnende Sache) – bis 2020 sollten in der EU mindestens 80 Prozent der Zähler digital sein und sich jederzeit aus der Ferne auslesen lassen. In vielen Ländern, etwa Italien, den Niederlanden und Schweden, hängen diese grauen Geräte auch schon seit einem Jahrzehnt in den Zählerschränken, Deutschland allerdings hinkt hinterher: Erst im Jahr 2020 wurden überhaupt die ersten sogenannten Smart Meter zugelassen. Bis 2031 sollen sie nun die schwarzen Stromzähler ersetzen und uns damit in die Lage versetzen, unseren Stromverbrauch sekündlich im Auge zu behalten sowie unterschiedlich hohe Strompreise zu verschiedenen Zeiten des Tages nutzen zu können. Für die neuen Zähler werden wir jährlich eine Rechnung zwischen 20 bis 100 Euro (je nach Stromverbrauch und Leistungsfähigkeit unseres Stromanschlusses) erhalten:* vom Messstellenbetreiber, einem noch recht neuen Mitspieler am Strommarkt. Dass wir eine solche Firma selbst beauftragen, ist zunächst nicht vorgesehen, denn das erledigt unser Stromnetzbetreiber einfach selbst, so will es das Gesetz. Immerhin bekommen wir dafür nicht nur einen schlauen Stromanschluss, der die Grundlage dafür ist, dass Strom zur Leitenergie werden kann, sondern auch noch einen zusätzlichen Datenanschluss. Dieser wird zwar nicht besonders schnell sein (also weder Glasfaserkabel noch DSL-Leitungen ersetzen), dafür jedoch ultrasicher. Der Datenschutz war übrigens der Grund, warum die Zulassung der Smart Meter so lange gedauert hat.

2 Warum Strom zur Leitenergie wird

Um die gewaltigen Veränderungen, die der Strom ins Leben der Menschen gebracht hat, zu verstehen, starten wir mit einem kleinen Ausflug in die Technikgeschichte. Bis vor 150 Jahren heizten und kochten die meisten Menschen mit Holz. Dampfmaschinen verbrannten Kohle und erzeugten aus der Hitze des Feuers Kraft für Schmieden, Webstühle, Sägewerke und andere Maschinen. Wind- und Wasserkraft trieben Mühlen an. Und wo es all das nicht gab, liefen auch Pferde, Rinder, Esel oder gar Menschen im Kreis in einem Göpel, um Bewegungsenergie maschinell nutzbar zu machen. Stinkendes, giftiges Stadtgas, das mit dem Vergasen von Kohle erzeugt wurde, lieferte seit dem 18. Jahrhundert Licht in den Häusern der Wohlhabenden. Andernorts brannten Kerzen oder Öllampen. Die Nutzung von Energie war im größten Teil der Menschheitsgeschichte eine schmutzige, übelriechende und mühselige Angelegenheit.

Daran änderte das zarte Aufkommen der Elektrizität seit Beginn der Neuzeit lange nichts. Es bedurfte einer ganzen Riege großartiger Naturforscher und Wissenschaftler (überliefert sind tatsächlich nur Männer) und dreier Jahrhunderte, um die Erzeugung und Wirkung des Stroms einigermaßen zu verstehen und für den Menschen breit nutzbar zu machen.[2]

Der Engländer William Gilbert (1544–1603) beschrieb im Jahr 1600 den Magnetismus und legte damit einen Grundstein für spätere Elektromotoren und Generatoren. Der Magdeburger Otto von Guericke (1602–1686) übertrug die elektrostatische Anziehungskraft von Bernsteinen auf eine sich drehende Kugel aus erstarrtem Schwefel und baute damit eine Elektrisiermaschine – einen der ersten elektrischen Generatoren, wenngleich er nach einem anderen Prinzip funktionierte als diejenigen, die Kraftwerke nutzen. Der Niederländer Pieter van Musschenbroek erfand 1745 die «Leidener Verstärkerflasche», die auch heute noch in Hochspannungslaboren zur Speicherung elektrischer Ladungen ge-

---

2 Dass Bernstein – altgriechisch: *elektron* – sich durch Reiben elektrostatisch aufladen lässt, wissen die Menschen seit der Antike. Vornehme Griechen nutzten seine anziehende Wirkung, um damit Fusseln von ihrer Kleidung zu ziehen. Nach dem gleichen Prinzip funktionieren Staubwedel noch heute.

nutzt wird – ein früher Kondensator und damit Urahn von Stromspeichern, die im Zeitalter der Energiewende immer wichtiger werden. Van Musschenbroek war es auch, der 1746 die Auswirkungen eines elektrischen Schlages als «neue, aber schreckliche Erfahrung» schilderte.

Der Italiener Luigi Galvani (1737–1798) legte 1789 beim Experimentieren mit Froschschenkeln die Grundlagen für das «galvanische Element», das allerdings erst im Jahr 1800 von seinem Landsmann Alessandro Volta (1745–1827) zur Batterie und damit zur ersten kontinuierlich nutzbaren Stromquelle weiterentwickelt wurde. Volta wurde damit nicht nur zum Namensgeber der Einheit für elektrische Spannung «Volt», sondern gilt auch als Begründer des elektrischen Zeitalters, gelang es ihm doch, mit dem Strom der Batterie erstmals einen Kupferdraht erglühen zu lassen. Schon zwei Jahre später baute Humphry Davy (1778–1829) die erste richtige elektrische Lichtquelle* – Strom aus Batterien erzeugte zwischen zwei Graphitelektroden einen gleißenden Lichtbogen. Es dauerte Jahrzehnte, bis aus den beiden Laborexperimenten richtige Leuchtmittel wurden. Sowohl Glühbirne als auch Lichtbogenlampe wurden von vielen Erfindern weiterentwickelt, bis sie schließlich einfach zu nutzen waren und zuverlässig arbeiteten. Mit dem Modell, das Thomas Alva Edison (1847–1931) und der Engländer Joseph Swan (1828–1914) entwickelten, begann ab 1879 der Siegeszug des elektrischen Lichts.

Parallel zur Nutzung von Strom entwickelte sich die Technologie zu seiner Erzeugung: Der Brite Michael Faraday (1791–1867) erfand im Jahr 1831 den ersten einfachen Gleichstromgenerator, der Franzose Antoine-Hippolyte Pixii (1808–1835) den ersten einfachen Wechselstromgenerator. Der Deutsche Werner von Siemens (1816–1892) verfeinerte diese Erfindungen, bis er im Jahr 1867 den ersten selbsterregenden elektrischen Generator vorstellte.* Das Urmodell der leistungsfähigen Stromerzeuger war ein Kasten mit einer Kurbel dran, um Energie für die Zündung von Sprengladungen zu erzeugen. Der Generator darin drehte sich wohl mit 4000 Umdrehungen pro Minute und erzeugte ungefähr 25 Watt –

heute genug für einen hellen LED-Scheinwerfer. Siemens, der später für seine Leistungen in den Adelsstand erhoben wurde, war die Bedeutung seiner Erfindung wohl klar: «Die Sache ist sehr ausbildungsfähig und kann eine neue Aera des Elektromagnetismus anbahnen! In wenigen Tagen wird ein Apparat fertig sein. Magnet-Elektrizität wird hierdurch billiger werden, und kann nun für Licht, Galvanometallurgie usw., selbst für kleine elektromagnetische Maschinen, die ihre Kraft von großen erhalten, möglich und nützlich werden.»

Wechsel- oder Gleichstrom?

Die ersten kommerziell genutzten Stromquellen waren Batterien – sie liefern Gleichstrom, der in einem geschlossenen Stromkreis vom Plus- zum Minuspol fließt.[3] Er kam auch in den Glühlampen New Yorks ab 1880 zum Einsatz. Thomas Edison, bekannt als Erfinder, aber auch ein knallharter Geschäftsmann, hatte diese Beleuchtungen zwar nicht von Grund auf entwickelt, aber geschickt verbessert und marktreif gemacht: So koppelte er die Nutzung der Lampen daran, dass sie nur mit von ihm produzierten und lizenzierten Strom in Verbindung gebracht werden durften – der Zusammenhang war so ähnlich wie heute zwischen günstigen Tintenstrahldruckern und teuren Tintenpatronen. Und er war über eine Reihe von Patenten geschützt. Das Geld für seine Unternehmen erhielt er unter anderem von dem New Yorker Privatbankier John Pierpont (J. P.) Morgan.* Schon damals war es die Verbindung aus Know-how und Kapital, die den technischen Fortschritt antrieb.

Die Spannung in dem New Yorker Gleichstromnetz betrug 110 Volt, was einiges an gesundheitlicher Sicherheit gab, gleichzeitig den Transport von Strom über weitere Strecken jedoch

---

3 Das ist die ursprünglich festgelegte technische Fließrichtung, die auch heute in Schaltplänen noch gilt. Bei der «physikalischen Fließrichtung» fließt der Strom hingegen vom Minus- zum Pluspol.

unmöglich machte. Denn bei niedriger Spannung steigen die
Übertragungsverluste schnell in unwirtschaftliche Höhen. Edison
wollte das Problem lösen, indem er überall in der Stadt kleine
Kraftwerke errichten ließ, und wurde so zum ersten Verfechter eines dezentralen Stromsystems – das er monopolartig beherrschte.
Aus diesem Grund bekämpfte Edison auch das Produkt von
George Westinghouse, der versuchte, mit dem gerade erst erfun-
denen Wechselstrom in die patentgeschützte Gleichstromwelt
einzubrechen. Westinghouse, der vor allem Geschäftsmann war,
nutzte dabei die Erfindungen von Nikola Tesla. Der in die USA
ausgewanderte Serbe hatte in den 1890er-Jahren Wechselstrom-
generatoren und -motoren entwickelt, die deutlich leistungsfähiger waren als die frühen Gleichstromgeneratoren.

Edison kritisierte am Wechselstrom vor allem seine hohen
möglichen Spannungen, die er als lebensgefährlich brandmarkte –
zugleich zielte er damit auch auf den Hauptvorteil des Wechselstroms: Weil er eben nicht kontinuierlich fließt, sondern ständig seine Flussrichtung zwischen den beiden Polen wechselt, lässt
sich Wechselstrom mit Transformatoren in beliebige Spannungen
umwandeln. Die Stromstärke sinkt dabei in dem Maße wie die
Spannung steigt. Unter hoher Spannung und bei niedrigen Stromstärken lässt sich elektrische Leistung jedoch mit deutlich geringeren Verlusten übertragen als mit niedrigeren Spannungen und
hohen Stromstärken. Dieser Effekt ermöglichte es Westinghouse,
im Jahr 1891 in Ames/Colorado ein Wasserkraftwerk zur Stromversorgung einer rund sechs Kilometer entfernten Goldgrube zu
errichten. Die Leitungen transportierten den Strom mit einer
Spannung von seinerzeit sagenhaften 3000 Volt, ihr Bau kostete
nur 700 US-Dollar – und damit ein Hundertstel dessen, was eine
Gleichstromleitung gekostet hätte. Dieses Argument überzeugte
die Fachwelt, so dass Gleichstrom nach und nach durch Wechselstrom verdrängt wurde, auch Edison schwenkte später auf ihn
um. Endgültig verabschiedete sich die Stromgesellschaft Consoli-
dated Edison in New York jedoch erst im Jahr 2007 von der
Gleichspannung – bis dahin gab es immer noch einige alte Fahr-

stühle, die auf Gleichstrom angewiesen waren. Das von Westinghouse gebaute Wasserkraftwerk Ames produziert sogar noch heute (mit einer Leistung von 3,75 Megawatt) und hat damit auch dieses Rennen entschieden.

Die von Westinghouse verfolgten Prinzipien – Stromerzeugung in großen Maschinen, Verteilung an viele kleine Verbraucher und immer günstigere Anlagen durch stetige Vergrößerung – waren wegweisend für die weitere Entwicklung des Elektrizitätswesens. Überall auf der Welt entstanden um die Jahrhundertwende die ersten Kraftwerke:* Sofern möglich, wurden sie von Wasserkraft angetrieben, ansonsten mit Dampfmaschinen oder auch von Dieselmotoren. Um 1940 herum hatte schließlich so gut wie jedes Haus in Deutschland einen Stromanschluss und elektrisches Licht.

Neben der Kraft, die von elektrischen Maschinen erzeugt wird, ist es vor allem das elektrische Licht, das der Menschheit ungeahnte Wissens- und Produktivitätsfortschritte, aber auch gänzlich neue Lebensweisen geschenkt hat. Hätte es ohne elektrisches Licht in den 1920er-Jahren in den Metropolen ein ausschweifendes Nachtleben gegeben? Könnten wir uns bei Nacht belebte Plätze ohne Neonreklamen und beleuchtete Schaufenster vorstellen? Was wäre die Alternative zu Kinos und Filmvorführern noch in der kleinsten Stadt gewesen, die unseren Vorfahren mit flackernden Schwarz-Weiß-Bildern einen ganz neuen Blick auf und in die Welt gewährten? Denken wir an Radiosender, über die sich auf einmal die Mächtigen mit ihrer eigenen Stimme überall im Land an ihre Untertanen richten konnten. Wie hätte sich die Musik ohne Strom weiterentwickelt? Hätte es Jazz als Kind der Nachtclubs gegeben? Ganz zu schweigen von Rock und Popmusik bis hin zur Electronic Dance Music? Wäre moderner Städtebau möglich gewesen – ohne elektrische Fahrstühle, mit denen sich die Höhenunterschiede in Gebäuden bequem überwinden ließen? Die Aufzählung der für uns heute selbstverständlichen Errungenschaften lässt sich unendlich fortsetzen. Strom war vor hundert Jahren der große Beschleuniger unserer Kultur. Er entkoppelte den menschlichen Alltag von den Tageszeiten und erlaubte den Menschen, unabhängig vom Tageslicht zu arbeiten, zu lernen, zu feiern.

Siemens starb schon 1892 und damit viel zu früh, um den großen Durchbruch der Elektrizität noch zu erleben. Doch der von ihm gegründete Konzern spielte seinerzeit in einer ähnlichen Liga wie der von Elon Musk gegründete Autohersteller Tesla heute: Seine Ingenieure brachten bestehende Technologien zusammen, verfeinerten sie und entwickelten Geschäftsmodelle dafür. Sie suchten nach Konvergenz, wie wir heute sagen würden. Das Gleiche gilt für die späteren Weltkonzerne Westinghouse und General Electric, der von Edison gegründet wurde. Erst damit – und nicht allein durch die Grundlagenforschung zuvor – konnte der Siegeszug der Elektrizität beginnen. Die Konvergenz ist es auch, die Strom nicht nur zur Leitenergie des 21. Jahrhunderts machen wird, sondern auch zum Fundament eines gänzlich neuen Wirtschaftsmodells, von dem wir noch gar nicht wissen, wohin es uns führt.

Die effizienteste Energieform

In einem Kochbuch aus dem Jahr 1926 heißt es, dass eine Kilowattstunde seinerzeit «nur 16 Pfennige» kostete. Man kann damit gut zwölf Liter Leitungswasser zum Kochen bringen. Zwar waren Holz und Kohle, gemessen an ihrem Brennwert, günstiger. Doch die Köche vor hundert Jahren mussten einigen Aufwand treiben, um die Verbrennungswärme effizient zu nutzen – zum Großteil ging sie einfach zum Schornstein hinaus. Das war beim Strom anders, er ließ sich effizient nutzen. Auch deshalb galten 16 Pfennige für eine Kilowattstunde als günstig, sie entsprachen einem Tausendstel dessen, was ein Reichsbeamter damals im Monat verdiente.* Auf heutige Verhältnisse übertragen, würde eine Kilowattstunde Strom von damals ungefähr vier Euro kosten.[4]

Diese Effizienz hat ihren Grund darin, dass Strom reine Exergie

---

4 Bei einem Durchschnittssold von 4000 Euro, den Beamte in Deutschland erhalten.

ist. Damit bezeichnet man jenen Teil der Energie in einem Energieträger, der sich in nutzbare Arbeit verwandeln lässt – beim Strom ist das theoretisch alles. Deshalb produziert schon ein halbwegs guter Elektromotor in einem Elektroauto aus 10 Kilowattstunden elektrischer Energie mehr als 9 Kilowattstunden Bewegungsenergie. Nur ein wenig geht in Form von Reibung und magnetischen Verlusten verloren. Sehr gute Elektromotoren bringen es sogar auf beinahe 100 Prozent Wirkungsgrad.

Ein moderner Dieselmotor im Auto hingegen erzeugt aus den gut 12 Kilowattstunden Energie, die ein Liter Dieselöl bei der Verbrennung freisetzt, knapp 5 Kilowattstunden kinetische Energie, mit der das Auto fortbewegt werden kann. 7 Kilowattstunden werden also in Form von heißen Abgasen verschwendet (sieht man von ein wenig Wärme für die Heizung des Autos im Winter und Reibungsverlusten im Getriebe ab). Bei einer Tankfüllung von 50 Litern wird also die Energie von rund 30 Litern nicht für die Fortbewegung genutzt. Bei Benzinmotoren fällt die Rechnung noch ungünstiger aus. Denn chemisch gebundene Energie und daraus erzeugte Wärme wie bei Benzin und Diesel sind eben keine reine Exergie, sondern enthalten auch reichlich Anergie – das ist der nicht umwandelbare Teil der Energie. Bisher fiel auch bei der Erzeugung von Strom reichlich Anergie an. Ältere Braunkohlekraftwerke zum Beispiel verschwenden 70 Prozent des Energiegehalts der Kohle – ein Grund für die schlechte Klimabilanz der Meiler. Die großen weißen Wolken über den Kühltürmen sind sichtbarer Ausdruck davon.

Warum wir weniger Energie verbrauchen, wenn wir mehr Exergie erhalten

Die Umwandlungsverluste in allen Wärme-Kraft-Maschinen – Kraftwerken, Autos, Flugzeugen – verstellen uns den Blick darauf, mit wie wenig Energie wir eigentlich auskommen könnten, wenn es uns gelänge, die Umwandlungsverluste zum Verschwinden zu bringen. Denn der größte Teil der sogenannten Primärenergie, die wir heute verbrauchen, kommt gar nicht bei uns, den eigentli-

Primärenergieverbrauch in Petajoule (Prognose)

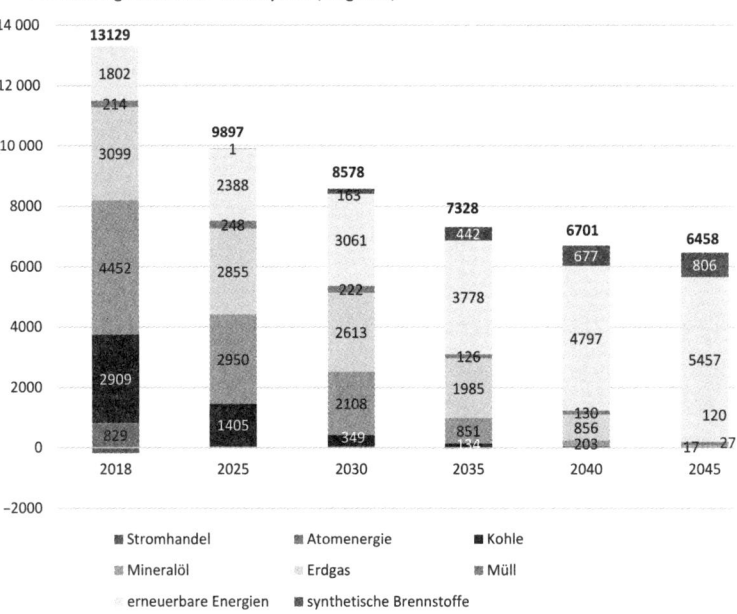

Quelle: Agora Energiewende/Agora Verkehrswende/Stiftung Klimaneutralität

Abbildung 2: Wir können mit viel weniger Energie auskommen, wenn wir auf erneuerbare Energien umstellen.

chen Energieverbraucher:innen, an, sondern verschwindet in Form von Anergie.

13 129 Petajoule Energie wurden in Deutschland im Jahr 2018 für die Stromerzeugung, zum Heizen, für den Personen- und Gütertransport und in industriellen Prozessen verbraucht.* Das ist in etwa so viel Energie, wie in einer rund acht Kilometer hohen Säule aus massiver Steinkohle mit einer Grundfläche von 200 mal 200 Quadratmetern steckt. Wenn es die Sache mit der Anergie nicht gäbe und wir 100 Prozent der in der Kohle steckenden Energie ohne Verluste verwenden könnten, würde es auch eine etwas mehr als drei Kilometer hohe Säule (mit gleicher Grundfläche) tun – sie würde nur halb so viel Energie beinhalten. Das muss man sich beim Lesen von Diagrammen mit der Überschrift

«Primärenergieverbrauch» immer wieder vor Augen halten: Sie zeigen eben auch jenen Teil des Energieverbrauchs an, der gar nicht bei den Menschen ankommt, sondern nur die Maschinen füttert – und bislang den größeren Anteil hat.

Doch wie wäre es, wenn wir uns die meisten dieser Umwandlungsverluste in Zukunft sparen könnten? Wenn wir mit der Hälfte unseres bisherigen Primärenergieverbrauchs auskämen? Weil wir die Kohle (und das Gas und das Öl) gar nicht bräuchten, sondern wir die reine Exergie bekämen – unsichtbar, körper- und geruchlos? Dieses Versprechen gibt uns Strom. Vorausgesetzt, wir müssen nicht irgendeine Art von chemisch gebundener Energie wie Kohle, Gas und Öl, aber auch Mais, Holz und Wasserstoff einsetzen, um ihn zu produzieren. Sondern vor allem den Strom aus Wind und Sonne.

Die nachhaltigste Energieform

Mit der Sonne haben wir den denkbar größten Energieerzeuger rund 150 Millionen Kilometer von uns entfernt. Nur ein halbes Milliardstel ihrer gesamten Strahlung trifft nach acht Minuten Reisezeit durch das All auf die Erde.* In 35 Minuten ist das so viel Energie, wie die Menschheit ansonsten in einem Jahr verbraucht. Ein Prozent der Sonnenenergie verwandelt sich in Luftströmungen, also Wind. Rund 43 Prozent werden ins All reflektiert. Der Rest wird von Pflanzen zu Biomasse verarbeitet oder heizt die Atmosphäre auf. «Ich würde mein Geld auf die Sonne und die Solarenergie setzen. Was für eine Energiequelle! Ich hoffe, wir müssen nicht erst die Erschöpfung von Erdöl und Kohle abwarten, bevor wir das angehen», erkannte Thomas Edison vor mehr als 100 Jahren.

Diese Hoffnung hat sich lange nicht erfüllt, stattdessen haben die Menschen seit Edisons Zeit geerbte Sonnenenergie geplündert: Pflanzen und Tiere, die vor Jahrmillionen auf der Erde lebten und – dank der Energie der Sonne – im Lauf der Zeit zu Öl, Gas und Kohle fossilisiert wurden. Jedes Jahr verbraucht die Menschheit von dieser Erbmasse so viel, wie in Hunderttausenden von Jahren entstanden ist.

Gelernt haben wir allerdings, immer mehr Strom zu erzeugen, diesen zu transportieren und zu verbrauchen. Waren es in den ersten Jahrzehnten des 20. Jahrhunderts nur wenige Großmaschinen, wenige Lampen und vielleicht der Küchenherd, die elektrisch betrieben wurden, so hat in unserem Lebensumfeld inzwischen bis auf wenige Ausnahmen jede Gerätschaft einen Stecker und bezieht darüber seine Energie. Der Autor Marc-Uwe Kling spricht in seinem Zukunftsroman «Qualityland 2.0» denn auch über das 20. Jahrhundert als «Kabelzeitalter». Ungefähr von 1900 bis 1945 stieg der Stromverbrauch in Deutschland von 0 Terawattstunden im Jahr gradlinig auf gut 40 Terawattstunden (weniger als ein Zehntel des heutigen Verbrauchs). Nach dem Zweiten Weltkrieg halbierte sich der Verbrauch für kurze Zeit, um dann ab 1950 exponentiell zu steigen:* Ungefähr alle zehn Jahre verdoppelte sich der Verbrauch, bis schließlich um das Jahr 2000 herum das heutige hohe Niveau erreicht wurde. Gebrochen wurde der Anstieg erst mit der Einführung von Energieeffizienzstandards.

Dass Strom immer beliebter wurde, liegt auch an seiner unglaublich vielseitigen Nutzbarkeit: Elektronen treiben sowohl die filigransten Strukturen an, die der Mensch geschaffen hat (Computerchips mit Milliarden von Transistoren auf der Fläche eines Daumennagels), als auch einige der (noch) größten Maschinen – Braunkohlebagger, deren Ausmaße die des Eiffelturms übertreffen.

Seinen Siegeszug hat Strom aber auch angetreten, weil die Quellen elektrischer Energie immer zahlreicher, immer billiger und für die meisten Menschen immer weniger sichtbar wurden: Elektrische Züge fahren sauberer als Dampfzüge, sofern die Kohle für die Fahrt anderswo verbrannt und die Abgase über 200 Meter hohe Schornsteine in die Luft gepustet werden. Die elektrische Straßenbahn, der elektrische Herd und das elektrische Licht wurden nicht eingeführt, weil die Pferdebahn, der Holzofen oder die Gaslampe plötzlich nicht mehr funktionierten. Sie setzten sich durch, weil sie keine Pferdeäpfel hinterließen, sich auf Knopfdruck einschalten ließen, nicht nach faulen Eiern stanken und weil Elektromotoren sich als klein, wartungsarm und sicher erwiesen.

Das war und ist auch möglich, weil Strom eine sehr einfach zu handhabende Energieform ist. Seine Nutzung fordert uns keine Spezialkenntnisse ab, schon ein zweijähriges Kind kann einen Lichtschalter bedienen. Eine Kerze lassen wir es hingegen lieber nicht anzünden. Anders hingegen die Stromerzeugung: Das dreckige und komplexe Geschäft der Stromproduktion – Kohle und Gas verbrennen, Wasserdampf erzeugen, Turbine und Generator antreiben – erfordert Fachwissen und ein Heer von Arbeitskräften. Doch es ließ sich dank des Sieges von George Westinghouse im New Yorker Stromkrieg an wenigen Stellen zentralisieren, Normalbürger:innen hatten nichts damit zu tun. Der Strom kommt eben aus der Steckdose.

Seit ungefähr 20 Jahren aber kommt zu den Vorteilen, derentwegen sich die elektrische Energie schon seit mehr 100 Jahren auf ihrem Siegeszug befindet, ein weiterer hinzu – jener, den schon Edison herbeigesehnt hat. Strom lässt sich aus Sonnen- oder Windenergie (die aus Sonnenenergie entsteht) in sehr großen Mengen klimafreundlich erzeugen – und das an den allermeisten Orten der Welt. In weniger als zwei Jahrzehnten haben Wind- und Solarenergie jenen technischen Reifegrad erlangt, der dafür die Grundlage ist. Um den Energiebedarf der Welt im Jahr 2030 allein mit Solarstrom zu decken, ist ungefähr eine Fläche von der Größe Spaniens nötig – etwa ein Dreihundertstel der weltweiten Landmasse. Die Landfläche, die wir zur dauerhaften Energieversorgung der Welt brauchen, ist damit kleiner als die Waldfläche, die 2019 und 2020 durch Waldbrände zerstört wurde.

Je mehr Wind- und Solarkraftwerke gebaut werden, desto günstiger wird deren Strom, das ist die Lehre der vergangenen zwanzig Jahre in Deutschland.[5] Als «Königin der internationalen Elektrizitätsmärkte» bezeichnet IEA-Chef Fatih Birol die Solar-

---

5 Für uns Endverbraucher traf das bisher leider nicht zu. Denn über die EEG-Umlage zahlen wir noch einige Jahre auch für die Förderung der teuren Anlagen aus den Anfangsjahren der Energiewende. Dieser Rucksack wird jedoch immer leichter, weil die Förderung dieser Anlagen ausläuft.

energie. Seine Organisation hat ermittelt, dass Solarstrom schon heute in vielen Ländern je Kilowattstunde billiger ist als die Kohle, die in Kohlekraftwerken für Strom verbrannt wird. Die Bau- und Kapitalkosten für die Kohlekraftwerke kommen noch obendrauf. Ähnlich optimistisch ist die IEA auch beim Windstrom. Der Grund für die billigen Erneuerbare-Energien-Kraftwerke liegt einerseits darin, dass sie massenhaft industriell gefertigt werden – vielfach auch in China und Indien zu sehr geringen Löhnen. Der andere Grund sind die seit der Finanzkrise sehr niedrigen Zinsen: Rund die Hälfte der Stromgestehungskosten entfallen aktuell auf die Zinsdienste. Insofern sind die niedrigen Kosten für Erneuerbaren-Strom auch ein Kind der Finanzkrise 2008, in deren Folge erst die Zinsen auf ihren heutigen historischen Tiefstand nahe null sanken. Immer wieder gab es Stimmen, die mahnten, dass dieser Zustand nicht ewig andauern könne. Doch mit der Corona-Krise und den weltweiten Konjunkturprogrammen, um sie zu bekämpfen, sind die Aussichten auf etliche weitere Niedrigzinsjahre gewachsen. Und damit auch die Aussichten auf immer günstigeren Strom aus erneuerbaren Energien (die technologische Entwicklung läuft ja auch weiter).

Die Entwicklung des Stroms aus erneuerbaren Energien verläuft daher gegensätzlich zu jener von fossilen Energieträgern, vor allem, aber nicht nur in Europa. Die Ölquellen vor Norwegen und Schottland versiegen allmählich, die Gasquellen in der Nähe des niederländischen Groningen, die vor allem Norddeutschland jahrzehntelang mit Energie für Wärme versorgten, werden bis 2022 stillgelegt, weil sie schwere Erdbeben verursachen. Auch die Kohleförderung in Deutschland wurde 2018 aus Kostengründen eingestellt. Gleiches gilt auch für die Minen in Polen, die bis 2049 stillgelegt werden sollen,* obwohl sie noch Kohle für 200 Jahre beinhalten.

CO_2-Emissionen in Millionen Tonnen pro Jahr und ihr Rückgang in den verschiedenen Bereichen bis zur Klimaneutralität

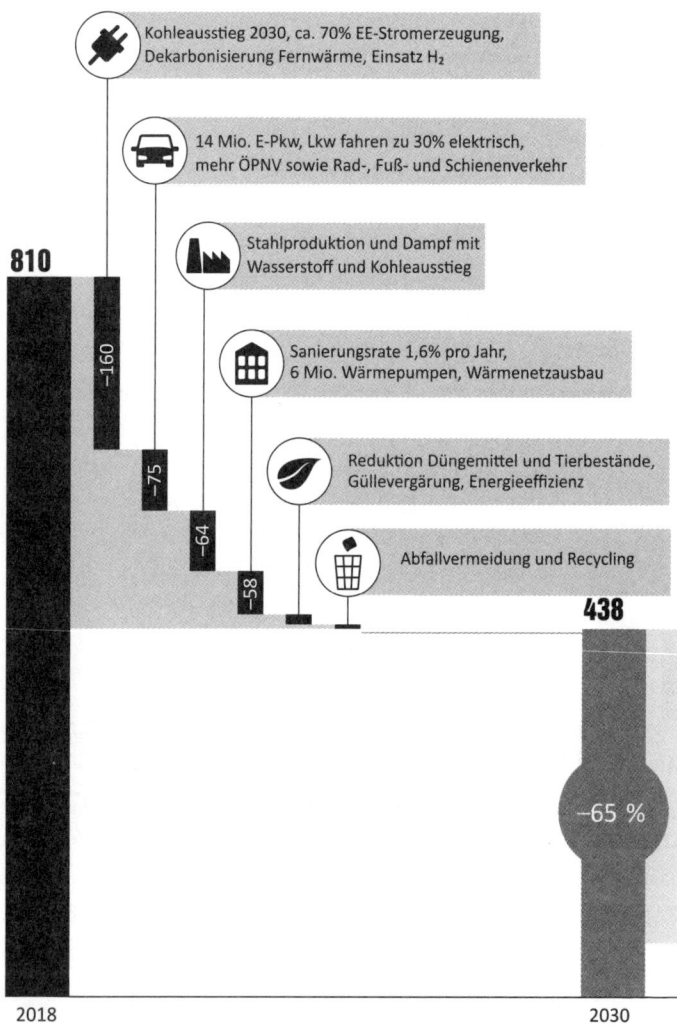

Kohleausstieg 2030, ca. 70% EE-Stromerzeugung, Dekarbonisierung Fernwärme, Einsatz H_2

14 Mio. E-Pkw, Lkw fahren zu 30% elektrisch, mehr ÖPNV sowie Rad-, Fuß- und Schienenverkehr

Stahlproduktion und Dampf mit Wasserstoff und Kohleausstieg

Sanierungsrate 1,6% pro Jahr, 6 Mio. Wärmepumpen, Wärmenetzausbau

Reduktion Düngemittel und Tierbestände, Güllevergärung, Energieeffizienz

Abfallvermeidung und Recycling

810

−160

−75

−64

−58

438

−65 %

2018　　　　　　　　　　　　　　　　　　2030

* inkl. Stromerzeugung aus erneuerbar erzeugtem Wasserstoff, zwischengespeichertem und importiertem erneuerbaren Strom.

Quelle: Agora Energiewende, Agora Verkehrswende, Stiftung Klimaneutralität

Abbildung 3: Wie Deutschland bis 2045 klimaneutral wird

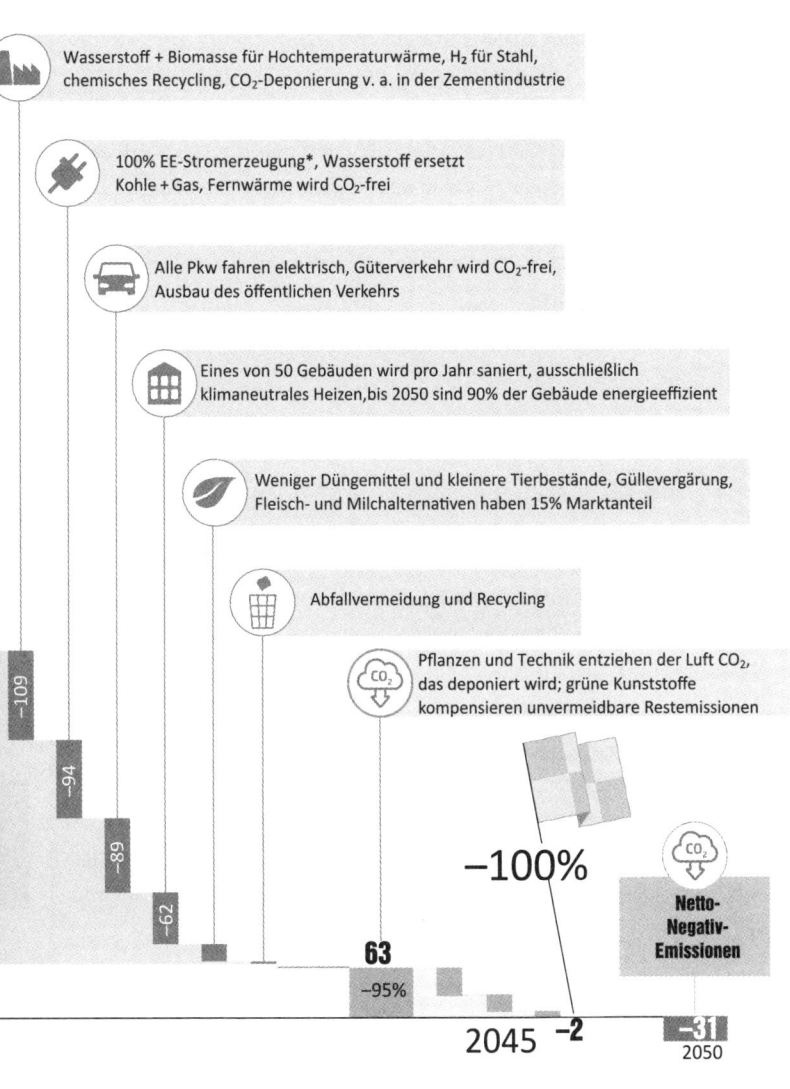

Wasserstoff + Biomasse für Hochtemperaturwärme, H₂ für Stahl, chemisches Recycling, CO₂-Deponierung v. a. in der Zementindustrie

100% EE-Stromerzeugung*, Wasserstoff ersetzt Kohle + Gas, Fernwärme wird CO₂-frei

Alle Pkw fahren elektrisch, Güterverkehr wird CO₂-frei, Ausbau des öffentlichen Verkehrs

Eines von 50 Gebäuden wird pro Jahr saniert, ausschließlich klimaneutrales Heizen,bis 2050 sind 90% der Gebäude energieeffizient

Weniger Düngemittel und kleinere Tierbestände, Güllevergärung, Fleisch- und Milchalternativen haben 15% Marktanteil

Abfallvermeidung und Recycling

Pflanzen und Technik entziehen der Luft CO₂, das deponiert wird; grüne Kunststoffe kompensieren unvermeidbare Restemissionen

−109

−94

−89

−62

−100%

63

Netto-
Negativ-
Emissionen

−95%

2045 −2

−31
2050

Fazit

Strom ist der Beschleuniger menschlichen Lebens schlechthin. Kaum eine Tätigkeit, die wir heute ausüben, ist ohne ihn denkbar. Seine einfache Handhabung ist einer der Hauptgründe dafür. Wind- und Solaranlagen machen auch seine Herstellung immer einfacher: einerseits, weil sich Erneuerbare-Energien-Anlagen mehr oder weniger in Serie fertigen lassen; andererseits, weil die Anlagen für ihren Betrieb keine Rohstoffe brauchen und auch kein Abfall zu entsorgen ist. Der Siegeszug des Stroms hat daher gerade erst begonnen.

3 Warum wir die Technik gegen die Klimakrise schon längst haben

Wir müssen keine der Technologien, die wir im Kampf gegen die Erwärmung der Erdatmosphäre brauchen, neu erfinden. Alles, was wir brauchen, um die Erderwärmung aufzuhalten und gleichzeitig unser gewohntes Leben mit nur wenigen, nicht allzu großen Änderungen[6] weiterzuführen, haben wir schon längst: ein ganzes Regal voll von Technik und Methoden, die funktionieren, bezahlbar und erprobt sind. Wind- und Solaranlagen, Stromspeicher und Anlagen, die mittels Elektrolyse aus Strom Wasserstoff herstellen. Dazu Übertragungsleitungen, Elektroautos und Wärme-

---

6 Eine massive Erderwärmung wird in jedem Fall große Änderungen für unser Leben nach sich ziehen. Städte und Staaten werden vom Meer verschlungen, Menschen dadurch zur Flucht gezwungen werden. Anderswo wird man im Sommer nicht mehr vor die Tür gehen können, weil es schlicht zu heiß dafür ist. Die Änderungen, die uns der Kampf gegen die Klimakrise abverlangt, sind demgegenüber klein. Vermutlich sogar kleiner als das, was die Corona-Pandemie mit uns macht.

pumpen – um die wichtigsten Bausteine zu nennen. Denn darum geht es: um erprobte Technik, die in großen Mengen verfügbar ist und an der Schwelle zur Wettbewerbsfähigkeit steht oder sie bereits überschritten hat. Dieses Puzzle besteht natürlich aus unzähligen Teilen – doch die meisten davon hängen in irgendeiner Weise mit Strom zusammen.

Dass wir schon fast alles haben, um die Klimakrise zu bekämpfen, ist natürlich kein Hindernis dafür, weiter an neuen Methoden und Techniken zu forschen, und auch nicht dafür, die bestehenden Dinge billiger, besser und auch umweltfreundlicher zu machen. Es ist allerdings ein starkes Argument dafür, dass wir nicht auf irgendwelche Wunder warten müssen, bevor wir mit dem Klimaschutz ernst machen – seien es kleine modulare Atomreaktoren, wie sie seit einigen Jahren in den USA nicht zuletzt von Microsoft-Gründer Bill Gates propagiert werden, oder auch Fusionsreaktoren. Im Gegenteil – man kann auch so lange warten, bis es zu spät ist.

Die Konvergenz von Technologien behebt das letzte Manko des Stroms

Das beeindruckendste Argument für die Stromifizierung der Welt liegt in der Konvergenz von Technologien, die dem Strom eine Eigenschaft verleiht, die ihm bislang zur Perfektion noch fehlte – sie nehmen ihm seine Flüchtigkeit. Strom ließ sich bisher anders als Kohle, Gas und Öl nicht lagern und bei Bedarf einfach abrufen. Strom – und Solar- und Windstrom erst recht – ist bisher ein Echtzeitprodukt.

Die erste Technologie, die das ändert, ist die Hochspannungsgleichstromübertragung (HGÜ), mit der große Mengen von Strom quer über Kontinente hinweg verschoben werden können. Sie macht unabhängiger davon, wo gerade der Wind weht oder die Sonne scheint. Die zweite Technologie besteht in kostengünstigen Lithium-Ionen-Akkus, die riesige Mengen von Strom über Stunden und Tage speicherbar machen – sowohl stationär als auch in Elektroautos, die mit dem Stromnetz verbunden sind.

Beide Technologien entkoppeln die Erzeugung von Strom sowohl zeitlich als auch räumlich von seinem Verbrauch. Sie sind wie Windkraft und Photovoltaik ebenfalls nach jahrzehntelanger Entwicklungsarbeit im industriellen Maßstab angekommen und weltweit verfügbar.

Die dritte Technologie schließlich ist das Internet der Dinge. Es besteht einerseits aus einer ganzen Reihe stromsparender und äußerst billiger Netzwerkverbindungen und andererseits aus einem Adressraum, der ausreicht, um jedes Sandkorn auf der Erde einzeln anzusprechen (hätte es denn einen Netzwerkanschluss).* So weit wird es nicht kommen, doch inzwischen halten wir es für normal, dass LED-Birnen heute WLAN haben, ebenso Waschmaschinen, Bewässerungssysteme für den Garten und der Thermomix. Bei größeren Wind- und Solaranlagen ist der Internetanschluss sowieso schon seit Jahren Pflicht. Bei Wallboxen für Elektroautos und Wärmepumpen gehört der Internetanschluss ebenfalls zum Standard. Die Datenleitungen verbinden alle Puzzlesteine zu einem großen Ganzen – zu einem Internet des Stroms, bei dem es wie beim Dateninternet weder eine einzelne Kontrollinstanz noch einen einzelnen Besitzer aller Daten geben darf. Denn neben der technologischen Entwicklung ist für dieses System die Entwicklung der Datensicherheit und -hoheit entscheidend.

Von dieser Konvergenz werden zum einen Großkonzerne und Erneuerbare-Energien-Unternehmen profitieren. Google etwa nutzt den vom Unternehmen entwickelten selbstlernenden Thermostat «Nest»* in den USA längst dazu, Zigtausende Klimaanlagen im Sommer so zu steuern, dass damit Strompreisspitzen für die Verbraucher:innen vermieden werden – und auch für den Internetgiganten Geld abfällt. Doch die Alleinstellungsmerkmale der Konvergenztechnologien sowie von Wind- und Solarkraftwerken bestehen auch darin, dass sie weitgehend für sich funktionieren und für ihren Betrieb kaum menschliche Arbeitskraft nötig ist. Deshalb kann jeder mit seiner Haustechnik Teil des Konvergenzpuzzles werden und von den Möglichkeiten profitieren, die sich in den kommenden Jahren ergeben werden. Ähnlich wie bei der letzten Produktklasse, die das Kind konvergierender Technologien war: dem Smartphone, das ebenfalls eine ganz neue Wirtschaftsklasse begründet hat.

Auch diesmal locken gigantische Verdienstmöglichkeiten. Sie werden es sein, die das 21. Jahrhundert zum Jahrhundert des Stroms machen. Der Klimaschutz ist für alle, die Strom aus erneuerbaren Energien erzeugen und nutzen, ein sehr nützlicher Nebeneffekt, der Regierungen dazu antreibt, die ganze Sache möglichst schnell auf den Markt zu bringen und Steine aus dem Weg zu räumen.

Es geht gar nicht um Energie

Um zu verstehen, worum es bei der Umstellung auf Strom eigentlich geht, können wir uns fragen, welchen Nutzen uns welche Energieform beschert. Denn das, was wir mit fossilen Energieträgern in der Regel tun – nämlich Verbrennen –, ist in den seltensten Fällen unser eigentliches Ziel.

Wir verbrennen Öl und Gas, um einen Heizkreislauf aufzuheizen – eigentlich geht es aber darum, dass unsere Wohnung warm ist und wir nicht frieren. Wir verbrennen Benzin und Diesel, um einen Automotor anzutreiben – eigentlich geht es darum, dass wir uns fortbewegen (gerne auch mal rasant und mit Freude am Fahren). Industrieunternehmen verfeuern Gas, um in einer Chemiefabrik einen Cracker zu heizen – eigentlich wollen sie Kohlenwasserstoffmoleküle voneinander trennen, damit sie später zu Kunststoff zusammengebaut werden können. Fossile Kraftwerke schließlich verbrennen Kohle und Gas, um daraus Wärme zu machen, aus dieser wiederum Dampf und daraus eine Rotationsbewegung, die ihrerseits einen Generator antreibt. Die Verbrennung steht oft am Beginn einer langen Prozesskette, bei der es nach vielen Schritten nur darum geht, zuverlässig Strom zu produzieren. Dieser Teil unserer Industrie befindet sich daher immer noch im Dampfzeitalter, und daran ändert nicht einmal der Fusionsreaktor ITER etwas, an dem etliche Staaten der Welt seit Jahren in Südfrankreich bauen.*

Das Verbrennen von fossilen Stoffen und Erhitzen von Wasser ist fast niemals Selbstzweck (sieht man von einer Kerze oder einem Kaminfeuer ab). Das ist die gute Nachricht, denn dadurch ist der Ausstoß von Kohlendioxid in den meisten Bereichen keine Zwangsläufigkeit menschlichen Lebens und wirtschaftlichen Handelns. Es ist eine Nebenwirkung, die wir lange unerkannt hingenommen haben. Spätestens seit der ersten Weltklimakonferenz im Jahr 1979 gibt sie jedoch Anlass zur Sorge.[7] Dort wurde die Gefahr eines Klimawandels erstmals wissenschaftlich breit und international diskutiert. Alarmieren sollte uns, dass die globale Durchschnittstemperatur seit jener Konferenz um rund 0,6 Grad Celsius gestiegen ist – und seit Beginn der Industrialisierung bereits um 1,1 Grad. Bis Ende des 21. Jahrhunderts – dann also, wenn die heute neugeborenen Kinder ans Ende ihres Lebens kommen – könnten es bis zu 6 Grad werden.* Im Pariser Klimaschutzabkommen haben sich die Staaten der Welt dazu verpflichtet, dass es möglichst nicht mehr als 1,5 Grad werden sollen. Es gibt also viel zu tun, und die Zeit, in der Klimaschutz eine Sache künftiger Generationen sein könnte, ist vorbei. Wenn wir jetzt nicht handeln, werden es nicht nur unsere Kinder sein, die unter dem Klimawandel leiden. Sondern auch wir selbst.

Die Frage muss also lauten: Können wir unsere Energiesklaven auch füttern, ohne vor Jahrmillionen entstandene Fossilien zu verbrennen? Können wir Wohlstand sichern, ohne das Klima zu ruinieren? Haben die Menschen im globalen Süden eine Chance, Wohlstand aufzubauen, ohne die Fehler der Industrieländer zu wiederholen? Die Antworten darauf lauten ausnahmslos: Ja!

Fast alles von dem, was wir bisher mir Verbrennungsenergie er-

---

7   Dass sich seitdem die Technologien auf das heutige Niveau entwickelt haben, ist nicht zuletzt das Verdienst von vorausschauender Forschungspolitik, etwa dem Energieforschungsprogramm der Bundesregierung oder dem National Renewable Energy Laboratory in den USA, die beide 1977 aus der Taufe gehoben wurden und ohne die zum Beispiel die Solarenergie heute nicht da wäre, wo sie ist.

ledigen, können wir auch direkt mit Strom tun. Und meistens ist diese Alternative in der Anwendung bei Weitem eleganter, einfacher und billiger. Lediglich bei Anwendungen, die tatsächlich auf die hoch konzentrierte chemische Energie von Öl und Gas angewiesen sind, müssen wir einen Umweg gehen und diese Sonderenergieträger aus Strom herstellen – meistens wird das Wasserstoff sein, hier und da auch synthetisches Erdgas und synthetischer Treibstoff.

Im Folgenden werden die wichtigsten Puzzlesteine für ein klimafreundliches Energiesystem vorgestellt.

Solarstrom

Aus technischer Sicht sind Photovoltaikanlagen vielleicht die faszinierendsten Kraftwerke: Ohne jedes bewegte Teil produzieren sie Strom einfach nur dadurch, dass eine Halbleiterzelle der Sonne ausgesetzt wird. Die Lichtteilchen der Sonnenstrahlen bringen darin Elektronen zum Wandern – elektrischer Strom fließt. Eine einzelne Zelle hat nur eine Spannung von einem Volt. Doch in Solarmodulen auf Dächern und in Freiflächenanlagen werden viele hundert Zellen in Reihe geschaltet, deren Spannung sich am Ende auf mehrere hundert Volt Gleichstrom addiert. Ein sogenannter Wechselrichter wandelt diesen in Wechselstrom um, wie er durch das Stromnetz fließt. Auch er ist ein Kind der Konvergenz: Ohne Leistungshalbleitertechnologie wäre er nicht denkbar. Nur deswegen kommt er ohne bewegliche Teile und Energieumwandlung aus und ist daher extrem effizient.

Solarmodule auf dem Dach eines durchschnittlichen Einfamilienhauses produzieren oft das Doppelte bis Dreifache der Strommenge, die in dem Haus jährlich verbraucht wird – zumindest bisher, denn wenn Strom sowohl Sprit als auch Gas und Öl ablöst, steigt natürlich der Bedarf.

Dass Sonnenlicht eine Spannung zwischen zwei Elektroden auslösen kann, hatte Alexandre Edmond Becquerel schon 1839 entdeckt. Doch es vergingen 100 Jahre, bis der photovoltaische Effekt erstmals wirtschaftlich genutzt wurde – im Jahr 1955 zur Stromversorgung von Telefonverstärkern. Damit ist die Photovoltaik die jüngste Technologie zur Stromerzeugung, und sie ist ein naher Verwandter der Computerentwicklung. Nicht nur, dass Solarzellen anfangs aus überschüssigem Silizium aus der Herstellung von Mikrochips hergestellt wurden und sich einige Prozesse ähneln (etwa die Herstellung der Zellen in Reinsträumen): Die größte Gemeinsamkeit der Photovoltaik mit Mikrochips besteht in ihrem exponentiellen Wachstum von Leistung und Menge. Im Jahr 2000 wurden weltweit Solarzellen mit einer Leistung von 0,28 Gigawatt produziert,* also so gut wie gar nichts. Im Jahr 2009 waren es schon mehr als 11 Gigawatt – eine Verdreißigfachung. Noch einmal zehn Jahre später, 2019, hatte sich die globale Solarzellenproduktion auf 115 Gigawatt gegenüber dem Beginn des Jahrtausends verdreihundertfacht.*

Die nächsten Produktionssprünge sind absehbar, bislang vor allem in China, wo die Fabriken, aus denen die Solarmodule kommen, inzwischen zu einem Großteil stehen: Allein der hierzulande eher wenig bekannte Weltmarktführer Longi produziert jährlich Module mit einer Gesamtleistung von rund 30 Gigawatt* – mehr als die Hälfte dessen, was Ende 2020 in Deutschland auf Dächern und Freiflächen zu finden war. Und offensiv kündigen Longi und die übrigen Unternehmen der Silizium-Modul Super-Liga (SMSL) immer neue Werke an.

Als Folge des Wachstums sackt die Kurve für die Produktionskosten immer weiter nach unten ab, mit jeder neuen Fabrik werden die Solarmodule billiger: Bei einer Verdoppelung der Produktionskapazitäten sinken die Produktionskosten um mehr als 20 Prozent.* In den vergangenen Jahren hat sich das Tempo sogar nochmals beschleunigt. Drei Solarmodule mit zusammen einem Kilowatt Leistung sind deshalb heute im Großhandel für rund 250 Euro zu bekommen. Anfang des Jahrtausends lag der Preis für die gleiche Leistung in Form von rund sechs Modulen noch bei 5000 Euro und mehr.* Weil Solarmodule zugleich Weltmarktprodukte sind, leicht zu transportieren und aufzubauen, entstehen rund um die Welt gigantische Kraftwerke, die Strom so schnell und so günstig wie keine andere Technologie erzeugen. Bis 2022 wird in den Vereinigten Arabischen Emiraten ein Solarkraftwerk gebaut, das mit 20 Quadratkilometern in etwa so groß ist wie der Frankfurter Flughafen.* Mit seinen zwei Gigawatt Leistung wird es jedes Jahr Strom für 160 000 Haushalte produzieren – zum Preis von 1,1 Cent pro Kilowattstunde. Bis Anfang 2021 war das Weltrekord für billigen Strom, doch im April unterbot ein 600 Megawatt großes Solarkraftwerk auch noch diesen Wert. Es wird Strom für weniger als einen Cent pro Kilowattstunde liefern.*

Im Jahr 2020 lieferten Solaranlagen in Deutschland rund 9 Prozent des Stroms.* Bis 2030 müssen es rund 23 Prozent werden, damit Deutschland sein Klimaziel erreichen kann – das bedeutet, dass wir ungefähr dreimal so viele Solaranlagen brauchen, wie heute installiert sind. Das dazu nötige Tempo bei Bau und Installation der Anlagen war schon einmal Realität: beim letzten Solarboom um 2010 herum. Es geht also, wenn wir wollen.

Windkraft

Die Erfolgsgeschichte der Windkraft in Deutschland beginnt mit einem kalkulierten Misserfolg. Im Jahr 1983 ging in Schleswig-Holstein, nicht weit vom Wattenmeer, die damals größte Windkraftanlage der Welt, der Growian, in Betrieb. Gebaut wurde sie vor allem, um Windkraftfans davon zu überzeugen, dass große Windkraftanlagen nicht funktionieren könnten, wie Zitate aus der Bundesregierung und von RWE, die den Growian finanzierten und betrieben, überliefern. «Wir wissen, dass es uns nichts bringt. Aber wir machen es, um den Befürwortern der Windenergie zu beweisen, dass es nicht geht», sagte der damalige Bundesforschungsminister Hans Matthöfer (SPD) gegenüber der Tageszeitung *Die Welt*.

Die mehr als 100 Meter hohe Anlage wies etliche Konstruktionsfehler auf. Der Rotor hatte nur zwei Flügel und musste sich daher relativ schnell drehen, zudem hielt das Material den Belastungen unter Volllast nicht stand, so dass der Growian nur gedrosselt Strom produzieren durfte. Nach nur 420 Betriebsstunden wurde das Experiment beendet und die Anlage später abgerissen. Doch obwohl der Growian nicht wie gewünscht funktioniert und nicht einmal drei Wochen lang Strom geliefert hatte, kann er heute als beispielhaft gelten: Windkraftwerke mit drei Megawatt Leistung und mehr als 100 Meter Nabenhöhe wurden 20 Jahre nach dem Fehlschlag Standard. Gezeigt hat der Prototyp damit nur, dass sich eine solche Technologie nicht im Hauruckverfahren entwickeln lässt, sondern dass es sich lohnt, ihr Zeit zum Reifen im realen Einsatz zu geben. Die darauffolgenden Anlagengenerationen wurden nach und nach weiterentwickelt, jeder neue Anlagentyp konnte somit von den Fortschritten seiner Vorgänger profitieren.

Von den rund 30 000 Windkraftanlagen, die in Deutschland nach dem Growian errichtet wurden, entstanden ungefähr 20 000 bis zum Jahr 2010.* Überraschenderweise haben jene 10 000 Anlagen, die erst anschließend errichtet wurden, zusammen eine genauso große Leistung wie die Wind-Omas aus dem ersten Jahrzehnt des Jahrtausends. Und schaut man sich an, wie viel Strom diese beiden Klassen liefern, so stellt man fest: Die neueren Anlagen produzieren in Summe mehr als doppelt so viel Strom wie die alten – obwohl es von den neuen Anlagen nur halb so viele gibt.* Zeitgemäße Anlagen produzieren je Kilowatt Leistung also etwa viermal mehr Strom als ihre Urahnen.

Das war möglich, weil Hersteller wie Enercon, Siemens, Vestas oder General Electric die Anlagen immer häufiger so bauten, dass sie an möglichst vielen Stunden im Jahr möglichst gleichmäßig viel Strom produzieren – nicht an wenigen Stunden möglichst viel. Dies erreichten die Hersteller unter anderem, weil die Windkraftanlagen immer höher wurden. Konnte man in den ersten Anlagen in den 1990er-Jahren noch außen am Turm an einer Leiter hochsteigen (viel mehr als 20 Meter waren nicht zu überwinden), so befördert heute ein Fahrkorb im Inneren der Türme die Monteur:innen an ihren hundert Meter hohen Arbeitsplatz. Das ist eine der Naturgegebenheiten, die man bei der Windkraft akzeptieren muss: Je höher der Rotor sich um die Nabe dreht, desto mehr Strom lässt sich ernten. Je zehn Meter Nabenhöhe steigt der Ertrag im Mittel um sieben Prozent.

Wegen der Höhe konnten aber auch die Rotorblattdurchmesser und die Generatorleistungen steigen. Alle Faktoren kombiniert, haben dazu geführt, dass Windstrom immer billiger geworden ist: Wurde die Kilowattstunde im Jahr 2000 noch mit rund 9 Cent vergütet, so sind es heute rund 6 Cent.[8]* Berücksichtigt man zusätzlich die Inflation seit dem Jahr 2000, so haben sich die Kosten für Windstrom an Land seitdem sogar halbiert. Und es gibt Experten, die davon ausgehen, dass mit der nächsten Anlagengeneration nochmals ein Rückgang verbunden sein wird.

Doch schon 6 Cent pro Kilowattstunde ist weniger Geld, als in einem Steinkohlekraftwerk allein für den Kauf von Kohle und CO_2-Verschmutzungsrechten ausgegeben werden muss. Und es ist weniger, als im Jahr 2008 im Mittel im Großhandel für Strom gezahlt wurde. Die Regel lautet daher: Je mehr neue Windkraftanlagen gebaut werden, desto günstiger wird der Strom.

Stellen wir uns jetzt vor, dass die 20 000 Windräder aus den Anfangsjahren der Windenergie, die vor allem in Norddeutschland stehen, durch moderne Mühlen ersetzt werden: Wir würden gut fünfmal mehr Strom von ihnen bekommen als mit den bisherigen Anlagen, nämlich ungefähr 200 Terawattstunden. Mit den bereits bestehenden Anlagen macht das um die 300 Terawattstunden – das ist die Hälfte unseres heutigen Strombedarfs und ziemlich genau die Menge, die wir brauchen, um Deutschland in die Klimaneutralität zu führen. Und das zu Kosten, die niedriger sind als die von Kohle- und Gaskraftwerken. Heureka!

Seit den 2010er-Jahren gesellen sich zu den Windrädern an Land auch Anlagen auf dem Meer dazu. Die sogenannten Offshore-Parks sind leistungsfähig wie Großkraftwerke. Weil auf See der Wind so gut wie immer weht, liefern diese Anlagen auch so

8   Diese 6 Cent pro Kilowattstunde liegen deutlich über den Stromgestehungskosten. Sie resultieren vor allem daraus, dass die Einspeisevergütung für Windstrom seit 2018 über Ausschreibungen ermittelt wird und sich daran zu wenige Projekte beteiligen. Das Ergebnis sind Zuschläge nahe dem Höchstwert, aber kein Wettbewerb (siehe auch Kapitel 4).

gut wie immer Strom – in gut der Hälfte der Stunden im Jahr mit mindestens ihrer halben Leistung und auch ansonsten noch erkleckliche Mengen. Das ist ihr großer Vorteil gegenüber den Windkraftanlagen an Land, die in 80 Prozent der Stunden im Jahr weniger als die Hälfte ihrer Leistung bringen. Ihr Nachteil: Die Anlagen auf dem Meer sind so teuer und wartungsintensiv wie Großkraftwerke. Damit Wartungsmannschaften sie erreichen können, halten die Betreiber eigene Boots- und Hubschrauberflotten bereit. An der deutschen Küste stehen sogar speziell für Rettungseinsätze auf Offshore-Windkraftanlagen ausgerüstete Helikopter bereit.

Noch wird die Offshore-Windkraft auch wegen dieser teuren Infrastruktur hoch subventioniert – eine Kilowattstunde Strom vom Meer kostet bisher doppelt so viel wie Solarstrom aus neuen Großanlagen. Doch das Versprechen ist das gleiche wie bei der Windkraft an Land und bei der Photovoltaik: Je mehr Anlagen gebaut werden, je größer sie ausfallen und je ausgereifter sie sind, desto günstiger wird auch ihr Strom. Und es scheint auch dieses Mal wieder aufzugehen: Einige Energieversorger trauen sich zu, Offshore-Windkraftanlagen ohne jede Förderung zu bauen. Vor Borkum und Amrum will der dänische Erneuerbare-Energien-Multi Ørsted bis Mitte der 2020er-Jahre drei Windparks mit zusammen 890 Megawatt bauen,* die sich ausschließlich am Strommarkt finanzieren. Ähnliches hat der baden-württembergische Versorger EnBW mit einem 900-Megawatt-Projekt ebenfalls vor Borkum vor.* Die Windkraftanlagen, die dafür gebraucht werden, sind viermal leistungsfähiger als der Growian aus den 1980er-Jahren und auch deutlich größer: 260 Meter hoch soll beispielsweise die Haliade-X-Turbine von General Electric sein* – der Eiffelturm übertrifft so eine Strommaschine nur um 40 Meter. Eine Umdrehung ihrer 110 Meter langen Rotorblätter wird ausreichen, um einen Haushalt zwei Tage lang mit Strom zu versorgen.

Kritiker wie der Däne Bjørn Lomborg wenden an dieser Stelle ein, dass die Sache mit dem billigen Windstrom ja schön und gut sei, aber dass er noch keine verlässliche Stromversorgung garantiere. Betrachtet man nur eine einzelne Windkraftanlage, so ist das ein nachvollziehbares Argument – mal dreht sie sich, mal dreht sie sich nicht. Diese Argumentation gilt aber nicht für ein ganzes Land, noch weniger für einen ganzen Kontinent. Für solche Großregionen mit ihren Tausenden von Windkraftanlagen an Land und auf See können Energiewetterdienste heutzutage sehr gut berechnen, wann wie viel Strom erzeugt wird.[9] Das sind nicht nur theoretische Berechnungen, sondern sie werden getrieben von handfesten Geschäftsinteressen: Wer an der Strombörse Strom für die Lieferung am nächsten Tag verkaufen möchte, der tut gut daran, möglichst genau zu wissen, wie viel er dann haben wird. Ansonsten wird es teuer. Genau das ist das Geschäft von Energiewetterdiensten.

Wärme

Während die Erzeugung von Strom aus Wärme ziemlich viele Verluste mit sich bringt, ist es genau umgekehrt, wenn man Wärme aus Strom herstellt: Aus einer Kilowattstunde Strom macht eine Wärmepumpe ungefähr drei Kilowattstunden Wärme zum Heizen. Die Wärmepumpe bedient sich dafür der Umweltwärme. Vor vielen neuen Häusern sieht man inzwischen die großen grauen Kästen ähnlich wie Klimaanlagen: Sie saugen Luft durch einen Wärmetauscher an und entziehen dieser die Wärme. Ebenso liegt mancherorts, unsichtbar unter Rasenflächen vergraben, ein Teppich aus Plastikschläuchen, der Erdwärme aufnimmt. Zu sehen ist das eigentlich nur im Winter, wenn der Schnee auf solchen Rasenflächen langsamer schmilzt als auf Nachbargrundstücken ohne Wärmetauscher. Denn durch die Plastikschläuche wird nicht nur das Haus erwärmt, sondern auch das Erdreich abgekühlt. Ähnlich können auch Brunnen, die dem Grundwasser Wärme entnehmen, als Wärmequelle dienen.

---

9 Die Prognosen beginnen zum Beispiel bei der energy & meteo GmbH in Oldenburg 15 Tage vor dem Lieferzeitpunkt und enden 5 Minuten vor ihm.

Wir würden weder das Grundwasser noch die Luft an einem Wintertag, noch das Erdreich als warm bezeichnen. Gemessen am absoluten Nullpunkt, der bei minus 273 Grad Celsius liegt, sind sie aber dennoch warm – was physikalisch nur bedeutet, dass die Moleküle, aus denen all diese Stoffe bestehen, hin und her tanzen. Ein Kompressor macht aus einer großen Menge «kalter Wärme» eine kleine Menge «warmer Wärme». Das funktioniert so ähnlich wie in einer Fahrradluftpumpe: Wenn man mit ihr Luft komprimiert und seinen Daumen auf das Ventil drückt, damit nur wenig Luft entweichen kann, dann ist die Luft, die entweicht, ziemlich heiß – ohne dass eine Verbrennung stattgefunden hätte oder die Luft vorher aufgewärmt worden wäre. Das liegt daran, dass die Moleküle durch das Komprimieren schneller tanzen. Das spüren wir als Hitze.

Wärmepumpen lassen sich bei vielen Herstellern in vielen Größen und Varianten kaufen. Ihre Schwester ist die Klimaanlage, die in wärmeren Gegenden seit Jahren zur Grundausstattung von Gebäuden zählt und millionenfach verkauft wird. Deshalb hat auch die Wärmepumpe das Zeug zum echten Massenprodukt mit guten Aussichten, schnell günstiger zu werden.

Verkehr

Wenn wir mit dem Auto losfahren, dann drehen wir am *Zünd*-schlüssel, und wir *heizen* über die Autobahn. Manchen Autofahrern sagt man nach, in ihren Adern fließe Benzin. Und besonders sportliche Wagen wie der Porsche 911 fahren nicht nur im wahrsten Sinne des Wortes wahnsinnig schnell, sondern auch wahnsinnig laut – als ob es den Fahrern um den Krach ginge, den die Explosion eines Benzin-Luft-Gemisches erzeugt. Sollte der Verbrennungsmotor heute erst erfunden werden, würde er vermutlich gar nicht erst zugelassen werden: zu gefährlich, zu verschwenderisch mit der Energie, zu unbequem (man muss tanken fahren!?). Trotzdem packt uns keineswegs die Furcht darüber, dass ein voller Tank einem Sprengsatz auf Rädern nicht unähnlich ist.

Der Grund dafür, dass der Verkehrssektor mit dem Sprit so eng verwoben ist, besteht darin, dass Benzin und Diesel dort über die vergangenen 100 Jahre Alleinstellungpositionen errungen haben.[10] Mit 751 Terawattstunden verbraucht der Transport von Menschen und Gütern in Deutschland mehr Energie als jeder andere Sektor, und 94 Prozent davon sind Benzin und Diesel, also fossile Energieträger.[11]* Für das Klima war das bisher eine schlechte Nachricht. Denn Treibstoffe lassen sich kaum klimafreundlich machen. Die Versuche, die es in Deutschland dazu mit Biosprit gab, sind allesamt gescheitert. Dennoch steckt in dem seit langem ziemlich konstanten Verbrauch von 69 Milliarden Liter Benzin und Diesel – eine Menge, die den Berliner Wannsee viermal im Jahr füllen würde – ein unglaubliches Potenzial für Klimaschutz. Denn der größte Anteil der im Treibstoff für Verbrennungsmotoren enthaltenen Energie geht ungenutzt zum Auspuff wieder raus. Die reine Energie eines einzigen Wannsees voll von Sprit im Jahr würde es auch tun. Batteriebetriebene Elektroautos bieten diese Perspektive.

Lange Zeit gab es gegen Elektroautos vor allem zwei Argumente: ihr hoher Preis, für den im Wesentlichen die teure Batterie verantwortlich war, und die niedrige Reichweite, für die ebenso die Batterie verantwortlich war, denn je größer sie wurde, desto teurer wurde auch das Auto.

Die Geschichte des Elektroautos ähnelt der der Photovoltaik, allerdings scheint es, als ob sie nochmals schneller abläuft. Bei Solaranlagen dauerte es rund 30 Jahre, um die Preise um 92 Prozent zu senken – von rund 14000 Euro pro Kilowatt Leistung um 1990

---

10 Das war nicht von Anfang an so: In der Anfangszeit des Automobils, zwischen 1890 und 1910, galten Elektroautos den Fahrzeugen mit Verbrennungsmotor als technisch überlegen.

11 Um eine Energiemenge von 751 Terawattstunden mit synthetischen Kraftstoffen, die aus Wasserstoff gewonnen werden, bereitzustellen, bräuchte man mehr als 1000 Terawattstunden Strom zusätzlich. Nötig dafür wären mehr als dreimal so viele Erneuerbare-Energien-Anlagen, wie es heute in Deutschland gibt. Aus Kosten- und aus Akzeptanzgründen wäre das ein falscher Weg.

auf gut 1000 Euro im Jahr 2020.* Bei Akkus für Autos ist das Tempo dreimal so schnell: Eine Kilowattstunde Speicherkapazität (damit fährt man ungefähr fünf Kilometer weit)[12] kostete im Jahr 2010 noch ungefähr 800 Euro. Bei einem Elektroauto mit einer Reichweite von 500 Kilometern waren damals allein für die Batterie 80 000 Euro fällig. Niemand hätte ein solches Fahrzeug gekauft. Bezahlbar war gerade noch ein Auto mit «nur» 40 000 Euro Batteriekosten, dafür aber auch nur 250 Kilometer Reichweite.

Doch das ist Vergangenheit. Die ökonomischen Rahmenbedingungen für Elektroautos haben sich gründlich verschoben: Im Jahr 2020 kostete eine Kilowattstunde Batteriekapazität nur noch rund 125 Euro.* Ein Preisverfall von rund 85 Prozent in zehn Jahren! Die Batterie für ein heutiges 500-Kilometer-Auto schlägt nach dieser Rechnung nur noch mit etwa 12 500 Euro zu Buche. Und schon jetzt ist absehbar, dass sie Mitte der 2020er-Jahre nur noch rund 7000 Euro kosten wird. Damit fällt die Batterie bei Fahrzeugpreisen von 40 000 Euro und mehr nicht mehr ernsthaft ins Gewicht.

Da wundert es nicht, dass in Norwegen inzwischen mehr Autos mit Elektromotor und Batterie zugelassen werden als mit Verbrennungsmotor. Und schaut man sich die Angebote der großen Leasingplattformen an, dann ist es nicht allzu gewagt zu prognostizieren, dass diese Zeit auch in Deutschland nicht mehr allzu weit entfernt ist. Denn zu den immer günstigeren Anschaffungskosten kommen die ebenfalls sehr günstigen Betriebskosten: Wird das Elektroauto an der heimischen Steckdose geladen, so kostet Energie für 100 Kilometer in etwa 5 Euro. Wer eine Solaranlage auf dem Dach hat oder zum Beispiel bei Lidl einkauft, bekommt den Strom sogar umsonst.

---

12 Der Stromverbrauch eines Elektroautos variiert je nach Gewicht des Fahrzeuges, Fahrweise und Witterung erheblich. Für diese Rechnung wurden 18 Kilowattstunden Verbrauch auf 100 Kilometer angenommen, was etwas über den Herstellerangaben vieler gängiger Autos liegt, sich aber in der Praxis häufig als realistisch erweist.

Da sich die ökonomischen Vorteile, aber auch der praktische Nutzen immer mehr zugunsten der Elektroautos verschieben, ist es nur eine Frage der Zeit, bis so gut wie niemand mehr Autos mit Verbrennungsmotor kauft. Von diesem Zeitpunkt an dürfte es noch rund 18 Jahre dauern, bis diese Autos von den Straßen verschwunden sind,* denn das ist die in Deutschland typische Lebensdauer von Autos.

Küche, Computer, Licht und Co.

Noch sind elektrische Geräte durch ihren Stromverbrauch Klimasünder: An jeder Kilowattstunde Strom hängt im Deutschland des Jahres 2020 im Mittel ein Ballon mit 152 Liter CO_2.[13] Ein Sonntagsbraten, der zwei Stunden lang im Ofen schmort, ist deshalb für ungefähr 600 Liter CO_2 verantwortlich. Vor ein paar Jahren waren es aber noch mehr als 1000 Liter, es sind also schon Fortschritte zu verzeichnen. Doch weil die Emissionen des Stromsektors durch den Ausbau der erneuerbaren Energien Jahr für Jahr weiter sinken, wird zumindest der Sonntagsbraten irgendwann im nächsten Jahrzehnt klimaneutral sein.[14]

Hinzu kommt: Alle elektrischen Geräte sind in den vergangenen Jahren erheblich sparsamer geworden und leisten dabei oft mehr als ihre Vorgänger. Ein LCD-Fernseher zum Beispiel verbraucht sechsmal weniger Energie als ein Röhrenfernseher, wie er noch vor 20 Jahren überall zu finden war. Staubsauger sind so effizient geworden, dass manche sogar mit Akkus laufen, und LED-Birnen verbrauchen zehnmal weniger Strom als Glühbirnen. Der Grund für den Siegeszug der Effizienz ist vor allem in der Öko-

---

13 Bei Normaldruck und einer Standardtemperatur von 0 °C ist dies das Volumen, das die 301 Gramm CO_2-Emissionen pro Kilowatt einnehmen, die der Strommix im Jahresmittel aufweist. Wie viel es aktuell ist, hängt davon ab, welche Kraftwerke laufen und wie viel Wind- und Solarstrom es gibt. Angaben beinahe in Echtzeit gibt das Agorameter.

14 Die Tierhaltung ist ein anderes Thema, denn sie produziert ebenfalls Treibhausgase, wodurch klimaneutrales Fleisch noch in weiter Ferne liegt.

design-Richtlinie der EU zu finden. Anders als die Energiewende macht sie nur selten Schlagzeilen; das letzte Mal 2009, als die Glühlampe verboten wurde und man anhand der Medienbericht-erstattung den Eindruck haben konnte, die Welt ginge unter.* Tat-sächlich hat sich das Glühlampenverbot aber als Innovationstrei-ber erwiesen. LED-Birnen sind nicht nur in einer nie gekannten Anzahl von Bauformen zu finden, sondern inzwischen auch mit ausgefallenen Funktionen zu haben, beispielsweise dem fernge-steuerten Farbwechsel per Handy-App.

Für alle elektrischen Geräte gilt: Je größer der Anteil der erneu-erbaren Energien an der Stromerzeugung wird, desto klima-freundlicher werden alle Stromverbraucher. Denn Strom kommt tatsächlich aus der Steckdose, da müssen wir gar nichts machen.

Wasserstoff

Wasserstoff wirkt wie der perfekte Energieträger: Es ist eines der häufigsten Elemente auf der Erde. Reagiert das Gas mit Sauerstoff, so setzt es dabei, bezogen auf sein Gewicht, so viel Energie frei wie kein anderer Energieträger (dreimal mehr als Diesel!). Die Ener-gie steht nicht nur als Wärme zur Verfügung – Brennstoffzellen verwandeln Wasserstoff und Sauerstoff sogar ohne den Umweg über Feuer und Dampf direkt in Strom. Obendrein ist Wasserstoff der Ausgangsstoff für alle Arten von Kohlenwasserstoffen – syn-thetisch hergestellte Pendants zu Erdgas, Kerosin, Benzin – sowie auf dieser Basis für Kunststoffe. Wasserstoff ist damit ähnlich viel-seitig einsetzbar wie Strom, aber im Gegensatz dazu keine Energie nur für den Moment. Wasserstoff eignet sich, um die flüchtige elektrische Energie zu konservieren. Hierzu ist ein Elektrolyseur nötig, in dem Wasser durch elektrischen Strom, der zwischen zwei Elektroden fließt, gespalten wird. Man kennt das aus dem Chemieunterricht, bevor der Wasserstoff dann mit einer ohrenbe-täubenden Knallgasprobe nachgewiesen wird.

Wegen all dieser Eigenschaften wird Wasserstoff eine wichtige Rolle bei der künftigen Energieversorgung spielen. Wer allerdings denkt, dass er die Basis ist, um weiterhin das Gros der Häuser mit (dann synthetischem) Erdgas zu heizen und die meisten Autos mit synthetischem Sprit fahren zu lassen, der liegt falsch.

Warum? Wasserstoff hat ein massives Effizienzproblem. Das fängt schon bei seiner Produktion an. Um ein Kilogramm Wasserstoff mit 33,3 Kilowattstunden Energie zu erzeugen, muss man 50 Kilowattstunden Strom in einen Elektrolyseur stecken, denn der arbeitet bestenfalls mit einem Wirkungsgrad von 70 Prozent. Wird das Kilogramm Wasserstoff im nächsten Schritt durch einen Methanisierer geschickt, der daraus synthetisches Erdgas macht, so gehen nochmals mehr als sechs Kilowattstunden verloren. Der Verlust im Heizungskessel tut sein Übriges: Am Ende hat man auf diesem Weg 50 Kilowattstunden hochwertiger Exergie in 25 Kilowattstunden laue Wärme verwandelt. Allerdings zum Preis von 50 Kilowattstunden Strom, den dafür nötigen Wind- und Solaranlagen sowie dem Bau von großen Anlagen für die Umwandlung.

Noch dunkler wird die Rechnung, wenn aus dem Wasserstoff Bewegungsenergie für ein Auto werden soll: Die Produktion von synthetischem Sprit fordert einen Tribut von rund 30 Prozent der Energie, die im Wasserstoff steckt. Dieser Sprit wird dann von einem Verbrennungsmotor mit seinen hohen Verlusten in Bewegungsenergie umgewandelt. Am Ende kommen von 50 Kilowattstunden Strom ganze 6,5 Kilowattstunden auf der Straße an. Bei einem Elektroauto mit Brennstoffzelle sieht die Rechnung zwar ein wenig besser aus – hier sind es 12,5 Kilowattstunden –, doch auch das ist immer noch fast dreimal schlechter als beim Elektroauto mit Batterie.

Diese Rechnungen sind seit Jahren bekannt und unumstritten.* Umso erstaunlicher ist es, dass sie selbst von der Deutschen Energieagentur Dena vielfach ignoriert werden und auch der grüne Umweltminister im Autoland Baden-Württemberg (wo Elektroautos lange kein großes Thema waren) Anfang 2021 immer noch das Lied vom synthetischen Sprit aus Wasserstoff singt.* Zu denken geben sollte, dass der Volkswagen-Konzern sich 2019 von seiner Wasserstoffvision verabschiedet hat und seitdem ganz auf das

Batterieauto setzt.* Auch die Internationale Energieagentur sieht für Wasserstoffautos in den nächsten Jahrzehnten allenfalls eine Nischenrolle.*

Ähnlich schlecht sieht die Bilanz beim Wasserstoff zum Heizen aus – sei es direkt als Gas, in Form von aus Wasserstoff hergestelltem synthetischen Erdgas oder sogar als Wasserstoffheizöl. Diesen Weg verfolgen zwar Kampagnen wie «Gas kann grün» der deutschen Gaswirtschaft oder das Institut für Wärme und Mobilität, das die Mineralölwirtschaft ins Leben gerufen hat.* Die Argumentation lautet immer, dass solche Wasserstoffderivate den Übergang in das klimaneutrale Zeitalter erleichtern, weil die bestehende Infrastruktur weitergenutzt werden kann. Gleichzeitig verkennt sie jedoch, dass aufgrund der großen Effizienzverluste auf dem Wasserstoffweg ein Vielfaches an Wind- und Solaranlagen errichtet werden muss im Vergleich zu schlaueren Szenarien. So viel Platz gibt es in Deutschland gar nicht. Zugleich wäre Wasserstoff zum Heizen und Fahren auch deutlich teurer als die elektrischen Alternativen. Zu Recht würden die Widerstände in der Bevölkerung dagegen wachsen.

Der einzige Segen einer solchen Wasserstoffwelt würde auf den Öl- und Gaskonzernen ruhen, die damit ihr altes Geschäftsmodell mehr oder weniger ungestört weiterverfolgen können. Das ist nicht ohne Risiko, denn Wasserstoff wird bislang vor allem aus Erdgas (Methan, CH_4) durch Abspaltung des C-Atoms gewonnen, und dabei entsteht CO_2. Bei dem sogenannten blauen Wasserstoff soll dieses CO_2 aufgefangen und zum Beispiel in ehemaligen Erdgaslagerstätten für die Ewigkeiten deponiert werden. Der blaue Wasserstoff ist damit zwar deutlich klimafreundlicher, allerdings nicht zu 100 Prozent klimaneutral. Zum einen gelangt bei seiner Produktion immer noch CO_2 in die Atmosphäre, weil die Abscheidung nicht vollständig ist. Zum anderen entweicht bei Produktion und Transport von Erdgas immer wieder Methan durch Lecks und andere Undichtigkeiten. Die Treibhauswirkung von Methan aber ist 40-mal stärker als die von CO_2. Deshalb ist höchste Vorsicht geboten, wenn blauer Wasserstoff als Lösung der Klimakrise angepriesen wird. Das wird nur mit Wasserstoff gehen, der aus erneuerbaren Energien produziert wird und bei dessen Herstellung an keiner Stelle CO_2 anfällt. Bezeichnet wird dieser auch als «grüner Wasserstoff».

Wo aber werden Wasserstoff und synthetische Brennstoffe überhaupt gebraucht? Die einfache Antwort lautet: überall dort, wo es nicht möglich ist, elektrische Energie direkt oder mit Hilfe von Batteriespeichern zu nutzen und wo es auch sonst keine Alternativen gibt. Etwa zum Betrieb der großen Passagierflugzeuge im internationalen Verkehr. Ein 19 000 Kilometer langer Flug nach Neuseeland würde pro Passagier zwischen 700 und 1200 Euro teurer, wenn das Kerosin dafür synthetisch aus Wasserstoff produziert würde.[15] Die Zeit der 20-Euro-Tickets ist also vorbei. Aber wir hatten ja schon geahnt, dass das nicht ewig gut gehen würde.

Auch für die Industrie wird Wasserstoff immer wichtiger werden – nicht nur in der chemischen Industrie, sondern vor allem in der Stahlindustrie. Denn eine einzige große Stahlhütte, zum Beispiel die in Salzgitter, ist für ein Prozent der deutschen Treibhausgasemissionen verantwortlich. Sie entstehen, wenn im Hochofen der Sauerstoff aus dem Eisenerz mit Kohlenstoff aus Kokskohle reagiert. Als klimafreundliche Alternative zum Reduktionsmittel Koks gibt es in großen Mengen im Grunde nur Wasserstoff – oder das Stilllegen der Hütten.

Vor allem aber wird der Wasserstoff auch für die Stromerzeugung unverzichtbar werden. Nämlich an den wenigen Tagen im Jahr, an denen Dunkelflaute herrscht – also Wind- und Solarkraftwerke aus Mangel an Wind und Licht keinen Strom liefern. Vielseitig wie er ist, kann der Wasserstoff auch Gaskraftwerke antreiben. Mehr dazu in Kapitel 5.

Das alles klingt nach Einschränkung? Nach geizigem Umgang

---

15 Ein Liter Kerosin kostete 2019 rund 40 Cent. Ein Liter synthetisches Kerosin wird nach Berechnungen des DLR zwischen 1,28 und 2,23 Euro kosten. Ein Flugzeug verbraucht pro Passagier und 100 Kilometer Flugstrecke im Mittel 3,6 Liter Kerosin.

mit Wasserstoff? Weit gefehlt: Selbst mit allen Einschränkungen
werden wir schon 2030 in etwa so viel Energie in Form von Wasserstoff brauchen, wie heute alle Solarstromanlagen in Deutschland im Jahr produzieren* – mehr als 60 Terawattstunden. Das
meiste davon soll importiert werden, wobei die dazu nötige Infrastruktur noch nicht im Ansatz vorhanden und auch unklar ist,
wer Deutschland denn überhaupt Wasserstoff in diesen Mengen
liefern kann. Bis 2045 könnte der Bedarf sich dann mehr als ver-
vierfachen. Und das ist ein konservatives Szenario von Prognos,
nicht das Szenario der Wasserstofflobby. Wer verspricht, Deutschland vor allem mit Hilfe von Wasserstoff klimaneutral zu machen,
kündigt daher gleichzeitig den Bau von gigantischer neuer Infrastruktur an. Es ist deshalb mitnichten so, dass uns dieses Gas den
Umbau unseres Landes – im Heizungskeller, bei den Fahrzeugen
und in der Industrie – erspart. Der Umbau findet nur an anderer
Stelle und aufgrund der Effizienzverluste beim Wasserstoff in viel
größeren Dimensionen statt.

Stromspeicher

Strom zu speichern, das ging über Jahrzehnte in großen Mengen
nur mit Pumpspeicherkraftwerken: künstlichen Seen auf der
Spitze von Bergen, die über Druckrohrleitungen mit Wasserkraft-
turbinen am Fuße des Berges und einem dortigen Unterbecken
verbunden waren. Des Nachts pumpten elektrisch angetriebene
Turbinen Wasser den Berg hoch in das Oberbecken. Der Strom
dafür stammte aus schlecht regelbaren Kraftwerken – Braun-
kohlemeilern im rheinischen Revier oder auch Atomkraftwerken.
Tagsüber, bei hohem Strombedarf, schoss das Wasser durch die
Rohre wieder den Berg herunter und trieb dabei die Turbinen
und Generatoren an, die große Mengen Strom ins Netz speisten.
Inzwischen arbeiten die Pumpspeicher nicht mehr im Tag-Nacht-
Wechsel, sondern richten sich nach den Preisen auf dem Strom-
markt, doch das grundlegende Prinzip ist das gleiche geblieben:
Pumpen bei Stromüberfluss, Rückverstromen bei Strommangel.
Das größte deutsche Pumpspeicherwerk im thüringischen Gol-

disthal leistet mit einem Gigawatt so viel wie ein Großkraftwerk und speichert mit acht Gigawattstunden in seinem Oberbecken in etwa so viel Energie, wie eine Millionenstadt wie München an einem kalten Tag in Form von Strom verbraucht.*

Von solchen Kraftwerken hätte man deshalb gerne mehr. Doch der an sich recht effiziente Prozess hat natürliche Grenzen: Es gibt nicht mehr allzu viele Bergkuppen, die sich abtragen lassen, um Speicherseen zu bauen. Und dort, wo es sie gibt, wenden sich die Menschen häufig gegen solche Projekte. Auch deshalb dauert es Jahrzehnte, bis solche Kraftwerke, wenn überhaupt, gebaut werden.

Es geht aber schneller, Handy, Laptop und Elektroauto sei Dank. Denn diese Geräte haben die Entwicklung von leistungsfähigen Lithium-Ionen-Akkus vorangetrieben. Sie mündete zunächst in die Standardzelle 18 650, die vor allem in Laptops zum Einsatz kam und aussieht wie eine normale Batterie aus dem Supermarkt. Gut genug war sie aber auch für Autos – beinahe 7000 der Zellen steckten im Tesla Roadster, dem ersten erfolgreichen Elektroauto, das von 2008 bis 2012 gebaut wurde. Ausgehend von den Erfahrungen mit Stromspeichern im Auto, gründete Tesla im Jahr 2015 eine Abteilung für stationäre Großspeicher, die auf die gleichen Akkus zurückgreifen wie auch die Fahrzeuge. Dabei handelt es sich um fertig konfektionierte Container, die in Rekordzeit montiert werden können: 203 Tage dauerte es von der ersten Idee bis zum Netzanschluss einer 100-Megawatt-Batterie im australischen Hornsdale. Da die Technik modular ist, steht sie vom Prinzip her in beliebigen Größen zur Verfügung. Und so baute Tesla in Kalifornien damit im Jahr 2020 die größte Batterie der Welt, 730 Megawattstunden kann sie speichern. Das ist die gleiche Liga, in der die meisten deutschen Pumpspeicherkraftwerke spielen.

Die früheren Probleme von Akkus sind mit modernen Lithium-Ionen-Akkus längst Vergangenheit. Sie lassen sich viele tausend Male laden, sie sind feuerfest und längst kein Luxusartikel mehr. Mit einer Batterie, die absehbar nur noch 60 Euro pro Kilowattstunde Speicherkapazität kostet und die über 20 Jahre lang jeden Tag einmal aufgeladen und wieder entladen wird, schlägt das

Speichern einer Kilowattstunde elektrischen Stroms mit weniger als einem Cent zu Buche. Der Unterschied zwischen dem Großhandelsstrompreis zur Mittagszeit und zur Abendbrotzeit an den Strombörsen ist bisweilen dreimal so groß. Die neuen Stromspeicher erlauben es den Speicherbetreibern nun, mittags bei Sonnenschein billig Strom zu laden und abends, wenn es keinen billigen Solarstrom mehr gibt, für gutes Geld wieder ins Netz einzuspeisen. Die Speicher sind damit wie eine Lizenz zum Gelddrucken. Aus diesem Grund werden sie gebaut werden.

Zu den Stromspeichern gehört auch Wasserstoff, der aus Wind- und Solarstrom hergestellt wird. Denn Gaskraftwerke können ihn wieder in Strom zurückverwandeln, allerdings mit der bescheidenen Effizienz thermischer Kraftwerke. Bei einem Kraftwerkswirkungsgrad von etwa 50 Prozent erhält man von 100 Kilowattstunden Wind- und Solarstrom, die man in einen Elektrolyseur hineinsteckt, vom Gaskraftwerk nur rund 33 Kilowattstunden Strom wieder zurück. Zwei Drittel der Energie gehen unterwegs verloren. Eine solche Prozesskette sollte man sich nur im Notfall leisten – und das heißt, wenn der Wind nicht weht und die Sonne nicht scheint.

Hochspannungsgleichstromübertragung

Die Hochspannungsgleichstromübertragung (HGÜ) ist ein Kind der Halbleiterphysik. Mit ihr ist es möglich, große Mengen von Strom sehr verlustarm über Tausende von Kilometern zu transportieren. Mit herkömmlicher Hochspannungswechselstromübertragung funktioniert das hingegen nicht – das ständige Umpolen des Stroms beim Wechselstrom bremst das Übertragungsvermögen von normalen Hochspannungsleitungen aus, je länger diese werden. Hinzu kommt: Gleichstromkabel können bei gleichem Querschnitt bis zu dreimal mehr Leistung übertragen als die Wechselstrompendants. Und es gibt die HGÜ-Technik nicht nur in Form großer Strommasten, sondern auch als kunststoffisoliertes Kabel, das unsichtbar unter der Erde verlegt wird. Es ist etwas dicker als ein Arm, und zwei davon – Plus- und Minuspol – transportieren eine elektrische Leistung von bis zu 2,5 Gigawatt – so viel, wie zwei große Atomkraftwerke abgeben.*

Solche Kabel können auch quer durch Meere verlegt werden. Dadurch konnten sich Deutschland und Norwegen 2020 per Hochspannungsgleichstromkabel quer durch die Nordsee verbinden. Norwegische Wasserkraftwerke schicken nunmehr eine Leistung von 1,4 Gigawatt auf den Kontinent. Oder umgekehrt, dann schicken Deutschlands Windparks Strom nach Norwegen, und die dortigen Wasserkraftwerke werden ausgeschaltet. Das «NordGer» genannte Kabel funktioniert dadurch wie eine riesige Batterie.

Etliche Nummern größer und in geostrategischen Dimensionen planen die Chinesen. Zu ihrer Neuen Seidenstraße, an der ihr Land seit einigen Jahren arbeitet, gehört ein «Global Energy Connection» genanntes, weltumspannendes Stromkabel.* Es könnte Strom zum Beispiel aus der Inneren Mongolei, wo schon heute gigantische Solarparks entstehen,* bis nach Europa transportieren. Damit würden wir Solarstrom in der Nacht nutzen können, denn in China geht die Sonne sieben Stunden früher auf als bei uns. Es könnte aber auch Windstrom aus der kasachischen Steppe oder Solarstrom aus Russland sein. Solche Hochspannungsübertragungsleitungen nehmen Wind- und Sonnenstrom die wetterbedingten Schwankungen. Dass solche Projekte möglich sind, ist in Brasilien zu besichtigen.* Dort verbinden seit 2015 zwei HGÜ-Leitungen die Megacity São Paulo mit den Wasserkraftwerken im Nordwesten des riesigen Landes. 2400 Kilometer sind sie lang und damit die längste Stromautobahn der Welt. Sie transportieren 3150 Megawatt, so viel, wie drei große Kraftwerke abgeben können.

Bislang sehen wir bei den HGÜ-Leitungen vor allem Punkt-zu-Punkt-Verbindungen. Doch es gehört nicht viel Fantasie zu der Voraussage, dass sie eines Tages zu einem neuen Supernetz verbunden werden. Nicht nur, weil die Anfänge des heutigen Hochspannungsnetzes ganz ähnlich waren: Ab 1930 verband die erste Hochspannungsleitung die Kraftwerke des rheinischen Braunkohlereviers mit Pumpspeicherkraftwerken im Schwarzwald und in den Alpen. Sondern auch, weil alle europäischen

Länder immer stärker auf Wind- und Solarenergie als Energie-quellen setzen. Je besser diese Anlagen europaweit verbunden werden, desto günstiger ist der Strom in der EU im Mittel und desto höher die Versorgungssicherheit. Beides ist in einem Energiesystem, das nur noch auf Strom basiert, fundamental wichtig.

Fazit

Wir müssen nicht darauf warten, dass irgendjemand eine Wundermaschine erfindet, um den Klimawandel zu bekämpfen. Mit Solarenergie, Windkraftanlagen, leistungsfähigen Übertragungsleitungen und verschiedenen Stromspeichern haben wir alle Technologien, die wir brauchen, um Deutschland in ein klimafreundliches Industrieland umzubauen.

4 Warum die Technik gegen die Klimakrise nicht schon längst stärker genutzt wird (und wie wir das ändern)

Würden wir Deutschland heute auf der grünen Wiese neu bauen, so wäre die Sache einfach: Wir würden nicht lange darüber reden, wir würden die modernste Technik mit den besten Zukunftsaussichten und den höchsten Standards einsetzen. So wie wir das etwa beim Neubau von Gebäuden mit hohen Energieeffizienzanforderungen sehen oder bei neuen Stahlwerken, die mit Wasserstoff statt Koks betrieben werden. Vermutlich würden wir auch keine Infrastruktur für Autos mehr errichten, sondern auf Konzepte setzen, wie sie in der saudi-arabischen Planstadt «The Line» angestrebt werden: unterirdische Tunnelsysteme für selbstfahrende Wagen, viel Platz für Fußgänger und Fahrradfahrer und das Versprechen, dass kein Weg in der künftigen Millionenstadt länger als 20 Minuten dauert.* Dass die Energieversorgung sogar im Erdölland Saudi-Arabien zu 100 Prozent regenerativ erfolgen soll, ist in der Berichterstattung über das (durchaus umstrittene) Projekt fast schon eine Randnotiz.

Doch die grüne Wiese ist die Ausnahme. Der Regelfall ist der «langlebige Kapitalstock».* Damit werden in der Ressourcenökonomie Investitionsgüter bezeichnet, die Jahrzehnte halten – wie zum Beispiel Häuser, Kraftwerke, Fabriken und Verkehrsmittel. Rund 17 der knapp 19 Millionen Wohnhäuser in Deutschland sind vor dem Jahr 2000 gebaut worden; die meisten Häuser in Deutschland sind also mindestens 20 Jahre alt, über die Hälfte sogar mehr als 40 Jahre.* Der Großteil davon wurde bisher nicht energetisch saniert.[16] Ein Hochofen hält sogar 50 bis 70 Jahre. Und das älteste deutsche Kohlekraftwerk, das noch am Netz ist, stammt aus dem Jahr 1917. Ähnliches gilt auch für Werke, die Verbrennungsmotoren, Dampfturbinen oder Heizkessel bauen. Auch bei Kohlebergwerken, Braunkohletagebauen und Erdölfeldern handelt es sich um langlebige Kapitalstöcke. In gewisser Weise trifft das sogar auf Wissen und Ausbildung zu: Patente haben nur dann einen Wert, wenn sie sich noch nutzen lassen, genauso handwerkliche Fähigkeiten, die zu erlangen mehrere Jahre Lernen und viel Lehrgeld kosten.

Während wir Güter mit einer langen Haltbarkeit normalerweise als Segen empfinden, liegen die Dinge bei Haus, Kraftwerk und Co. anders. Hier verhindert die Langlebigkeit, dass klimaschädliche Kapitalstöcke durch klimafreundliche Alternativen ersetzt oder aber klimasicher gemacht werden. Die Gründe dafür sind wiederum unterschiedlich: Anlagen und Gebäude, die noch vergleichsweise neu sind, sind oftmals noch nicht abgeschrieben – sie müssen sich erst noch bezahlt machen. Alte abgeschriebene Anlagen hingegen sind Gelddruckmaschinen, solange sie nicht politisch reguliert werden. Ein Beispiel dafür sind alte Braunkohle-

16 Häuser, die vor Inkrafttreten der ersten Wärmeschutzverordnung 1979 gebaut wurden, verbrauchen bis zu fünfmal mehr Heizenergie als solche, die nach 2001 errichtet wurden.

kraftwerke, deren Stromproduktion im Grunde nichts kostet – der Bagger liefert die Kohle fast umsonst aus der Erde, und den Strom, den seine Motoren verbrauchen, bezieht er direkt aus dem Kraftwerk, das er füttert.

Solche Kapitalstöcke machen einen erheblichen Teil des Vermögens von Privatleuten und Unternehmen aus, entweder direkt oder auch indirekt in Form von Aktien, Investmentfonds oder aktiengebundenen Rentenversicherungen. Niemand trennt sich davon gerne ohne Entschädigung. Deshalb tun die Eigentümer:innen solcher Kapitalstöcke einiges dafür, dass ihr Wert nicht sinkt oder gar verloren geht. Genau das aber droht bei einer Transformation hin zu einer klimafreundlichen Wirtschaft, in der für klimaschädliche Kapitalstöcke kein Platz mehr ist.

Diese Logik sollten Sie im Hinterkopf behalten, denn sie steckt letztlich hinter vielen Merkwürdigkeiten, Hürden und Verzögerungen, über die im Folgenden zu reden sein wird. Gleichzeitig ist die Logik aber auch ein starkes Argument dafür, heute nicht mehr in klimaschädliche langlebige Technologien zu investieren. Denn das Risiko, dass solche Kapitalstöcke stranden, liegt auf der Hand. Viele Investmentfonds, so beispielsweise der norwegische Staatsfonds, diktieren Unternehmen daher mehr und mehr, die Herstellung klimaschädlicher Produkte auslaufen zu lassen.*

Auch der Staat hat die Aufgabe, den Übergang von klimaschädlichen zu klimafreundlichen Kapitalstöcken zu gestalten – und zwar so, dass klimaschädliche Kapitalstöcke immer mehr an Wert verlieren und klimafreundliche zusehends an Wert gewinnen. Doch diese Klarheit fehlte in den vergangenen Jahren vielfach. Stattdessen ist die deutsche Klima- und Energieregulierung von Widersprüchlichkeiten und Ambivalenzen geprägt.

Kohlefreundliches Bergrecht, erneuerbare-feindliches Planungsrecht

Während in den vergangenen Jahrzehnten umweltrechtliche und zunehmend auch klimapolitische Vorgaben nach und nach in alle möglichen Gesetze eingeflossen sind, so gibt es ausgerechnet bei jenem Gesetz einen erheblichen Rückstand, das den Abbau der Braunkohle, des klimaschädlichsten Energieträgers in Deutschland, regelt: das Bundesberggesetz. Es gewährt den Braunkohleunternehmen – also vor allem RWE und LEAG – Rechtspositionen, die, verglichen mit anderen Gesetzen, die Gesundheit und Eigentum der Bürger:innen schädigen, einmalig sind. So besitzt beispielsweise der Eigentümer eines Grundstückes, unter dem Braunkohle lagert, zwar den Sand und Fels unter und über dem Kohleflöz, aber nicht das Flöz selbst. Denn das fällt unter die im Bundesberggesetz verankerte Bergfreiheit. Der Staat kann entscheiden, wer den Rohstoff abbauen darf, und kann – muss aber nicht – dafür auch Geldzahlungen verlangen. Im Falle der Braunkohle bedeutet das: Der Staat verschenkt sie an LEAG und RWE.

Schon in der Frühphase der Exploration stecken die Bergbauunternehmen Claims ab, aus denen sich dann später Abbaurechte ergeben.* Eine Bürgerbeteiligung an dieser Stelle gibt es nicht. Dabei ist das Abstecken des Claims entscheidend für den späteren Abbau, denn die Abbaurechte ergeben sich aus einer Folge rechtlicher Zwangsläufigkeiten. Wehren können sich Landeigentümer:innen gegen die Zerstörung ihres Eigentums und Anwohner:innen gegen die Zerstörung der Landschaft daher erst, wenn die Bagger schon so gut wie vor der Tür stehen. Im Wesentlichen geht es dann um die Frage, wie hoch die Entschädigung für die anstehende Enteignung ist. Das ist die kurze Geschichte der Vernichtung von mehr als 50 Dörfern im Rheinland und in der Lausitz.

Wohlgemerkt, es handelt sich nicht um einen rechtlichen Konstruktionsfehler. Das Bergrecht diente einst dazu, Deutschlands wirtschaftliche Leistungsfähigkeit sicherzustellen – so das Ziel der 1980 vereinheitlichten Regeln zum Bergbau. Bergbauunternehmen sollten es möglichst einfach haben. «Öffentlich-rechtliche Vorschriften, die der Aufsuchung und der Gewinnung von Rohstoffen entgegenstehen, [sind] nur soweit anzuwenden, dass der Bergbau in möglichst geringem Maße beeinträchtigt wird», heißt es in der sogenannten Rohstoffsicherungsklausel des Bundesberggesetzes. Das Bergrecht verströmt damit einen totalitären Geist – was kein Wunder ist, liegen seine Wurzeln doch in der Zeit des Nationalsozialismus.

Auch nur annähernd vergleichbare Rechte für die Produktion von Strom aus erneuerbaren Energien gibt es nicht. Der letzte Versuch in diese Richtung scheiterte Ende 2020 bei der damaligen Novelle des Erneuerbare-Energien-Gesetzes. Im Entwurf für den ersten Paragrafen war aufgenommen worden, dass «die Errichtung von Anlagen zur Erzeugung von Strom aus erneuerbaren Energien im öffentlichen Interesse» liege und «der öffentlichen Sicherheit» diene. Doch kurz vor der Abstimmung im Bundestag über das Gesetz wurde der Passus wieder gestrichen. Denn er hätte zu «erheblichen bauplanungsrechtlichen Problemen vor Ort bis hin zu Einschränkungen des kommunalen Planungsrechts und damit einer Einschränkung der kommunalen Selbstverwaltung führen können»;* wie ein Bundestagsabgeordneter der CDU erklärte. Was das Bergrecht der Braunkohle erlaubt, wurde der Wind- und Solarenergie also verboten.

Dabei leidet insbesondere die Windenergie unter Flächenmangel. Rund 0,9 Prozent der deutschen Landesfläche sind Anfang der 2020er-Jahre als Windeignungsgebiete ausgewiesen. Mehr als das Doppelte ist nötig, damit Wind genug Strom für ein klimaneutrales Land liefern kann. Um den Flächenmangel zu beseitigen, wird ein Strauß von Maßnahmen diskutiert: so etwa Vereinfachungen im Naturschutzrecht, das Genehmigungen immer wieder entgegensteht, kleinere minimale Abstände zu Siedlungen, ein schnellerer Rechtsweg sowie Zahlungen der Windparkbetreiber an die Standortgemeinden für jede produzierte Kilowattstunde. Verglichen mit den Rechten der Braunkohleunternehmen, ist das zahnlos. Ein Anfang 2021 von der Stiftung Klimaneutralität veröffentlichter Vorschlag* will deshalb die Kommunen in die Pflicht nehmen: Jede einzelne soll vom Gesetzgeber dazu angehalten werden, einen gewissen Anteil ihrer Gemeindefläche der Windenergie zu widmen, wobei mehrere Gemeinden sich auch wie bisher zusammentun können, um Windkonzentrationszonen auszuweisen. Sollten die Kommunen das allerdings (wie vielfach bisher) nicht tun, so dürfen dem Vorschlag zufolge Windenergieanlagen überall außerhalb von Siedlungen und Schutzgebieten errichtet werden. Eine solche Regelung wirkt vielleicht rigoros – verglichen mit dem, was wir bei der Braunkohleförderung erlauben, ist sie jedoch immer noch moderat.

Hohe Abgaben auf klimafreundlichen Strom, niedrige auf klimaschädliches Heizöl

Obwohl Wind- und Solaranlagen inzwischen den günstigsten Strom liefern, kommt bei den Stromverbrauchern davon nichts an. Sie bezahlen pro Kilowattstunde nicht die (inklusive Mehrwertsteuer) fünf bis sieben Cent, die für die Erzeugung nötig sind, sondern das Vier- bis Sechsfache. Der Grund: Strom wird mit einer Vielzahl von Abgaben, Umlagen und Steuern belastet. Die Folge: Die deutschen Haushalte zahlen in Europa am meisten für Strom. Umgekehrt gehören die deutschen Heizölpreise zu den niedrigsten in Europa. Nur in Luxemburg, Litauen, Belgien und England zahlt man weniger.* Denn im Gegensatz zum Strom wurden auf Heizöl bislang kaum Steuern und Abgaben fällig. Dabei ist Strom inzwischen die klimafreundlichste Energie in Haushalten, Heizöl hingegen die klimaschädlichste.[17] Wir Verbraucher:innen haben dadurch gelernt: Klimafreundliche Energie ist teuer, klimaschädliche ist billig. Das sind keine guten Voraussetzungen dafür, dass wir unseren alten Ölkessel rausschmeißen und in eine moderne Wärmepumpe investieren. Es liegt auf der Hand, was zu tun ist: Klimafreundlicher Strom muss die billigste Energieform werden, klimaschädliches Heizöl die teuerste. Machbar wäre das mit einer weitreichenden Reform der Abgaben und Umlagen auf Energiepreise. Sie würde das Heizen mit elektri-

---

17 Das ändert sich seit dem Jahr 2021 mit der Einführung des Brennstoffemissionshandelsgesetzes, das fossile Energie zum Heizen und zum Autofahren mit einem über die Jahre steigenden CO_2-Preis belegt. Doch die Schere bleibt noch über Jahre weit geöffnet.

Deutschland tritt auf die Bremse, wenn andere Gas geben

Deutschland, das Land, in dem die Elektrifizierung vor 150 Jahren ihren Anfang nahm, ist beim Turboausbau der erneuerbaren Energien inzwischen nicht mal mehr in der Europäischen Union vorne dabei, obwohl, abgesehen von Dänemark, in keinem Land der Welt erneuerbare Energien so konsequent und so frühzeitig eingeführt wurden. Die frühen Erfolge verdanken wir dem Erneuerbare-Energien-Gesetz (EEG), das seit dem Jahr 2000 den Ausbau der erneuerbaren Energien fördert. Wenige Gesetze waren erfolgreicher: Betrug der Anteil von Wind-, Wasser- und Sonnenkraft im Jahr 2000 magere 6,6 Prozent am bundesdeutschen Stromverbrauch, so waren es im Jahr 2020 schon 46,2 Prozent. In nur 20 Jahren wurde also 40 Prozent der Infrastruktur neu gestellt. Man stelle sich einmal vor, in 20 Jahren wären 40 Prozent aller Schulen oder Straßen erneuert worden!

Doch genau in dem Moment, in dem weltweit die Energiewende Fahrt aufnahm, ist man in Deutschland auf die Bremse getreten. Rekordzubauraten bei der Windkraft und der Photovoltaik gehören heute der Vergangenheit an, stattdessen haben wir Mühe, die erreichten Ausbauzahlen überhaupt zu halten. Denn mehr und mehr Anlagen aus den frühen Jahren der erneuerbaren Energien kommen ans Ende ihrer Lebensdauer und werden nicht automatisch auch ersetzt.

schen Wärmepumpen schlagartig konkurrenzlos günstig machen, das Heizen mit Öl oder Gas hingegen immer teurer.

Vorschläge dafür gibt es seit mehreren Jahren.* Doch welche Regierung auch immer sie aufgreift, sie wird sich mit den Besitzern von Ölheizungen anlegen, von denen es in Deutschland noch mehr als 4,5 Millionen gibt.* Menschen, die ihre langfristigen Kapitalstöcke schützen wollen. Immerhin, von 2026 an wird

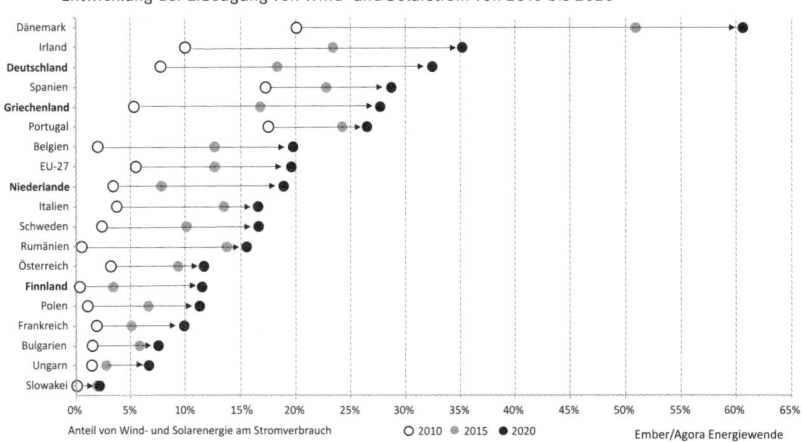

Entwicklung der Erzeugung von Wind- und Solarstrom von 2010 bis 2020

Abbildung 4: Deutschland liegt bei Wind- und Solarstrom in der Spitzengruppe. Doch andere Länder geben viel mehr Gas.

in Deutschland der Neubau von Ölheizungen verboten, doch erst 2020 wurde die Förderung des Austauschs von alten Ölheizungen gegen neue abgeschafft. Andere Länder sind da weniger zimperlich: Nicht nur Dänemark hat im Jahr 2016 den Neubau von Ölheizungen verboten, auch die Niederlande und Niederösterreich wollen damit nichts mehr zu tun haben.

Inkonsequente Signale und Hürden aus Papier

Wer ein altes Haus möglichst gut und gleichzeitig portmoneeschonend klimafreundlich machen möchte, der hat einen längeren Weg vor sich: eine zugelassene Energieberater:in finden, eine Förderung für deren Rechnung beantragen, eine Baubegleiter:in suchen, Förderung dafür beantragen, eine Fachplanung durchführen lassen, Aufträge ausschreiben, Bauarbeiten beauftragen, Bauarbeiten erdulden und die Förderungen abrechnen. Es winken bis zu 75 000 Euro und bis zur Hälfte der Sanierungskosten – eine üppige staatliche Förderung. Doch zusätzlich dazu müssen Hausbesitzer:innen noch eigenes Geld zusammensuchen oder einen Kredit bei der Bank beantragen – dafür werden Selbstauskünfte fällig, Planungsunterlagen müssen eingereicht und Zahlungen abgerufen werden. Viel Papierkram also. Während der Bauphase dann zerpflügen Bauarbeiter den Garten, weil sie das Haus ausgraben, um die Kellerwände zu isolieren, oder Gerüste aufstellen, damit an der Fassade gearbeitet werden kann. Auch die klaffenden Narben im Putz, die beim Herausreißen von Fenstern oder beim Legen von Heizungsrohren entstehen, sind nicht schön. Überdies beginnt der Tag mit Lärm, und über alles legt sich immer wieder aufs Neue ein feiner, schmirgelnder, mineralisch riechender Baustaub, der sich leider nicht von selbst wegmacht.

Falls Sie eine Wohnung oder ein Haus vermieten, so werden Sie es in der Zeit der Baumaßnahmen mit Mieter:innen zu tun bekommen, die erst die Miete mindern und später die Mietsteigerungen aufgrund der Sanierungskosten nicht unbedingt hinnehmen werden, weil diese höher ausfallen als die sinkenden Energiekosten. Die Liste der Zumutungen lässt sich fortsetzen, und so ist die Frage «Warum sollte man sich das antun?» nicht unberechtigt. Nur etwa eines von hundert Gebäuden wird in Deutschland im Jahr energetisch saniert – obwohl es zwei bis vier sein müssten, damit Deutschland bis 2045 klimaneutral wird. Hinzu kommt, dass die Bundesregierungen seit 2011 immer wieder versprochen haben, dass die Kosten für die energetische Sanierung von Altbauten steuerlich abgesetzt werden können* – doch genau diese Regelung dann nie von den Bundesländern im Bundesrat genehmigt wurde.[18] Im Land der Steuersparer führt ein solches Versprechen unweigerlich dazu, den Klimaschutz erst einmal zu vertagen. Das immerhin hat sich 2020 geändert – für energetische Sanierungen zahlt der Bund jetzt bis zu 40 000 Euro als Steuerbonus auf die Einkommenssteuer.*

---

18 Einzelne Bundesländer stimmten immer wieder dagegen, weil sie Steuerausfälle fürchteten und eine entsprechende Entschädigung durch die Bundesregierung verlangten.

Das Signal sollte ernst genommen werden: nicht nur, weil der Staat so viel Geld nur in die Hand nimmt, wenn er unbedingt etwas erreichen will. Sondern auch, weil er als Alternative zu finanziellen Anreizen das Ordnungsrecht in der Hand hat und uns alle früher oder später zu Sanierungen verpflichten kann. In der Diskussion ist die Sanierungspflicht beispielsweise im Zuge von Eigentümerwechseln.

Unzuverlässige Anbieter und fehlende Ausbildung

Wer ein Elektroauto fährt, der kann es nicht einfach in die nächste Werkstatt bringen. Denn die wenigsten Mechaniker haben bislang die nötige Fortbildung absolviert, die sie brauchen, um überhaupt nur die Räder an einem Elektrofahrzeug zu wechseln* – geschweige denn, um auch nur in die Nähe der mehrere hundert Volt führenden Batterie zu kommen. Gerade die günstigen freien Werkstätten stecken in einem Dilemma: Es gibt bislang nicht genug Elektroautos, mit denen sie die mehrere tausend Euro teuren Schulungen schnell wieder einspielen könnten. Außerdem sind die Fahrzeuge alle noch recht jung und deshalb noch nicht besonders reparaturbedürftig (und wenn, dann auf Herstellergarantie), und darüber hinaus gibt es beim Elektroauto insgesamt weniger Teile, die überhaupt kaputtgehen. Elektroautofahrer sind deshalb an die wenigen und teuren Vertragswerkstätten der Hersteller gebunden. Die Angestellten dort müssen sich nach den Arbeitswerten und Vorgaben der Hersteller richten und nicht immer nach dem eigenen Können, für das viele Autofahrer:innen gerade «ihren» Schrauber schätzen. Werkstattbesuche mit dem Elektroauto werden daher noch längere Zeit eine eher teure Angelegenheit mit wenigen Alternativen sein.

Die einschlägigen Internetforen sind voll von solchen Geschichten. Als eher traditionell eingestellter Verkäufer von Heizungen, Autos, Häuser muss man daher kein Genie sein, um Misstrauen gegen die neue, klimafreundliche Technik zu säen – und auf diese Weise den eigenen Kapitalstock am Leben zu halten. Um das zu ändern, wäre eine Ausbildungsoffensive für Klimaschutzjobs nö-

tig, wie Fachverbände immer wieder betonen. Doch die Bundesregierung weiß nicht einmal, wie viele Fachkräfte denn eigentlich
nötig sind, um Deutschland klimaneutral zu machen.* Geschweige
denn, dass das Thema in ihrer Klimaschutzstrategie 2030 eine
große Rolle spielen würde.*

Regulatorische Hemmnisse

Viele Industrieanlagen könnten ihren Stromverbrauch in gewissen
Grenzen steuern – zum Beispiel in Stunden, in denen das Stromangebot hoch und die Strompreise im Großhandel niedrig sind,
die Produktion hochfahren und dafür mehr Strom verbrauchen.
Umgekehrt können sie ihre Produktion drosseln und weniger
Strom abnehmen, sobald die Preise später wieder steigen. Die Unternehmen würden mit dieser Maßnahme auf das Stromsystem
genauso wirken wie ein Stromspeicher, der zu Zeiten mit hohem
Stromangebot geladen und in Zeiten mit geringem Angebot entladen wird. Das Konzept heißt «Lastmanagement», es wird in der
deutschen Fachwelt seit mehr als zehn Jahren diskutiert und doch
kaum umgesetzt. Die USA sind an dieser Stelle deutlich weiter.
Dort gibt es «Aggregatoren», die eine Vielzahl von steuerbaren
Verbrauchseinrichtungen bündeln und deren Strombedarf entsprechend der Strombörsenpreise steuern – Google mit seinem
Nest Learning Thermostat ist nur ein Beispiel dafür.

Auch hierzulande brächte das Lastmanagement Unternehmen
häufig unmittelbar wirtschaftliche Vorteile. Zugleich würden die
virtuellen Speicher das Leistungsvermögen von großen Kraftwerken übersteigen. Dass das Konzept dennoch bislang so gut wie
nicht zum Einsatz kommt, liegt an der Stromnetzverordnung, die
dafür sorgt, dass große Stromverbraucher draufzahlen, wenn sie
nicht kontinuierlich, sondern nach Angebot und Nachfrage vari-
ierend Strom verbrauchen: Wer durchgehend mehr als 7000 Stunden im Jahr volle Power zieht, der zahlt nur 20 Prozent der Netzentgelte.* Bei 6999 Stunden sind es hingegen 100 Prozent. Die
dadurch anfallenden Kosten übersteigen schnell die möglichen
Ersparnisse durch den billigen Erneuerbaren-Strom.

Ärgerlich für Sie und alle anderen Stromverbraucher:innen: Was die Großunternehmen nicht an Netzentgelten zahlen, müssen wir aufbringen, die «entgangenen Erlöse» der Netzbetreiber werden auf unsere Strompreise umgelegt. Im Jahr 2021 haben wir so je Kilowattstunde auf unserer Stromrechnung einen halben Cent an Großunternehmen verschenkt. Das sind bei einem mittleren Familienstromverbrauch rund 18 Euro im Jahr. Verantwortlich für diese Regelung ist die schwarz-gelbe Bundesregierung vor gut zehn Jahren.* Sie hatte im Jahr 2011 die Änderung der «Stromnetzentgeltverordnung» in letzter Minute in einem unübersichtlichen Gesetz voll mit einzelnen Änderungen an einer Reihe bestehender Gesetze (Artikelgesetz) versteckt.* Als Mitternachtsparagraf passierte das Geschenk unerkannt sowohl Bundestag als auch Bundesrat. Der Sprecher des Bundestags-Wirtschaftsausschusses, der die Änderung eingebracht hatte, war seinerzeit für die CDU Joachim Pfeiffer.* Dieser Politiker kündigte im April 2021 nach Korruptionsvorwürfen an, sich aus dem Bundestag zurückzuziehen.* Ihm zur Seite saß Georg Nüßlein (seinerzeit CSU, inzwischen parteilos), der ebenfalls der Korruption beschuldigt wird. Für die FDP hatte der damalige Bundeswirtschaftsminister Philipp Rösler das Industriegeschenk unterstützt.

Unsichere Planungsbehörden, unklare Vorgaben

Stellen Sie sich vor, Sie müssten heute ein neues Wohngebiet planen: Eine große Wiese, auf der in den nächsten 20 Jahren nach und nach Einfamilienhäuser entstehen sollen, muss erschlossen werden – auch für die Wärmeversorgung. Strombetriebene Wärmepumpen wären bei den gut gedämmten Häusern, die dort gebaut werden, die Heizung der Wahl. Doch angesichts der Strompreise mit ihren hohen Abgaben und Umlagen könnte das Ihre Bauinteressenten noch abschrecken. Gasleitungen wollen Sie an sich nicht mehr vergraben, denn in einem klimaneutralen Deutschland, das bis 2045 Wirklichkeit werden soll, dürfen keine Erdgasheizungen mehr betrieben werden, weshalb sich Gasleitungen schnell als Fehlinvestition entpuppen werden. Ein Nahwärmenetz wäre sinnvoll, denn daran können Sie alle Wärmelieferanten anschließen, die Sie zur Verfügung haben: Blockheizkraftwerke, Biomassekessel, große Solarthermieanlagen, Großwärmepumpen, Industriebetriebe, die Abwärme abzugeben haben. Außerdem könnten Sie den Bauherren einen Anschlusszwang auferlegen. Wäre da nicht der Nachteil, dass sich die Verlegung der Fernwärmeleitungen unter dem Pflaster nur lohnt, wenn von Anfang an möglichst viele Gebäude daran angeschlossen werden und diese auch einen gewissen Wärmebedarf haben. Ihr Wohngebiet aber füllt sich ja erst über die Jahre. Damit rechnet sich das Nahwärmenetz höchstens sehr langfristig.

Vor diesem Dilemma stehen Bauplanungsbehörden regelmäßig. Das spiegelt sich in der Statistik über die Wahl der Heizungssysteme wider: Immer noch mehr als 30 Prozent der neuen Häuser werden mit Gasheizungen ausgestattet.* Anstatt klimaschädliche langlebige Kapitalstöcke abzubauen, werden hier also noch neue aufgebaut.* Es kommt aber noch schlimmer: Von Gesetzes wegen müssen in Neubauten Gasheizungen mit erneuerbaren Energien kombiniert werden.* Oft sind das Solarthermieanlagen, die warmes Wasser liefern – aber keine Heizwärme. Diese im Gebäudeenergiegesetz festgeschriebene Verpflichtung soll eigentlich dem Klimaschutz dienen.* Bei Licht betrachtet, führt sie aber auch zum Aufbau eines weiteren langlebigen Kapitalstocks, der mit der Dekarbonisierung in den nächsten Jahren obsolet werden wird. Denn die Gasversorgung wird bis 2050 auslaufen, die 2021 installierte Erneuerbare-Energien-Technik aber nicht ausreichen, um dann die Wärmeversorgung ganz zu übernehmen (sonst wäre der Gaskessel ja auch 2021 nicht nötig gewesen). Das teure Ende vom Lied: Schon heute absehbar, werden in den nächsten Jahrzehnten sowohl die Gas- als auch die Erneuerbare-Energien-Technik ersetzt werden müssen. Es ist ein Scheitern mit Ansage.

Um solche Fehlinvestitionen zu vermeiden, wäre eine Strategie nötig, aus der klare Vorgaben durch Bundes- und Landesregierungen resultieren. Nicht ein Gegeneinander von Förderungen –

etwa für den Einbau von Gasbrennwertheizungen auf der einen Seite und Belastungen – beispielsweise in Form eines CO_2-Preises auf Gas – auf der anderen Seite. Utopie einer Ökodiktatur? Nein, in den Niederlanden ist es seit 2018 verboten, in neuen Häusern noch Gasheizungen einzubauen.* In Dänemark ist das sogar schon seit 2013 der Fall.* In beiden Ländern, die nicht gerade als Ort der Unfreiheit bekannt sind, müssen im Regelfall Nahwärmenetze oder Wärmepumpen installiert werden.

Klimapolitische Freifahrtscheine für Nachbarn

Bis 2018 hat Deutschland rund 10 Prozent des hierzulande produzierten Stroms an europäische Nachbarländer verkauft. Für Frankreich, die Schweiz, Österreich und die Niederlande und Co. war das oft billiger, als ihn selbst zu erzeugen, denn die Kraftwerke dafür hätten sie gehabt. Der Grund für die Stromexporte lag in einer Kombination von drei Faktoren: Deutschland hatte noch etliche alte Kohlekraftwerke am Netz, die eigentlich schon längst hätten abgeschaltet sein sollen. Kohle aber war auf dem Weltmarkt sehr billig zu haben, deshalb konnten selbst alte Kohlekraftwerke mit ihren schlechten Wirkungsgraden (und deshalb hohem Kohleverbrauch) für geringe Brennstoffkosten Strom produzieren – billiger jedenfalls als neue Gaskraftwerken mit hohem Wirkungsgrad. Und schließlich waren die Preise für CO_2-Emissionen sehr niedrig. Europaweit war es viel billiger, klimaschädlichen Kohlestrom zu kaufen, als etwas klimafreundlicheren Strom aus Erdgas herzustellen. Die Niederlande, in denen es viele Gaskraftwerke, aber nur wenige Kohlekraftwerke gibt, importierten deshalb allein aus Deutschland im Jahr 2018 etwa 12,5 Terawattstunden Strom – rund 10 Prozent des dortigen Jahresverbrauchs. Die zusätzlichen CO_2-Emissionen der deutschen Kohlekraftwerke, die für den Export arbeiteten, wurden jedoch nicht den Niederlanden angerechnet, sondern der Klimabilanz von Deutschland.

Dieser Mechanismus war ein wesentlicher Grund dafür, warum Deutschlands Stromwirtschaft trotz jährlich neuer Rekorde beim Ausbau erneuerbarer Energien über viele Jahre keine sinkenden CO_2-Emissionen vermelden konnte. Für das Image der Energiewende im Ausland war dieser Zusammenhang fatal, weil er scheinbar bewies, dass sich mit erneuerbaren Energien kein Klimaschutz betreiben lässt. Dabei lagen die Ursachen in Wirklichkeit in einer technischen Buchungsregel innerhalb des europäischen Emissionshandelssystems und in einem erheblichen Überangebot an CO_2-Zertifikaten. Mit deutlich gestiegenen CO_2-Preisen hat sich das Problem seit 2020 erledigt. Das war neben Corona einer der wesentlichen Gründe dafür, dass Deutschland sein Klimaziel für 2020 übertroffen hat.

Fazit

Mit Beispielen dieser Art ließe sich ein eigenes Buch füllen. Sie zeigen vor allem, wie wenig Orientierung die Regierung in Klima- und Energiefragen bislang gegeben hat und wie wenig konsequent sie die Gesetze, Verordnungen und Regelwerke daraufhin untersucht hat, ob diese den Weg in eine klimafreundliche Volkswirtschaft ebnen oder ihr im Weg stehen. Es wird eine der großen Aufgaben jeder Bundesregierung sein, hier aufzuräumen und der Desorientierung ein Ende zu bereiten. Scheitert sie daran, so wird es weiterhin ein Gegeneinander von klimaschädlicher und klimafreundlicher Politik geben, die am Ende viel Unmut produziert, viel Geld kostet und vor lauter Verwirrung den klimaschädlichen Status quo zementiert.

5 Warum der Strom nicht ausfällt – oder was wir tun, wenn Nacht und Flaute herrschen

Es mag überraschen, doch Stromausfälle sind in den Ländern Europas, in denen die Windenergie am stärksten ausgebaut wurde, seit Jahren rückläufig: Etwa 15 Minuten pro Jahr bleibt hierzulande der Saft im Mittel weg, in Dänemark (das den höchsten Anteil Windstrom in Europa hat) sind es sogar nur rund 11 Minuten, im Kohleland Polen hingegen mehr als zwei Stunden,* ebenso in den USA. So die offiziellen Daten der Strommarktregulierer.[19] Eine Analyse des Regulatory Assistance Project, eines Zusammenschlusses vor allem ehemaliger US-Strommarktregulierer, kam 2018 ebenfalls zu dem Ergebnis, dass mit dem wachsenden Anteil erneuerbarer Energien in Deutschland keine Versorgungsengpässe aufgetreten seien.*

Wie passt das zu der häufig geäußerten Sorge, dass Technologien, die von Wind und Wetter abhängig sind, keine sichere Stromversorgung leisten können? Dass erneuerbare Energien nicht «grundlastfähig» seien und das Ziel einer zu 100 Prozent auf erneuerbaren Energien basierenden Stromversorgung «naiv»? In der Regel haben diese Kritiker nicht verstanden, wie das heutige Stromsystem organisiert ist. Vorzuwerfen ist das zumindest den Älteren unter ihnen nicht, denn die Spielregeln unseres Stromsystems sind noch recht jung.* Sie wurden erst nach 1998 allmählich entwickelt – als Kind der Europäischen Union und ihres Drangs nach freiem Handel und freien Märkten.

Stromsystem vor der Liberalisierung

Das Spielbrett – die Stromleitungen, Kraftwerke und Stromanschlüsse – ist natürlich viel älter. Es stammt aus einer Zeit, als Deutschland in elektrische Fürstentümer aufgeteilt war: Jedes Bundesland hatte seine Stromversorger. Sie waren die Erzeuger, Transporteure und Vertreiber von Strom in einem – und Mono-

---

19 Gelegentlich ist von einer Zunahme sogenannter Mikrostromausfälle oder Netzschwankungen zu lesen, die zu Schäden an Anlagen und Maschinen führten. Die Klagen darüber basieren bisher auf Umfragen etwa des Bundes der Familienunternehmer unter seinen Mitgliedern. Die Netzbetreiber haben dazu bisher keine Erkenntnisse, wie aus einer Antwort auf eine Kleine Anfrage an die baden-württembergische Landesregierung von 2015 hervorgeht. Stattdessen wird vermutet, dass heutige Gerätegenerationen überhaupt erst Netzschwankungen registrieren, die es schon immer gab.

polisten in Reinform. Die Strompreise, die sie verlangen durften, wurden von einer staatlichen Preisaufsicht genehmigt. Wenn sie neue Kraftwerke bauen wollten, so mussten sie den Bedarf dafür nachweisen (was meistens leicht war, weil kein Ministerium an einem möglichen Strommangel hätte schuld sein wollen). Und nur die Stromkonzerne wussten, wie viel Strom ihre Kraftwerke wann lieferten[20] und ihre Kund:innen wann brauchten.

Aus dieser Zeit stammt das Konzept, das die Kritiker oft noch im Kopf haben und mit dem der Strombedarf des Landes jahrzehntelang gedeckt wurde: Grundlast, Mittellast und Spitzenlast. Grundlastkraftwerke waren darin diejenigen, die 24 Stunden am Tag, sieben Tage die Woche, viele Monate am Stück liefen. Vor allem Braunkohle- und Atommeiler produzierten diese Strommenge, die Tag und Nacht abgerufen wurde – sozusagen den Stromsockel. Mittellastkraftwerke wurden typischerweise zwischen 6 und 24 Uhr hochgefahren – also mehr oder weniger in den Wachzeiten der Menschen. Betrieben wurden sie mit Steinkohle oder Gas. Spitzenlastkraftwerke dagegen wurden nur für einige Stunden hoher Nachfrage, nämlich zur Mittags- und Abendzeit, gebraucht, wenn auf den Herden der Republik die Kartoffeln kochten. Diese Kraftwerke liefen mit Gas oder sogar mit Heizöl.

In diesen Kategorien galt die Regel: Kraftwerke, die viel und lang am Stück laufen, sind teuer im Bau, aber billig im Betrieb. Spitzenlastkraftwerke, die nicht viele Stunden laufen, hingegen sind teuer im Betrieb, aber billig im Bau. Mittellastkraftwerke waren bei Betriebs- und Baukosten irgendwie in der Mitte.

---

20 Anfangs wehrten sich die Kraftwerksbetreiber sogar gegen Messgeräte, die aus der Ferne die Leistungsabgabe von Kraftwerken registrieren konnten. Heute liefert die Strommarktplattform Smard.de, die von der Bundesnetzagentur betrieben wird, diese Daten mit ein paar Tagen Verzug kostenfrei.

Stromsystem nach der Liberalisierung

Das Konzept der verschiedenen Laststufen ist heute zum Großteil obsolet. Wie gut ein konventionelles Kraftwerk für das Stromsystem ist, richtet sich nach seiner Regelbarkeit, auch «Flexibilität» genannt. Darunter versteht man die Fähigkeit des Kraftwerks, seine Leistung in wenigen Minuten bis einigen Stunden reduzieren oder erhöhen oder sogar komplett herunterzufahren und schnell wieder anfahren zu können. Je regelbarer ein Kraftwerk ist, umso besser. Atom- und alte Braunkohlekraftwerke sind dabei die unflexibelsten, sie lassen sich oft nur im Notfall beziehungsweise zu großen Kosten abschalten. Es folgen mittelalte Braunkohlekraftwerke, mit geringeren Verlusten regelbare neuere Braunkohle- und ältere Steinkohlekraftwerke sowie Gas- und Dampfkraftwerke und schließlich gut regelbare neue Steinkohle- und Gaskraftwerke.

Je flexibler ein Kraftwerk ist, desto besser kann es sich an der Strombörse behaupten. Dort sollte man Strom dann anbieten, wenn er gerade teuer ist, und umgekehrt die Erzeugung drosseln, wenn sich gerade kein Geld verdienen lässt. Doch gerade darin sind die alten Grundlastkraftwerke wegen ihrer mangelnden Regelbarkeit schlecht. Bei ihnen kostet der Teillastbetrieb Brennstoff (und Geld), weil der Wirkungsgrad des Kraftwerks sich dann reduziert. Ein Stillstand über Stunden und einige Tage verschwendet Brennstoff, weil der Kessel weiterhin auf Temperatur gehalten werden muss. Jedes An- und Abfahren der Anlagen kostet Geld, weil die Kraftwerkstechnik dabei schneller altert (etwa durch thermische Spannungen und Versprödungen von Material). Deshalb ist es mitunter für die Kraftwerksbetreiber sogar billiger, für einige Stunden den Strom unter Wert anzubieten, also draufzuzahlen, als die Anlagen abzuregeln.

Das ist eine Nebenwirkung der Liberalisierung des Strommarktes seit 1998, mit der die Zeit der Monopolisten zu Ende gegangen ist und neue Spielregeln am Strommarkt eingeführt wurden. Erzeugung und Vertrieb von Strom unterliegen seitdem dem freien

Spiel der Kräfte. Jeder, der die Marktregeln und gesetzlichen Auflagen beherrscht, kann ihn produzieren und verkaufen. Die Liberalisierung garantiert ihm einen gleichberechtigtem Marktzugang.

Für die Stromkonzerne hätte die Liberalisierung des Strommarkts eine äußerst lukrative Sache werden können, insbesondere in Zeiten von hoher Nachfrage, wenn sehr teure Kraftwerke den Preis setzen – und alle anderen Kraftwerke, die günstiger produzieren, diesen auch erhalten. Das war der Grund, warum ein einziges Kernkraftwerk zeitweise eine Million Euro am Tag Gewinn gemacht hat. Doch auf dem Markt dürfen auch Wind- und Solarkraftwerke mitspielen. Sie bieten ihren Strom meistens zu Preisen nahe null an der Strombörse an und verdrängen damit die fossilen Großanlagen immer mehr und immer häufiger vom Markt.[21] Das geht, weil bei ihnen keine Betriebskosten anfallen – anders als bei Kohle, Gas oder CO_2-Zertifikaten, die für jede Umdrehung des Generators in einem thermischen Kraftwerk gekauft und bezahlt werden müssen. Der Strom aus Wind- und Solarenergie war so maßgeblich daran beteiligt, die ehemaligen Monopole der Stromkonzerne zu brechen. Für den Umbau des Stromsystems war das mindestens genauso wichtig wie die Förderung des grünen Stroms über das Erneuerbare-Energien-Gesetz seit dem Jahr 2000.

Nur der Transport über die großen und kleinen Stromnetze ist weiterhin in der Hand von Monopolen – den Stromnetzbetreibern, über deren Investitionen und Erlöse die Bundesnetzagentur als Regulierungsbehörde (beziehungsweise die Regulierungsbehörden der Länder) wacht und entscheidet. Sie passt überdies auf, dass kein Kraftwerksbetreiber ein Kraftwerk stilllegt, das noch gebraucht wird, um das Stromnetz stabil zu halten. Von diesen Sicherungsmechanismen gibt es noch viele weitere, beispielsweise in Form von Reservekraftwerken, die im äußersten Notfall ange-

---

21 Das bedeutet nicht, dass Strom aus Wind und Sonne auch mit 0 Cent an der Strombörse bezahlt wird. Die Gebote entscheiden zunächst nur darüber, in welcher Reihenfolge die Kraftwerke angeworfen werden, um die Stromnachfrage zu decken.

worfen werden, oder von sogenannten Lastabwürfen – dem plötz-
lichen Trennen ganzer Fabriken vom Netz. Diese Form des Netz-
managements erinnert auf den ersten Blick an das Geschehen in
wenig entwickelten Ländern, doch so schlimm ist es nicht: Unternehmen, denen plötzlich der Strom abgestellt wird, haben vorher
Verträge mit den Netzbetreibern abgeschlossen, die genau das erlauben – gegen eine feste Vergütung von 2 500 Euro pro Megawatt
Leistung* plus einer variablen Vergütung in Höhe von 100 bis
400 Euro für jede nicht abgenommene Megawattstunde Strom.

Wie Prognosen Angebot und Nachfrage annähern

Reservekraftwerke und vergütete Abschaltungen sind nur die beiden letzten Gründe, warum der Strom nicht ausfällt. Der erste
und wichtigste Grund für die hohe Versorgungssicherheit ist hingegen, dass die Händler:innen am Strommarkt für jede Stunde
des Jahres ziemlich gut wissen, wie viel Strom sie brauchen und
wie viel Strom sie liefern können. Diese an sich nicht besonders
komplexen Zahlen resultieren ihrerseits aus sehr komplexen Prognosen, in die eine Vielzahl von Werten eingehen: die Jahreszeit,
Windstärken und Sonnenschein, die Kühlwasserversorgung von
Kraftwerken, Werksferien großer Unternehmen, Wochenenden
und Feiertage, Produktionsplanungen von Aluminiumhütten und
Hunderte von Daten mehr. Die Prognosen beginnen dabei schon
mehrere Jahre vor der Lieferstunde und werden immer genauer,
je näher der Lieferzeitpunkt rückt – erst fünf Minuten vor dem
Lieferzeitpunkt lassen sie sich nicht mehr korrigieren.

Basierend auf den Prognosen, handeln Stromverkäufer und
-käufer kontinuierlich, bis sie sich schließlich sicher sind, dass das
Stromangebot mit der Stromnachfrage so gut wie möglich übereinstimmt – dieses Streben nach Balance ist die wichtigste Grundvoraussetzung für die Versorgungssicherheit. Sie formen damit
aus Hunderten kleiner und großer Puzzlesteine ein Gesamtbild
von Stromangebot und Stromnachfrage. Es ist der Punkt im
Stromsystem, wo sich die Gesetze des Marktes mit den Gesetzen
der Physik treffen. Denn eine zu hohe Einspeisung von Strom

ohne die entsprechende Nachfrage würde das physikalische Stromsystem ebenso aus dem Gleichgewicht bringen wie eine zu hohe Nachfrage, der keine Einspeisung gegenübersteht. In beiden Fällen würde es innerhalb von wenigen Sekunden zu Stromausfällen kommen, im schlimmsten Fall über ganz Europa hinweg.

Woher der Strom stammt, den die Stromhändler verkaufen, ist dabei einerlei, und oft wissen sie es auch gar nicht genau. Genauso wenig wissen sie mit Bestimmtheit, wo er verbraucht wird. Wichtig ist lediglich, dass die Prognose über Lieferung und Verbrauch zu dem Zeitpunkt, an dem der Strom tatsächlich fließt, *möglichst* gut ist – die Kraftwerke also das liefern, was versprochen wurde, und die Millionen von Stromverbrauchern sich so verhalten wie immer (sprich, wie sie es ihren Standardlastprofilen zufolge sollten). Mit Zigtausenden von Solar- und Windenergieanlagen ist dabei die technische Sicherheit sogar einfacher zu gewährleisten als mit wenigen Großkraftwerken im Gigawattmaßstab: Fällt eine kleine Solar- oder Windenergieanlage plötzlich aus, so lässt sich dieser Verlust leicht mit einem anderen kleinen Stromerzeuger kompensieren. Fällt hingegen ein Großkraftwerk von einer Sekunde auf die nächste aus, so steht kein Ersatzkraftwerk bereit, eine Vielzahl von anderen Kraftwerken im System muss das Problem gemeinsam lösen. Prognostizieren lässt sich ein solcher plötzlicher Leistungsabfall auch nicht – ganz im Gegensatz zum Wind- und Solarwetter sowie der daraus resultierenden Stromproduktion.

Regelenergie und riesige Mengen an neuen Reservekraftwerken

Sie haben es vielleicht schon bemerkt: Stromverkäufer:innen und -käufer:innen sollen ihr *Möglichstes* tun, um den tatsächlichen Verbrauch zu prognostizieren. Doch was ist, wenn das misslingt? Wenn sich die Voraussagen doch als nicht hundertprozentig genau entpuppen? Wie zum Beispiel am 14. Juli 2014, als während der Halbzeitpause des Weltmeisterschaftsfinales ganz Deutschland zum Kühlschrank oder auf die Toilette rennt und um Punkt 21.45 Uhr deutlich mehr Strom nachgefragt wird als geplant* –

und deshalb die Netzfrequenz, der wichtigste Vitalwert für das Stromsystem, für mehr als zehn Minuten wegsackt. Warum erinnern wir uns nur an einen nervenaufreibenden 1:0-Sieg der deutschen Nationalelf gegen Argentinien, nicht aber daran, dass die Bildschirme durch einen Stromausfall plötzlich schwarz wurden?

Natürlich, weil die Fernseher trotz dieser Anomalie weiterliefen, als wäre nichts gewesen. Denn Abweichungen von den Prognosen sind nicht die Ausnahme, sondern die Regel. Das war den Konstrukteuren des liberalisierten Strommarktes völlig klar. Deshalb unterhalten die Betreiber der Übertragungsnetze eine Art schnelle Eingreiftruppe: Regelenergieanlagen. Sie springen in jenen Sekunden und Minuten ein, in denen das Ergebnis des Strommarktes nicht mit dem Verhalten der Stromverbraucher:innen oder auch der Kraftwerke übereinstimmt. Dann speisen sie entweder zusätzlich nötige Megawattstunden ins Stromnetz ein oder nehmen überschüssige Energie heraus. Das Ziel ist dabei immer, dass die Frequenz des Wechselstroms im Netz bei genau 50 Hertz bleibt; denn bei Abweichungen von nur zwei Hertz droht der Zusammenbruch des Stromsystems. Was dann schlimmstenfalls droht, beschreibt Marc Elsberg in seinem Buch «Blackout» äußerst plastisch und so, dass auch Energiefreaks gerne darüber diskutieren.

Die Regelenergie stammt aus einer Vielzahl von Quellen: Klassische Kraftwerke, die mit angezogener Handbremse betrieben werden, die gelöst wird, wenn plötzlich mehr Strom benötigt wird, gehören genauso dazu wie Windkraftanlagen, die aus dem Wind gedreht werden, wenn zu viel Strom im Netz ist. Seit einigen Jahren zählen auch große Batteriespeichersysteme dazu, die sich sowohl in die eine als auch in die andere Richtung betreiben lassen. Künftig könnten auch Elektroautos standardmäßig eingebunden werden, ebenso Wärmepumpen oder Solarstromspeicher im Keller.[22] Denn der Markt für die Regelenergie ist im Umbruch:

---

22 Einige Speicheranbieter, unter anderem «Sonnen», liefern mit ihren vernetzten Speichern bereits Regelenergie.

Die EU-Kommission möchte das wiederholen, was ihr mit der Liberalisierung des Strommarktes in den letzten 20 Jahren schon einmal gelungen ist, und auch diesen Teil des Stromsystems für neue Mitspieler öffnen.*

Was aber, wenn es tagelang weder Sonne noch Wind gibt? Wenn es Nacht wird bei der berühmten Inversionswetterlage, die ihren Nebelhauch manchmal tagelang in absoluter Windstille über das Land legt? In einem Stromsystem, das weitgehend auf Wind- und Sonnenkraftwerken basiert, fehlen zu solchen Zeiten die grünen Puzzlesteine, um die Stromnachfrage zu decken. In diesen Zeiten schlägt die Stunde von Reservekraftwerken, die mit gespeicherter Energie – ja, befeuert werden. Nach dem heutigen Stand der Dinge werden das vor allem Gaskraftwerke sein, und zwar bestehende genauso wie solche, die noch neu gebaut werden müssen. Denn Gaskraftwerke bieten mehrere Vorteile. Erstens sind sie als ehemalige Spitzenlastkraftwerke darauf ausgelegt, eher wenig benutzt zu werden und sehr flexibel auf Schwankungen bei Stromproduktion und Stromverbrauch zu reagieren. Diese Eigenschaft wird künftig immer wichtiger. Zweitens sind neue Gaskraftwerke vergleichsweise schnell und, gemessen an anderen Kraftwerkstypen, auch günstig zu bauen.[23] In Form von Gasmotorenkraftwerken, die ihren Ursprung als Antriebe zum Beispiel für Containerschiffe haben, lassen sie sich sogar mehr oder weniger von der Stange kaufen. Drittens lassen sie sich klimafreundlich umrüsten: Statt fossilem Erdgas verbrennen sie künftig klimafreundlich produzierten Wasserstoff. Und viertens schließlich sind Gaskraftwerke in eine sehr leistungsfähig Gasversorgungsinfrastruktur eingebunden: Nicht nur, dass Pipelines das Land durchziehen, sondern überall in Deutschland gibt es große unterirdische Gasspeicher.* Sie fassen mit rund 24 Milliarden Kubikmetern etwa ein Drittel des jährlichen deutschen Erdgasver-

---

23 Ein Gigawatt Gaskraftwerksleistung vorzuhalten kostet rund 59 Millionen Euro im Jahr.

brauchs – einige Tage Dunkelflaute sind daher aus Sicht eines Gasspeichers ein Klacks.

Ausprobiert werden soll das im niederländischen Eemshaven.* Dort steht nicht nur ein Gaskraftwerk mit zwei 440 Megawatt starken Turbinen, die künftig Wasserstoff statt Erdgas verbrennen sollen. Dort will RWE auch eine Wasserstofffabrik bauen,* die das Gas mit dem Strom aus einem Offshore-Windpark vor der niederländischen Küste produziert.

Denn klar ist: Von solchen Kraftwerken werden wir in Deutschland und Europa eine Menge brauchen. In den nächsten 15 Jahren muss die Leistung der Gaskraftwerke in Deutschland fast verdreifacht werden,* damit Kohle- und Atomausstieg nicht zum Risiko für die Versorgungssicherheit werden: von heute rund 24 Gigawatt regelbarer Kraftwerksleistung auf 55 Gigawatt bis 2035 laut Berechnung der Prognos AG. Bis 2050 sind sogar mehr als 70 Gigawatt Leistung nötig – das ist nicht weit entfernt von der heutigen Jahreshöchstlast in Deutschland.

Eine offene Frage ist, woher eigentlich das Geld kommt, um diese Kraftwerke zu bauen. Hierüber tobt seit langem ein Streit unter Strommarktexpert:innen: Eine Seite ist der Ansicht, dass man den Strommarkt nur machen lassen muss, weil es nur an wenigen Stunden im Jahr ultrahohe Börsenstrompreise geben müsste, damit sich solche Anlagen rechnen. Während des großen Stromausfalls in Texas im Winter 2021 schossen die Preise in der Spitze auf 9000 Dollar pro Megawattstunde – Hunderte Mal mehr als gewöhnlich. Solche ultrahohen Börsenstrompreise können in einem Stromsystem, in dem es keine regelbaren (Kohle- und Atom-)Kraftwerke mehr gibt, wohl aber gelegentlich Tage mit Dunkelflaute, immer wieder für einige Stunden auftreten.

Das kann sich auch die andere Seite vorstellen, sie glaubt jedoch, dass die Politik in Deutschland solche extremen Preisausschläge niemals zulassen wird, stattdessen lieber in den Markt eingreift und den Staat Reservekraftwerke bauen beziehungsweise ausschreiben lässt. Das jedoch würde das Geschäftsmodell der am Markt agierenden Reservekraftwerke schnell zerstören. Aufgrund dieses Dilemmas werden solche Anlagen trotz absehbarer Knappheiten und des großen Bedarfs bislang nicht gebaut. Man kann deshalb die Prognose wagen, dass die Reservekraftwerke die energiewirtschaftliche Debatte der nächsten Jahre prägen und sie häufiger in der Tagesschau auftauchen werden. Genauso sicher wird sein, dass der Staat es nicht dazu kommen lassen wird, ein hoch entwickeltes Industrieland sehenden Auges in den Blackout laufen zu lassen.

Fazit

Wir haben in den vergangenen hundert Jahren gelernt, die flüchtige Natur des Stroms zu bändigen. Größere Stromausfälle sind in Deutschland seltene Sonderereignisse, die es in die Abendnachrichten schaffen. Die Zuverlässigkeit des Stromsystems beruht auf einer Reihe von Regeln und Sicherheitsmaßnahmen, die Hand in Hand gehen. Es ist klar, dass wir diese bewahren und ausbauen müssen, damit Strom Leitenergie werden kann, die wirklich jederzeit zur Verfügung steht. Dass wir mit komplexen Systemen umgehen können, zeigt uns das Internet: Ebenso wie das Stromsystem besteht es aus Millionen einzelner Teilnehmer und ist doch so zuverlässig, dass wir Wirtschaft und Gesellschaft darauf vielfach aufbauen.

6 Warum neue Atomkraftwerke das Klima nicht schützen können – nicht in Deutschland und auch nicht anderswo

Das Deutsche Atomforum, die Lobbyorganisation der deutschen Kernkraftwerksbetreiber, warb 2007 mit einer Broschüre für die Laufzeitverlängerung der damals noch 17 Atommeiler. Ihr leicht beleidigter Titel lautete: «Deutschlands ungeliebte Klimaschützer».* Einen Treibhausgasausstoß in Höhe von

150 Millionen Tonnen CO_2 pro Jahr hätten die deutschen Reaktoren demnach verhindert* – knapp ein Sechstel der damaligen Gesamtemissionen Deutschlands. Gestimmt hätte die Zahl allenfalls, wenn der Strom aus Kohle anstelle von Uran gewonnen worden wäre.[24] Tatsächlich aber wurde die Atomenergie durch Strom aus Wind-, Solar- und Biogasanlagen ersetzt: Seit der Abschaltung des Kernkraftwerks Stade im Jahr 2003 – die erste Stilllegung nach dem Atomausstiegsbeschluss von 2001 – war das Plus bei der Stromerzeugung aus erneuerbaren Energien jedes Jahr größer als das Minus durch die Abschaltungen der Atommeiler.[25]

Die neuen Reaktorkonzepte sind gar nicht so neu

Dass wir in Zukunft auf Atomenergie setzen sollten, um die Klimakrise zu bekämpfen, ist eine seit einigen Jahren wieder häufiger erzählte Geschichte: US-Präsident Joe Biden trommelt genauso für neue, kleine sowie angeblich effizientere und sicherere Atommeiler wie Bill Gates mit seiner Firma Terrapower.* Die Minireaktoren sollen sich industriell in Serie fertigen lassen, sie sollen inhärent sicher und gut regelbar sein – kurz, all die Nachteile, die die bisherigen Meiler haben, sollen mit ihnen verschwinden. Tatsächlich sind Konzepte für Minireaktoren nicht wirklich neu, sie werden bereits seit den 1950er-Jahren diskutiert. So wurde beispielsweise das 1968 fertiggestellte deutsche Atomforschungsschiff «Otto Hahn» von einem Minireaktor mit 38 Megawatt thermischer Leistung angetrieben. Die amerikanischen Flugzeugträger haben rund 100 Megawatt leistende Atommeiler an Bord.

---

24 Auch Atomstrom ist nicht CO_2-neutral. Je Kilowattstunde fallen laut Umweltbundesamt 3,7 bis 110 Gramm an.

25 Die Energiewende, die von der Regierung Schröder-Fischer im Jahr 2000 mit der Verabschiedung des Erneuerbare-Energien-Gesetz einleitet wurde, hatte anfangs das Ziel, grünen Strom zu nutzen, um Atomstrom zu ersetzen, der durch den ersten Atomausstieg im Jahr 2001 wegfallen würde. Zusätzlich sollte der Atomstrom durch neue Kohle- und Gaskraftwerke sowie Kraft-Wärme-Kopplungsanlagen ersetzt werden.

Durchgesetzt für die Stromproduktion und in zivilen Anwendungen hat sich diese Reaktorklasse jedoch nicht, und das trotz der Atomeuphorie in den 1960er- und 1970er-Jahren sowie jahrzehntelanger Forschung und Anwendung. Denn auch bei Kernkraftwerken gilt die Regel: Je größer und leistungsstärker die Anlage, desto günstiger produziert sie Strom. Die jüngsten Kernkraftwerke, die in Deutschland und Europa gebaut wurden, sind daher auch mit Abstand die größten. Da unterscheidet sich die Entwicklung der Meiler nicht von jener der Windkraftanlagen. Wohl aber zeigt die Kostenkurve bei der Atomenergie steil nach oben – ganz im Gegensatz zu den Erneuerbaren.

Neue Atomkraftwerke sind teuer und produzieren teuren Strom

Sogar für Atomkraftwerke im Gigawattmaßstab sind die Marktbedingungen mehr als schwierig. Für Europas jüngsten Kraftwerksneubau – das Kernkraftwerk Hinkley Point C im Südwesten Englands – hat die britische Regierung nur deshalb einen Betreiber finden können, weil sie pro Kilowattstunde Atomstrom eine fixe Vergütung von 9,25 Pence (umgerechnet etwa 11 Cent) versprochen hat[*] – zuzüglich Inflationsausgleich. Das ist in etwa das Doppelte von dem, was in Deutschland für Wind- und Solarstrom aus neuen Anlagen fällig wird. Versicherungsprämien gegen Atomunfälle (wenn es denn Versicherungen gäbe, die dieses Risiko absichern würden) und Endlagerkosten sind in diesem Strompreis noch gar nicht berücksichtigt. Das Risiko für schwere Unfälle und den strahlenden Müll der Ewigkeit trägt der britische Staat.

Jenseits der Kosten- und Sicherheitsargumente, die in Deutschland nach den Katastrophen von Tschernobyl und Fukushima zum endgültigen Atomausstieg geführt haben, sprechen vor allem praktische Gründe dagegen, dass Atomenergie eines Tages einen wesentlichen Anteil an einer klimafreundlichen Energieversorgung haben könnte. Im Jahr 2020 hatte Atomstrom nur noch einen Anteil von zwölf Prozent am deutschen Strommix.[*] Die damit verbundene Strommenge lässt sich in ungefähr drei Jahren mit erneuerbaren Energien ersetzen. Und die kaum regelbare Leistung der Atomkraftwerke ist inzwischen ein Hindernis für die Energiewende und kein Vorteil mehr für das Stromsystem.

Spätestens am Silvestertag 2022 ist endgültig Schluss, dann werden als letzte deutsche Atomkraftwerke die Anlagen in Lingen (Kernkraftwerk Emsland), Neckarwestheim und Essenbach (Isar 2) abgeschaltet. Deren Betreiber bereiten sich darauf seit Jahren in vielfältiger Weise vor, einen Ausstieg aus dem Ausstieg ist in ihren Geschäftsplänen nicht vorgesehen. Sollte die Atomenergie in Deutschland künftig noch eine Rolle beim Klimaschutz und bei der Energieversorgung spielen, so wäre das nur mit neuen Kraftwerken möglich. Die waren schon vor dem Höhenflug der Grünen kaum denkbar und sind es nun noch weniger. Immerhin gehört es zum Gründungsmythos dieser Partei, die Nutzung der Atomenergie in Deutschland zu beenden.

Tausende Atomkraftwerke wären weltweit nötig, um fossile Anlagen zu ersetzen – und sie kämen wohl zu spät

Ähnlich wie in Deutschland stammt weltweit nur jede zehnte Kilowattstunde aus Atommeilern. Strom aus Kohle- und Gaskraftwerken macht hingegen 60 Prozent des internationalen Strommix aus, so die Internationale Energieagentur. Um die von diesen fossilen Energieträgern erzeugte Strommenge zu ersetzen, müssten rund um den Globus rund 1600 Atomkraftwerke der allergrößten Art neu errichtet werden – viermal mehr, als aktuell am Netz sind, und 80-mal mehr, als derzeit gebaut werden.* Für derartig viele Meiler gibt es nicht ansatzweise Hersteller und Produktionskapazitäten. Darüber hinaus müsste die Förderung des Spaltstoffs Uran-235 in Uranminen mindestens vervierfacht werden, oder aber der Atomwirtschaft müsste der Übergang zu Brutreaktoren gelingen. Dieser Versuch ist aber in den vergangenen Jahrzehnten überall gescheitert.

Vor allem aber sind die jüngeren Erfahrungen mit neuen Atomprojekten äußerst schlecht: Schon seit 2012 sollte der Europäische Druckwasserreaktor EPR als modernstes französisches AKW im französischen Flamanville eigentlich Strom ins Netz einspeisen. Doch es gab Probleme über Probleme, die Inbetriebnahme steht aus und wird wohl nicht vor 2024 erfolgen.* Auch das Schwesterprojekt im finnischen Olkiluoto ist hoffnungslos verspätet. Seit 2005 wird daran gebaut, seinerzeit wurde die Betriebsaufnahme für 2009 angestrebt. Mehr als zwölf Jahre und zehn Verschiebungen des Termins für den Betriebsstart später speist das Kraftwerk 2021 noch immer keinen Strom ins Netz ein. Dafür aber haben sich die Baukosten über die Bauzeit hinweg von ursprünglich drei Milliarden auf bislang geschätzt fast neun Milliarden Euro verdreifacht. Die Kostenexplosion muss der französische Staat ausbaden, denn der finnische Kraftwerksbauherr TVO hatte mit dem ursprünglichen Baukonsortium[26] einen schlüsselfertigen Festpreis vereinbart.

Ähnliche Steigerungen scheinen auch dem britischen Projekt Hinkley Point C bevorzustehen. Fünf Jahre nach Baubeginn sind die Kosten* bereits um rund 5 Milliarden Pfund (5,7 Milliarden Euro) gestiegen – bei geschätzten Gesamtkosten von rund 22 Milliarden Pfund (25 Milliarden Euro) –, und der Fertigstellungstermin verzögert sich von 2025 auf 2026.* Die Risiken hierfür trägt abermals EDF, jedoch gemeinsam mit einem chinesischen Finanzierungpartner, der ein Drittel des Projektes hält. Der Finanzvorstand des französischen Atomkonzerns EDF hatte derlei vorausgesehen und 2016 seinen Hut genommen, kurz bevor sein Unternehmen entschied, in das Projekt zu investieren.* Aus dem EDF-Vorstand war zu hören, dass die wirtschaftlichen Risiken des Projektes zu groß seien und die Entscheidung vor allem auf Druck

---

26 Beauftragt worden waren ursprünglich Areva und Siemens. Siemens hat sich 2011 nach der Atomkatastrophe von Fukushima aus dem Atomgeschäft zurückgezogen. Areva stand in den Jahren darauf vor dem Bankrott und wurde daraufhin vom französischen Staatsunternehmen EDF gerettet.

der Politik, aber nicht im Interesse der EDF-Aktionäre erfolge, berichtete die *Financial Times* seinerzeit.

Tatsächlich gibt es weltweit kein einziges Atomkraftwerk, dass ohne staatliche Unterstützung gebaut wurde oder gebaut wird – sei es in Form von direkten Subventionen, staatlicher Bauaufträge oder Bürgschaften. Und geht man die Liste der im Bau befindlichen Atomkraftwerke* durch, so fällt auf, dass Neubauprojekte vor allem von Ländern vorangetrieben werden, die nicht gerade durch demokratische Tugenden auffallen: China, Russland, Türkei, Kasachstan und die Vereinigten Arabischen Emirate. Aber selbst dort liegen die Vorhaben immer deutlich hinter dem ursprünglichen Zeitplan.* Die offenbar nicht seriös zu kalkulierenden Bauzeiten von neuen Reaktoren sind aus Sicht des Klimaschutzes das stärkste Argument gegen die Atomlösung. Um die Klimakrise zu bekämpfen, kämen sie schlicht zu spät. Das gilt erst recht für die Minireaktoren, die nach Jahrzehnten der Entwicklung nur an einem Ort verlässlich stehen: auf dem Papier.

Die Atommacht Frankreich liebäugelt mit dem Ausstieg

Auch ein Blick auf die Erfahrungen des Landes mit dem höchsten Anteil Atomstrom auf der Welt lohnt sich: Frankreich, wo eine Kilowattstunde Strom aufgrund der Atomkraft nur ein Viertel so viel CO_2 produziert wie in Deutschland.* Dort geht die Bedeutung der Atomenergie inzwischen zurück: Von 2015 bis 2020 verminderte sich die Menge an Atomstrom um 82 Terawattstunden – ein Minus von fast 20 Prozent. Der Rückgang wird sich fortsetzen, denn von den 56 Meilern, die aktuell am Netz sind, sind 49 mindestens 30 Jahre alt, 17 von ihnen sind sogar 40 Jahre alt oder älter. Diese Kraftwerke nähern sich dem Ende ihrer Lebensdauer – sie müssen abgeschaltet, ersetzt oder modernisiert werden.* Die Entscheidung zwischen diesen Optionen ist ein Dilemma. So denkt man in Paris einerseits über eine Verlängerung der Laufzeiten auf 60 Jahre nach. Doch das ist teuer, der französische Stromkonzern EDF müsste für 20 Extrajahre je Kilowatt Leistung knapp

1200 Euro investieren.* Bei rund 51 Gigawatt von Ü30-Kraftwerken macht das mehr als 60 Milliarden Euro. Hinzu kommen weiterhin Betriebs-, Wartungs- und Entsorgungskosten.

Neue Atomkraftwerke könnten eine Alternative sein, die jüngsten Erfahrungen damit sind allerdings noch schlechter – siehe oben. Deshalb rückt Option 3 in Sichtweite: Frankreich folgt dem deutschen Vorbild, schaltet seine Kernkraftwerke in den nächsten Jahrzehnten ab und steigt langsam auf erneuerbare Energien um.

Eine *Transition énergétique* galt jenseits des Rheins lange als Spinnerei von umweltbewegten Utopisten. Doch im Januar 2021 legte der staatliche Übertragungsnetzbetreiber RTE gemeinsam mit der Internationalen Energieagentur IEA erstmals eine Machbarkeitsstudie genau für diese Utopie vor.* Beide Organisationen gelten traditionell als atomenergiefreundlich, doch sie kamen zu dem Ergebnis: Sofern die Stromnetze verstärkt und genügend flexible Reservekraftwerke gebaut werden, kann die Grande Nation auf Wind- und Solarbetrieb umstellen. Noch aber scheut Frankreich diesen Schritt. Anfang 2021 wurden die Laufzeiten der ältesten Anlagen erst einmal von 40 auf 50 Jahre verlängert.*

Fazit

Halten wir fest: Atomkraftwerke, die wie der EPR modernen Sicherheitsstandards genügen sollen, gleichen dem Berliner Flughafen BER: Ihre Bauzeit beträgt ein Mehrfaches der ursprünglichen Planung, ihre Preisentwicklung ist unkalkulierbar. Während des Baus drohen Baufirmen pleitezugehen, andere steigen aus. Es ist nicht zuverlässig prognostizierbar, ab welchem Zeitpunkt sie wirklich Strom einspeisen, und somit ist auch der Umbau des Energiesystems mit neuen Atomkraftwerken nicht planbar. Und schließlich: Angesichts ihrer auch ohne Baukostensteigerungen horrenden Kosten ist nicht vorstellbar, wie sich Atomkraftwerke in großer Stückzahl – und die wären nötig, um den Strombedarf einer fossilfreien Volkswirtschaft zu decken – finanzieren und bauen lassen würden.

Und schließlich gibt es immer noch die Bürger:innen, die in

Italien, Österreich und Deutschland in den vergangenen Jahrzehnten den Atomausstieg durchgesetzt haben. Hier droht ein Wiederaufflammen des jahrzehntelangen Großkonfliktes um die Atomenergie, angesichts der Sorgen über Sicherheitsprobleme und die immer noch nicht gelöste Frage der Endlagerung des Atommülls. All diese Themen haben zusätzlich das Potenzial, jede Renaissance der Atomenergie in Deutschland schnell zunichtezumachen.

Nuklearer Epilog

Rund 70 Kilometer nördlich von Berlin steht die Ruine des ersten kommerziellen Atomkraftwerks Deutschlands – nahe Rheinsberg, idyllisch gelegen im Wald am Ufer des kristallklaren Stechlinsees – seit Theodor Fontane einer der Sehnsuchtsorte Deutschlands. Das Projekt aus DDR-Zeiten wird seit mehr als 25 Jahren «zurückgebaut». Der radioaktive Reaktordruckbehälter musste in einer aufwendigen Operation durch die engen Betonwände gezirkelt werden und wurde ins Zwischenlager nach Greifswald transportiert. Das gesamte Reaktorgebäude ist mit radioaktivem Cobalt kontaminiert und kann deshalb erst ab Mitte der 2020er-Jahre gänzlich abgerissen werden. Dann ist die Radioaktivität abgeklungen.

Weit über eine Milliarde Euro hat der Abriss des Minikraftwerks (denn es hatte nur rund 70 Megawatt Leistung) die Steuerzahler bisher gekostet. Legt man diese Kosten auf sämtlichen Strom um, den das Kernkraftwerk Rheinsberg jemals produziert hat, dann kostet allein der Rückbau pro Kilowattstunde 11 Cent[*] und damit mehr als das Doppelte der heutigen Einspeisevergütung für Wind- und Solarstrom. Vor ähnlichen Kosten stehen dereinst alle Atomnationen. Denn die Betreiber der Kernkraftwerke haben für den Rückbau fast nirgendwo Rücklagen gebildet. Hier liegt eine weitere Zeitbombe vergraben, denn immer mehr Atomkraftwerke weltweit kommen ans Ende ihrer Lebensdauer.

7 Warum wir Verbraucher:innen für Strom die höchsten Preise der Welt bezahlen – und manche Unternehmen dafür entlohnt werden, wenn sie Strom abnehmen

Wie viel bezahlen Sie für eine Kilowattstunde Strom? Und wie viel Kilowattstunden verbrauchen Sie im Jahr? Wissen Sie die Antwort aus dem Kopf? Herzlichen Glückwunsch, das schafft kaum einer – testen Sie die Frage mal in Ihrem Freundeskreis. Trotzdem werden Sie vermutlich hören, dass die Strompreise viel zu hoch sind.* Und da ist etwas dran, auch wenn in Kapitel 2 ausgeführt wurde, dass Strom zumindest historisch ziemlich billig ist. Denn im internationalen Vergleich ist die Kilowattstunde aus der Steckdose in Deutschland zumindest für Haushalte und Geschäfte am teuersten.* Wir zahlen mehr als doppelt so viel wie der weltweite Durchschnitt.* Warum das so ist, darum geht es in diesem Kapitel. Und darum, wie es sein kann, dass der Stromverbrauch so teuer ist, während doch Wind- und Solaranlagen inzwischen zu den billigsten Stromquellen überhaupt zählen. Am Ende werden Sie vermutlich zu der Erkenntnis gelangt sein, dass die Zusammensetzung des Strompreises vielfach absurden Regeln folgt und dass es damit nicht so weitergehen kann, wenn Strom zur Leitenergie werden soll.

Ein dummer Stromkunde ist ein guter Stromkunde

Ein Grund für unsere monströse Strompreiszusammensetzung ist: Wie viel wir für Strom bezahlen, ist kein Stammtischthema, anders als die Spritpreise an den Tankstellen, die viele Menschen sehr genau verfolgen und gerne thematisieren. Denn eine Rechnung schicken die Stromversorger nur einmal im Jahr, ansonsten machen sie sich nur durch monatliche Abschlagszahlungen auf dem Kontoauszug bemerkbar. Diese Ignoranz in Kombination mit ihrer (abgesehen von der Werbung um Neukunden) gepflegten Unscheinbarkeit spielt den Stromanbietern bislang vorzüglich in die Hände. Sie schaffen es damit, bei ihren Kunden mit Preisunterschieden von 30 Prozent für ein und dasselbe Produkt durchzukommen.

Beispiel gefällig? Im Jahr 2021 kostet eine Kilowattstunde Strom beim Berliner Grundversorger Vattenfall 33,25 Cent.[27]* Jeder, der sich nicht um seinen Stromvertrag kümmert, wird automatisch in diesen Grundversorgertarif gesteckt. Investiert man fünf Minuten Zeit in einen Strompreisvergleich, so lässt sich in Berlin die gleiche Kilowattstunde für 25 Cent kaufen[28]* – eine Segnung der Strommarktliberalisierung. Bei dieser Preisdifferenz könnte eine Familie mit einem Verbrauch von 4000 Kilowattstunden Jahr für Jahr in der Hauptstadt mehr als 300 Euro sparen. Das rechnen die führenden Preisvergleichsportale Verivox und Check24 vor, inklusive der einfachen Wechselmöglichkeit per Mausklick. Trotzdem nutzt mehr als ein Viertel der Stromkunden in Deutschland diese Möglichkeit nicht, sie beziehen ihren Strom zu dem teuren Grundversorgungstarif.* Auf Tankstellenbetreiber übertragen, wäre das so, als ob ein Viertel der Autofahrer gewohnheitsmäßig und ohne Klagen stets zu jener Zapfsäule fahren würde, bei der ein Liter Sprit nicht 1,50 Euro kostet, sondern 2 Euro.

Nicht nur die Preise der Stromanbieter in einer Stadt unterscheiden sich. Es gibt auch erhebliche regionale Differenzen. Berlin gehört zu den Orten in Deutschland, in denen der Grundversorgungsstrom besonders teuer ist. Das Gegenteil ist in Nordhorn, ganz im Westen der Republik, der Fall.* Die Stadt gehört zu den Orten mit dem billigsten Strom in Deutschland, man zahlt hier maximal 27,68 Cent,[29] also rund 6 Cent weniger als in Berlin.

27 Hinzu kommt eine Grundgebühr von 8,20 Euro monatlich.
28 Qcells Strom mit einem monatlichen Grundpreis von 5,15 Euro. (April 2021)
29 Die monatliche Grundgebühr beträgt 8,33 Euro.

In der niedersächsischen Kleinstadt gibt eine Familie mit 4000 Kilowattstunden Jahresverbrauch daher rund 220 Euro weniger im Jahr für Grundversorgungsstrom aus. Würden die Nordhorner den günstigsten Stromanbieter im Internet suchen (dort kostet die Kilowattstunde 23,91 Cent), so könnten sie zwar nicht ganz so viel sparen wie in Berlin, doch immerhin auch noch 150 Euro.

Der Strompreis – ein heimliches Steuersystem

Der Grund für diese Unterschiede liegt nicht darin, dass der Wind in Nordhorn stärker bläst als in Berlin und deshalb Strom dort günstiger ist. Auch die Nähe Berlins zu den Braunkohlekraftwerken in der Lausitz, die viel und immer teureres CO_2 emittieren, hat nichts damit zu tun. Denn tatsächlich kostet die Kilowattstunde Strom im Großhandel in ganz Deutschland exakt überall das Gleiche. Im Jahr 2021 sind das inklusive der Mehrwertsteuer etwas mehr als 5 Cent pro Kilowattstunde.[30]* Zwischen Einkaufspreis und Verkaufspreis liegen damit 19 (Nordhorn) bis 28 Cent (Berlin). Ein großer Teil dieser gewaltigen Spanne fließt für Zwecke ab, die nicht viel mit der Nutzung des Stroms zu tun haben: Bund und Länder kassieren Strom- und Mehrwertsteuer in Höhe von 7,4 Cent (Berlin) beziehungsweise 5,9 Cent (Nordhorn). Die Metropole Berlin erhält eine Konzessionsabgabe dafür, dass Stromkabel unter dem Pflaster ihrer Straßen liegen, in Höhe von 2,39 Cent je Kilowattstunde. Die Kleinstadt Nordhorn begnügt sich mit 1,59 Cent.[31] Die öffentliche Hand bekommt damit fast ein Drittel dessen, was Haushaltskunden für Strom zahlen, und deutlich mehr, als die Produzenten des Stroms erhalten.

---

30 Genau wissen das nur die Stromvertriebe selbst, denn sie folgen unterschiedlichen Einkaufsstrategien, bei denen sie den Strom teilweise mehrere Jahre im Voraus beschaffen und so Preisrisiken minimieren.

31 Nettoangaben. Die Höhe der Konzessionsabgabe bemisst sich nach der Größe einer Kommune und rangiert zwischen 1,32 Cent/Kilowattstunde für kleine Gemeinden und 2,39 Cent/Kilowattstunden für Metropolen. Im Mittel liegt sie bei 1,69 Cent/Kilowattstunde.

Der zweite große Brocken in der Lücke sind Ausgaben, die man auch als staatliche Förderung für klimafreundliche Energie organisieren könnte (was andere Länder auch tun, weshalb der Strompreis dort niedriger ist, dafür sind dann die Ausgaben aus dem Staatshaushalt höher): Als größter Einzelposten auf der Rechnung steht die Ökostromförderung – rund 20 Prozent unserer Ausgaben für Strom entfallen auf die sogenannte EEG-Umlage. Mit 6,5 Cent pro Kilowattstunde liegt sie 2021 weit über den 0,19 Cent, die bei ihrer Einführung im Jahr 2000 fällig wurden. Eine Familie mit 4000 Kilowattstunden Stromverbrauch im Jahr zahlt damit derzeit 260 Euro im Jahr für Wind-, Solarstrom, Bioenergie und Wasserkraft. Die gute Nachricht an dieser Stelle: Die EEG-Umlage wird in den kommenden Jahren immer mehr sinken.

Weniger bekannt als die EEG-Umlage sind die Umlage nach Kraft-Wärme-Kopplungsgesetz (0,254 Cent),[32] die Offshore-Umlage (0,395 Cent),[33] die Paragraf-19-Umlage (0,432 Cent)[34] und die Abschaltbare-Lasten-Umlage (0,09 Cent).[35] Diese für sich genommen recht kleinen Beträge läppern sich nochmals auf mehr als einen Cent. All die Umlagen machen zusammen mehr als ein Viertel des Strompreises von Haushalten aus.

Halten wir fest: Von den 33 Cent pro Kilowattstunde in der Berliner Grundversorgung fließen mehr als 17 Cent entweder direkt

32 Hierüber wird die Nutzung von Abwärme von Kohle- oder Gaskraftwerken zum Heizen gefördert. Die Energieausbeute der Kraftwerke wird dadurch höher, die Energie somit klimafreundlicher.

33 Damit wird das Risiko von Windkraftanlagen auf See minimiert: Deren Betreiber erhalten bei längeren Netzunterbrechungen und Anschlussverzögerungen eine Entschädigung aus der Umlage.

34 Diesen Betrag bezahlen Haushaltskunden für Netzentgelte, die große, industrielle Verbraucher nicht zahlen müssen (siehe Abschnitt «Regulatorische Hemmnisse» in Kapitel 4).

35 Einige große, industrielle Stromverbraucher werden dafür bezahlt, dass sie im Notfall in Sekundenschnelle vom Netz genommen werden dürfen (siehe auch Abschnitt «Regelenergie und riesige Mengen an neuen Reservekraftwerken» in Kapitel 5).

an die öffentliche Hand oder werden für Aufgaben eingesammelt, die auch aus den öffentlichen Haushalten bezahlt werden könnten. Im Fall des günstigsten Nordhorner Tarifs sind es von knapp 24 Cent pro Kilowattstunde gute 15 Cent. In beiden Fällen machen staatliche Steuern und Umlage also deutlich mehr als die Hälfte des Strompreises aus. Über dieses System wurden 2019 deutschlandweit rund 40 Milliarden Euro umgesetzt.[36] In gewisser Weise hat sich der Strompreis damit in den vergangenen Jahren zu einem parallelen Steuererhebungsinstrument entwickelt.

Das irre System der Netznutzungsentgelte

Die regionalen Unterschiede zwischen den Strompreisen lassen sich darüber jedoch noch nicht erklären (wenn man von der Konzessionsabgabe absieht, deren Höhe sich nach der Einwohnerzahl der Kommune richtet, in der ein Stromanschluss liegt). Die regionalen Unterschiede entstehen vor allem durch die Transportgebühren für Strom, auch «Netznutzungsentgelte» genannt. Anders als man vermuten würde, richten diese sich nicht danach, wie weit der Strom transportiert werden muss, um vom Kraftwerk zum Verbraucher zu gelangen. Entscheidend sind die Postleitzahl und ein Preisblatt, das jeder Netzbetreiber sich bei der Bundesnetzagentur oder bei den Landesregulierungsbehörden genehmigen lassen muss. Ob der Strom von einer Windkraftanlage auf See zum Beispiel bis nach Bayern transportiert wird – ein großer technischer und teurer Aufwand – oder vom Windrad nebenan stammt, ist für Haushaltskunden damit egal. Und so liegen die Netznutzungsentgelte in ganz Schleswig-Holstein, wo sehr viele Windkraftanlagen stehen, bei mehr als 10 Cent pro Kilowattstunde.* In großen Teilen Bayerns, wo die Horizonte frei sind, betragen sie hingegen im Mittel 7 Cent und liegen damit im bun-

---

36 Im Jahr 2020 dürfte die Summe nochmals gestiegen sein, allerdings liegt die Abrechnung der Netzbetreiber dafür erst Mitte 2021 (nach Redaktionsschluss des Buches vor). Zu finden sind die Zahlen auf der sehr informativen Internetseite www.netztransparenz.de.

desweiten Durchschnitt. Besonders günstig sind die Netznutzungsentgelte in Großstädten, wie etwa Düsseldorf, wo weniger als 5 Cent[37] fällig werden.* Auch Berlin ist mit 5,44 Cent eher günstig.*

Was für eine Merkwürdigkeit: Dort, wo der Windstrom herkommt, sind die Stromtransportkosten hoch und der Strom teuer. Dort, wo der Windstrom verbraucht wird und es kaum Windkraftanlagen gibt – in Bayern oder in Großstädten –, gehören die Entgelte hingegen zu den niedrigsten der Republik. Das ist kein Zufall, sondern ein Konstruktionsfehler bei der Methode, wie die hohen Bau- und die eher niedrigen Betriebskosten der Stromkabel in der Erde und an Freileitungen auf die Stromverbraucher:innen verteilt werden. Vereinfacht gesagt, ist es so, dass der Bau neuer, großer Freileitungen, die den Strom kreuz und quer durch die Republik transportieren, von allen Stromkunden gleichermaßen getragen werden. Bis zu drei Cent kostet es, eine Kilowattstunde darüber zu transportieren.

Dafür, den Strom dann in den Hausanschlusskasten zu liefern, sind die Verteilnetzbetreiber zuständig. Als Monopolunternehmen[38] betreiben sie Mittel- und Niederspannungsleitungen – sozusagen die Land- und Stadtstraßen des Stromsystems. Hier wird es interessant: Die Kosten für den Bau und Unterhalt dieser Leitungen werden ausschließlich von den Stromverbraucher:innen in den entsprechenden Netzgebieten getragen – Haushalten, Geschäften, Gewerbebetrieben, Unternehmen und so weiter. In Städten bedeutet das: Sehr viele Nutzer teilen sich ein kompaktes, räumlich begrenztes Stromnetz, das über Jahrzehnte gewachsen ist. Große Erweiterungen daran sind die Ausnahme und erfolgen nur, wenn beispielsweise ein neues Gewerbegebiet erschlossen

---

37 Nettoangabe, denn die Umsatzsteuer wurde bereits im vorherigen Abschnitt berücksichtigt.

38 In kleinen und mittleren Orten sind das häufig die Stadtwerke, bundesweit allerdings hat nur eine Minderheit der Netzbetreiber einen kommunalen Hintergrund (2014 waren es 14 Prozent).

wird. Gleichzeitig wächst die Einwohnerzahl vieler Großstädte in Deutschland seit Jahren. Es ist oft nicht nötig, für die Zuzügler neue Netze zu bauen, die Netzgesellschaften können daher die Kosten ihrer bestehenden Infrastruktur auf immer mehr Schultern verteilen – im Ergebnis sind die Netzentgelte in dicht besiedelten Regionen niedrig, und sie könnten künftig sogar sinken, wenn über das gleiche bestehende Netz mehr Strom transportiert wird.

Ganz anders auf dem Land: Durch den demografischen Wandel und die Verstädterung sinkt dort zum einen die Zahl der Stromkunden. Die Kosten der Verteilnetze werden daher auf immer weniger Schultern verteilt, die Belastung für jeden Einzelnen steigt. Dieser Effekt wird noch verstärkt durch den Bau von Wind- und Solaranlagen. Denn diese Kraftwerke speisen ihren Strom fast ausschließlich in die Verteilnetze ein, die dafür oftmals verstärkt werden müssen – dafür sind die örtlichen Netzbetreiber zuständig. Was das kostet, ist nicht bekannt – die Netzgesellschaften, obwohl als Monopolbetriebe zu Transparenz verpflichtet, haben es in den vergangenen Jahren immer wieder geschafft, ihre Ausgaben gegenüber der Öffentlichkeit zu verheimlichen.* Eine Studie der Deutschen Energieagentur aus dem Jahr 2012 hat allerdings den Ausbau der Verteilnetze für die Energiewende betrachtet und kam seinerzeit zu dem Ergebnis, dass von 2012 bis 2020 knapp 50 000 Kilometer neuer Leitungen im Niederspannungsnetz, 71 000 Kilometer im Mittelspannungsnetz und 25 000 Kilometer neuer Leitungen im Hochspannungsnetz gebaut werden müssten.[39] Die Kosten dafür sollten sich auf knapp 27 Milliarden Euro belaufen. Getragen werden sie von den Menschen, die in der Umgebung der Erneuerbare-Energien-Anlagen leben und deshalb weit überdurchschnittliche Netznutzungsentgelte zahlen. Diese

---

39 Die Studie betrachtete mehrere Szenarien. Dabei hat sich im Rückblick das sogenannte Bundesländerszenario als sehr nah an der tatsächlichen Entwicklung bis 2020 herausgestellt. Die hier gemachten Angaben beziehen sich deshalb auf dieses Szenario und seine Berechnungen.

Entwicklung wird sich in den kommenden Jahren verstärken, wenn die Finanzierung nicht geändert wird – Strom auf dem Land droht damit unverhältnismäßig teuer zu werden.

Monopolgewinne, die keinen stören

Sie haben es vielleicht bemerkt: Der Strompreis in der Grundversorgung ist in Berlin besonders hoch, die Netzentgelte aber liegen sogar unter dem bundesweiten Durchschnitt. Warum verlangt Vattenfall als Grundversorger von Hunderttausenden Berliner Stromverbraucher:innen einen der höchsten Strompreise Deutschlands? Warum bleiben von jeder Kilowattstunde, die der Konzern in Berlin im Grundversorgungstarif verkauft, schätzungsweise 5 Cent im Unternehmen hängen – ein Vielfaches dessen, was die Nordhorner Stadtwerke und auch die meisten unabhängigen Stromanbieter erhalten? Die kurze Antwort lautet: weil Vattenfall und alle anderen Grundversorger es können. Die «Verordnung über Allgemeine Bedingungen für die Grundversorgung von Haushaltskunden und die Ersatzversorgung mit Elektrizität aus dem Niederspannungsnetz» regelt zwar, dass jeder, der sich nicht aktiv um seinen Stromversorger kümmert, automatisch beim Grundversorger Kunde wird (und einen Vertrag schließt). Es gibt aber keine rechtliche Vorgabe, die den Grundversorgern vorschreibt, dass sie sich ihre Strompreise angesichts dieser privilegierten Stellung genehmigen lassen müssen. Verbrauchervertreter:innen und Energieanbieter wie Lichtblick beklagen das seit Jahren,* doch geändert hat sich daran bisher nichts. Wohl aber ist Strom in der Grundversorgung von 2007 bis 2019 um 56 Prozent teurer geworden. In den sogenannten Wettbewerbstarifen der freien Stromanbieter betrug die Steigerung «nur» 45 Prozent.

Die Industrie zahlt andere Strompreise

Bislang war in diesem Kapitel nur die Rede von Haushaltsstromkund:innen, Menschen also, deren Jahresstromverbrauch im Bereich weniger tausend Kilowattstunden liegt. Ähnliche Regelungen wie für sie gelten auch für Geschäfte, Dienstleister und Gewerbetreibende – auch wenn diese oftmals deutlich mehr Strom im Jahr beziehen. Zusammen stehen die beiden Gruppen grob für gut die Hälfte des Stromverbrauchs in Deutschland.* Die andere Hälfte entfällt bis auf einen kleinen Rest[40] auf die Verbraucher in der Industrie* – und hier vor allem auf Chemiefabriken (etwa die Chlorelektrolyse) und Metallbetriebe (etwa Aluminiumhütten und Elektrostahlwerke). Bezahlen auch diese all die oben genannten Steuern, Abgaben, Umlagen und Entgelte? Glauben wir tatsächlich, dass die Unternehmen und ihre politischen Vertretungen den Gesetzgeber damit durchkommen ließen, wenn von ihrem Strompreis rund 80 Prozent für Ausgaben verwendet würden, die mit der eigentlichen Stromproduktion nichts zu tun haben?

Dennoch lässt sich nicht sagen, dass die Industrie nicht auch unter dem verkorksten Strompreissystem leiden würde. Unternehmen mit geringem Stromverbrauch zahlen ebenfalls viele Abgaben, Umlagen und Entgelte – und das sind rund 96 Prozent der Firmen.* Insofern ist die Klage der Industrievertreter über zu hohe Strompreise, Abgaben und Umlagen nicht gänzlich unbegründet. Allerdings steht diese übergroße Mehrheit der Unternehmen nur für ein Drittel des in der Industrie insgesamt verbrauchten Stroms, wie die Strompreisanalyse des Bundesverbandes der Energie- und Wasserwirtschaft Anfang 2021 zeigte. Die übrigen zwei Drittel des Industriestroms werden hingegen von nur vier Prozent der Betriebe verbraucht. Und diese «stromintensiven» Unternehmen werden in vielfacher Weise bevorzugt. Für sie schnurrt die EEG-Umlage auf Zehntel-Cent-Beträge zusammen, die Stromsteuer vermindert sich um bis zu 96 Prozent, Konzessionsabgaben an Kommunen zahlen sie nicht, weil sie direkt ans Höchstspannungsnetz angeschlossen sind, und Netzentgelte werden nicht fällig, sofern der Stromverbrauch über mehr als 7000 Kilowattstunden konstant bleibt – ersatzweise springen wir kleinen

---

40 Auf den Bahn- und Schienenverkehr, der ungefähr zwei Prozent des Stroms verbraucht.

Verbraucher über die sogenannte Paragraf-19-Umlage ein und zahlen jährlich rund eine Milliarde Euro, um die Industrie von Netzkosten freizuhalten.* Ebenso vermindern sich die Umlagen für Kraft-Wärme-Kopplung und die Offshore-Umlage für Höchstverbraucher. Im Ergebnis zahlen solche Unternehmen im Jahr 2021 daher nur 4,5 bis 5,6 Cent für ihren Strom – das ist sogar weniger als im Vorjahr. Für jene Unternehmen, für die Strom wirklich wichtig ist, hat Deutschland damit Industriestrompreise, die zu den niedrigsten in Europa zählen.

Die energieintensiven Unternehmen sind damit die größten Profiteure der Energiewende. Denn der wachsende Anteil der erneuerbaren Energien – bezahlt über die EEG-Umlage, aber eben nur zu einem geringen Teil von den Großverbrauchern – hat die Großhandelspreise für Strom an der Strombörse in den vergangenen Jahren immer weiter sinken lassen. In gewisser Weise ist das eine indirekte Subvention, die deshalb auch von der Brüsseler Wettbewerbsbehörde mit jeder EEG-Novelle kritisch beäugt, bislang aber vom Europäischen Gerichtshof gedeckt wird. Damit ist aber das Ende der Fahnenstange noch nicht erreicht. An immer mehr Stunden im Jahr bekommen Industrieunternehmen, die direkt an der Börse Strom kaufen, sogar noch Geld dafür, dass sie Strom verbrauchen. Möglich ist das aufgrund der negativen Strompreise, die immer dann entstehen, wenn sehr viel Strom aus Wind- oder Solarenergie erzeugt wird und unflexible konventionelle Kraftwerke nicht in genügendem Maße gedrosselt werden können. Im Jahr 2020 war das in 298 Stunden der Fall.* Im Mittel bekamen industrielle Stromverbraucher, die direkt an der Strombörse handeln und sich zu solch glücklichen Zeiten kurzfristig dort eindecken konnten, für jede verbrauchte Kilowattstunde 1,6 Cent geschenkt. Normale private Stromverbraucher:innen mussten hingegen weiterhin ihre 25 bis 33 Cent zahlen, weil sie nicht auf die Preissignale der Börse reagieren können.

Fazit

Halten wir fest: Mehr als ein Viertel der Stromkunden in Deutschland zahlt aus Unkenntnis oder Faulheit nicht nur mehr für den Strom als nötig, sondern die höchsten Strompreise der Welt. Gleichzeitig hat der Staat kein Interesse daran, diese Menschen vor der Gewinnmaximierung von Konzernen zu schützen. Eine unfaire Schieflage besteht bei der Berechnung der Entgelte für die Stromnetze, an die viele Wind- und Solaranlagen angeschlossen werden: Es zahlen die Nachbarn der Anlagen aus der Region, nicht aber diejenigen, die schlussendlich vom günstigen und klimafreundlichen Erneuerbaren-Strom profitieren. Und schließlich: Große Industrieunternehmen, die zusammen etwa ein Viertel des Stroms in Deutschland verbrauchen, beteiligen sich so gut wie nicht an den Kosten für den Umbau des Stromsystems, profitieren davon aber in Form der niedrigsten Strompreise Europas und bekommen hin und wieder sogar Geld dafür, dass sie Strom abnehmen.

Diese Missverhältnisse stehen dem Erfolg von Strom als dem klimafreundlichsten, vielseitigsten und zukunftsträchtigsten Energieträger im Wege. Nötig ist daher eine grundlegende Reform der Aufschläge auf den Strompreis und der Finanzierung des Stromsystems. Darum geht es im nächsten Kapitel.

8 Wie Strom zur billigsten Energieform werden kann

Das Beispiel der Industriestrompreise zeigt, wie günstig Strom sein kann, wenn man weder für die Stromnetze noch für den Ausbau der erneuerbaren Energien. noch für den Staatshaushalt zahlen muss. Würden Privathaushalte Strom für fünf oder sechs Cent pro Kilowattstunde beziehen können, würde sich niemand über die Kosten der klimafreundlichen Umstellung des Energiesystems beschweren.[41]

Die radikalste Lösung wäre daher, wenn private Stromverbraucher einfach die gleichen Privilegien wie Großverbraucher genießen könnten. Dann allerdings würde sich schnell die Frage stellen, woher die vielen Milliarden für den nötigen Ausbau der Stromnetze, für die Einspeisevergütungen von Wind- und Solaranlagen und die Finanzierung von Staats- und Kommunalhaushalten kommen sollen, wer also die rund 60 Milliarden Euro plus Mehrwertsteuer zahlt, die hier bisher jährlich fließen. Allerdings: Bei Heizöl und Gas wurde diese Frage über Jahre nicht gestellt, auf sie erhob der Staat der Staat bis 2020 nur ein Minimum an Steuern und keine Abgaben. Lediglich auf Sprit fielen in Form von Mineralölsteuer, Umsatzsteuer, Ökosteuer und Einkaufsverpflichtungen für die Beimischungen von Biokraftstoffen erhebliche Aufschläge an.

Ein Bruch mit dem alten System ist nötig

Warum also nicht radikal denken und das unsinnige System von Abgaben und Umlagen mit seinen klimaschädlichen Anreizen abschaffen und gegen ein neues Modell ersetzen, das die Anforderungen der Zukunft besser erfüllt? Wie das aussehen könnte, hat Agora Energiewende im Jahr 2018 aufgeschrieben.* Demnach besteht die Hauptaufgabe darin, jene rund 80 Milliarden Euro, die die Energieverbraucher in Deutschland bisher an Steuern, Abgaben und Umlagen auf Energie – nicht nur auf Strom, sondern auch auf Heizöl, Sprit und Gas – bezahlen, so umzuverteilen, dass sie an den tatsächlichen Schadenkosten bemessen werden, die der Ausstoß von Treibhausgasen verursacht. Das sind 125 Euro pro Tonne CO_2 und mehr – also ein Vielfaches dessen, was im euro-

---

41 Auch weil eine Kilowattstunde in Form von Strom viel nützlicher ist als in Form von Gas, Öl und Sprit, weil sich der Strom viel effizienter nutzen lässt (siehe Kapitel 2).

päischen Emissionshandel und auch beim CO_2-Preis auf Sprit, Heizöl und Gas aufgerufen wird. Zudem würde für alle Energieträger eine Infrastrukturabgabe erhoben, welche die jeweiligen Infrastrukturkosten für Straßen, Strom- und Wärmeleitungen decken.[42]

Es wäre die Fortsetzung eines ersten kleinen Schrittes, den Deutschland mit der Einführung des Brennstoffemissionshandelsgesetzes, das 2021 in Kraft trat, getan hat. Dieses bestimmt, dass der Ausstoß einer Tonne CO_2 beim Heizen oder Autofahren anfangs 25 Euro kostet und dass dieser Preis bis 2025 schrittweise auf 55 Euro steigt. Der Liter Sprit und Heizöl wird dadurch gegenüber 2021 um 8 bis 9 Cent teurer werden, die Kilowattstunde Gas um etwas mehr als einen halben Cent. Das Gesetz, um das die Regierungskoalition so lange gerungen hatte, verändert die Preise für fossile Energien damit in einem ähnlichen Maße, wie sie auch bisher schon schwanken. Das Bundesemissionshandelsgesetz wird daher wohl erst einmal keine großen Auswirkungen haben und uns nicht sofort zu klimafreundlichen Bürger:innen machen. Denn dazu ist mehr nötig, wie ein Blick nach Schweden zeigt: Dort wurde schon Anfang der 1990er-Jahre eine CO_2-Steuer von 26 Euro je Tonne CO_2 eingeführt,* die inzwischen auf 120 Euro gestiegen ist. Weil fossiles Heizen damit wirklich teuer geworden ist, gibt es in Schweden kaum noch Gas- und Ölheizungen. Stattdessen sind mehr als 90 Prozent der Wohnungen an Fernwärmeleitungen angeschlossen; die dazugehörigen Fernwärmekraftwerke werden zum Großteil mit Biomasse befeuert.[43]

Durch die CO_2-Steuer nimmt Schweden jährlich mehr als zwei Milliarden Euro ein. Allerdings wurden parallel zu ihrer Einführung unter anderem die Kapital- und die Einkommensteuer der

---

42 Ohne Netzentgelte und Konzessionsabgaben.

43 Holz und andere Biomasse können ein Land wie Schweden mit großen Wäldern und vergleichsweise wenigen Einwohnern mit Wärme versorgen. Das Modell lässt sich aber nicht auf Länder mit mehr Menschen und weniger Wald übertragen.

Schweden gesenkt. Volksaufstände sind daher ausgeblieben – anders als in Frankreich, wo sich an der Erhöhung der dortigen CO_2-Steuer im Jahr 2018 die Gelbwesten-Proteste entzündeten: Die Regierung hatte einseitig an der Steuerschraube für eher arme Bevölkerungsgruppen gedreht, den Reichen aber sogar noch Steuern erlassen.[*] Präsident Macron reagierte schließlich, in dem er die nächste Stufe der Klimasteuererhöhung aussetzte.

Dieser Vergleich zeigt, dass der Staat die CO_2-Steuern nicht dazu nutzen sollte, seinen Haushalt zu sanieren. Sie müssen stattdessen in gezielte Entlastungen an anderer Stelle und auch Hilfen für besonders belastete Bürger:innen und Unternehmen fließen, damit niemand durch Klimaschutz in Existenznöte gerät. In Deutschland erfolgt die Rückerstattung des CO_2-Preises bereits zum Teil über den Strompreis: So soll im Jahr 2022 die EEG-Umlage um 1,4 Cent je Kilowattstunde aus den CO_2-Einnahmen sinken. Es könnte auch fast doppelt so viel sein, wenn der CO_2-Preis auf Sprit, Erdgas und Heizöl im Jahr 2022 auf 45 Euro angehoben wird, wie es nach der Verschärfung des Klimaschutzgesetzes diskutiert wurde.

Je klimafreundlicher, desto billiger der Strom

Teil der Umverteilung nach dem Agora-Modell wäre es auch, den CO_2-Ausstoß je Kilowattstunde Strom nicht wie bislang im Jahresmittel zu betrachten, sondern in Echtzeit. Der Klimaaufschlag von 125 Euro je Tonne CO_2, den wir auf unseren Strompreis zahlen müssten, wäre immer in jenen Stunden hoch, in denen viel Strom aus Kohle- und Gaskraftwerken ins Netz eingespeist wird, und umgekehrt niedrig, wenn viel Strom aus erneuerbaren Energien fließt. Das würde wie ein Booster auf den CO_2-Preis über die bestehenden CO_2-Zertifikate wirken und es wirtschaftlich viel attraktiver machen, vor allem klimafreundlichen Strom zu verbrauchen. Wir hätten also einen Anreiz, unsere Geräte, Elektroautos und Wärmepumpen einzuschalten oder sogar zu programmieren, dass sie möglichst klimafreundlich arbeiten. Nach diesem Prinzip würde sich Klimaschutz für jeden Einzelnen von uns lohnen.

Die Voraussetzung dafür ist, dass auch unsere Stromtarife variabel werden. Doch das ist nur eine Frage der Zeit: In den nächsten Jahren werden in allen Zählerschränken Smart Meter eingebaut werden. Bereits heute können wir bei einigen Stromanbietern schon variable Tarife buchen* (nebenbei: In Skandinavien sind Smart Meter und solche Tarife längst Standard). Durch diese Umstellung würde unser Strompreis (ohne Umsatzsteuer, Konzessionsabgabe und Netzentgelte) zu Zeiten mit viel Wind und Sonne auf 5 Cent sinken können. Zu Zeiten mit viel Strom aus Kohle und Gas läge er hingegen bei 15 Cent und mehr. Das zeigt eine Simulation dieses Modells für Agora Energiewende.*

Bei den Netznutzungsentgelten müssen vor allem die bestehenden Ungerechtigkeiten rasch gelöst werden:* Die Kosten für den Ausbau der lokalen und regionalen Stromnetze, der nötig ist, um daran Wind- und Solarstromanlagen anzuschließen, müssten auf alle Verbraucher von Strom in ganz Deutschland gleichermaßen verteilt werden – genauso, wie das auch beim Ausbau der großen, überregionalen Stromautobahnen geschieht (hier allerdings vor allem zugunsten Bayerns, wie das Kapitel 16 zeigt). Denkbar ist auch, dass die Betreiber der Wind- und Solaranlagen ein Entgelt dafür zahlen, wenn Netze erst für sie ausgebaut werden müssen. Das könnte dazu führen, dass erst die bestehenden Leitungen ausgenutzt werden, bevor neue gebaut werden. Mit dieser Umstellung würden die großen regionalen Unterschiede etwa zwischen Schleswig-Holstein und Bayern sowie zwischen Stadt und Land abgeschafft, und die Benachteiligung der Menschen in dünn besiedelten Regionen mit viel erneuerbaren Energien hätte ein Ende.

Passt die Gier nach Strom zu den Stromnetzen?

Elektroautos und Wärmepumpen haben einen deutlich größeren Stromhunger als beispielsweise Kühlschränke, Waschmaschinen und Fernseher. Ihre Leistungsaufnahmen sind am ehesten mit elektrischen Durchlauferhitzern für warmes Wasser oder auch den berühmt-berüchtigten Nachtspeicherheizungen, die vor allem in den 1970er-Jahren gebaut wurden, vergleichbar. Elektroautos laden an der häuslichen Wallbox mit 11 Kilowatt Leistung, eine Wärmepumpe im Altbau hat eine Dauerlast von 7 Kilowatt. Der einzelne Hausanschluss wird damit in der Regel gut fertig, denn er ist in Deutschland in der Regel dafür ausgelegt, Leistungen von 20 bis 30 Kilowatt ins Haus zu bringen. Problematisch wird es aber in Gebieten mit dichter Bebauung, dort, wo an einer Leitung unter dem Bürgersteig sehr viele Abnehmer hängen: Wenn dort alle gleichzeitig viel Strom abnehmen wollen, dann kann jeder nur ein sehr kleines Stück vom Leitungskuchen erhalten. Es liegt bei nur ein bis zwei Kilowatt in Gebieten, in denen zum Beispiel 30 Häuser an einem Kabel hängen.* Das ist viel zu wenig, um den Bedarf von E-Auto und Wärmepumpe zu decken, wenn alle gleichzeitig Strom wollen.

Müssen neue Leitungen gebaut werden, die dann wiederum die Netzkosten für jeden einzelnen Stromkunden in die Höhe treiben würden, um dieses Problem zu lösen? Bei starren Strompreisen, wie sie bislang vorherrschen, wohl eher nicht. Der Netzbetreiber NetzeBW fand in einem vielbeachteten Modellversuch heraus, dass selbst in einer Straße, in der überwiegend Elektroautos vor den Häusern parken, es praktisch niemals dazu kommt, dass alle gleichzeitig geladen werden – zu Spitzenzeiten stieg die Last in der sogenannten E-Mobility-Allee nur um knapp ein Viertel an.*

Doch bleibt das auch so, wenn es künftig Stunden gibt, zu denen der Strompreis sehr niedrig ist, und andere, zu denen er sehr hoch ist? Wenn in den Elektroautos und Wärmepumpen Algorithmen darüber wachen, dass Strom möglichst nur dann bezogen wird, wenn er günstig ist? Abschätzungen dazu gibt es: Wenn die künftigen Wärmepumpen und Elektroautos im Extremfall alle gleichzeitig nach Strom gieren, dann könnte das zu einer gigantischen zusätzlichen Nachfrage führen – mehr als 60 Gigawatt Extralast prognostiziert beispielsweise das Beratungshaus BET bis 2030.* Das würde ein Extra von 75 Prozent der derzeitigen Jahreshöchstlast in Deutschland bedeuten – der Wert, für den das Stromsystem gebaut wurde. Verglichen mit unserem Straßensystem, wäre das so, als ob am verkehrsreichsten Tag des Jahres –

typischerweise der gleichzeitige Anfang der Sommerferien in einigen großen Bundesländern – nochmals fast genauso viele Autos zusätzlich auf den Autobahnen unterwegs wären.

Die Regierung steht daher vor der schwierigen Aufgabe, ein Dilemma aufzulösen: Auf der einen Seite muss sie verhindern, dass die Stromnetze verstopfen, wenn es massenhaft Strom aus erneuerbaren Energien gibt – und auf der anderen Seite gewährleisten, dass genau in diesen Situationen möglichst viel Strom verbraucht wird, was die Stromnetze dann jedoch verstopfen könnte. Das Bundeswirtschaftsministerium wollte das Problem Anfang 2021 ursprünglich nach Regierungsart lösen – und Wärmepumpen wie Elektroautos einfach reihum den Saft für bis zu zwei Stunden abdrehen, sollten Netzüberlastungen drohen. Doch weil die deutsche Autoindustrie (und hier vor allem Volkswagen) angesichts dessen ihre Elektroautostrategie bedroht sah, kassierte Wirtschaftsminister Peter Altmaier den schon weit gediehenen Vorschlag seiner Beamten per Handstreich wieder ein. Es habe sich um einen Entwurf der Arbeitsebene gehandelt, der nicht die Billigung des Ministers gefunden habe,* teilte sein Ministerium mit. Besonders überraschend kann die Idee für Altmaier indes nicht gewesen sein: Schon 2019 hatte das Wirtschaftsministerium eine große Studie zur Kappung vom Netz in Workshops von Fachleuten diskutieren lassen* – und zwar als einzigen Vorschlag dafür, wie das Dilemma zu lösen sein könnte.

Anstelle des ordnungsrechtlichen Eingriffs wurde nach dem Rückzieher diskutiert, ob man Engpässe im Verteilnetz nicht nach dem Vorbild von Flugreisen mit einem Preisschild versehen könnte: Wenn die Leitungen und Transformatoren vor der Überlastung stünden, würde der Strom teurer werden, so dass die Ladealgorithmen ein Signal bekämen, lieber noch etwas mit dem Befüllen des Akkus zu warten oder aber die Ladeleistung zu drosseln.* Umgekehrt könnten die Entgelte günstig werden, wenn der Strom freie Bahn hätte.

Fazit

Ideen, wie der Strompreis vom Turm der Abgaben, Steuern, Umlagen und Entgelten befreit werden kann, gibt es also. Darüber hinaus haben auch andere Länder ihre Erfahrungen gemacht. Dänemark beispielsweise zahlt die Förderung für den Ausbau der erneuerbaren Energien aus dem Staatshaushalt, in den Niederlanden wird für die Nutzung der Stromnetze eine Art Jahresgebühr fällig, die sich nach der Leistung richtet, die man abnimmt, und in den skandinavischen Ländern sind variable Stromtarife seit einigen Jahren völlig selbstverständlich. Eines haben all diese Länder gemeinsam: Der Strompreis dort ist deutlich niedriger als in Deutschland. Zugleich boomt in den Niederlanden der Ausbau der erneuerbaren Energien, in Dänemark nähert man sich der Vollversorgung mit erneuerbaren Energien an, und die Schweden heizen fast ohne CO_2-Emissionen. Warum eigentlich hinkt Deutschland da hinterher? Mangelt es vielleicht am Blick über den Tellerrand?

9 Warum Kohlekraftwerke Geldvernichtungsmaschinen geworden sind, von denen sich die Energiekonzerne lieber heute als morgen trennen

Bis ungefähr 2010 glaubte man in den Vorstandsetagen der großen Energiekonzerne, aber auch in der Politik daran, dass die Kohleverstromung eine Zukunft haben würde. Nach dem Atomausstieg im Jahr 2000 geisterte die Furcht vor der «Stromlücke» durchs politische Berlin, die es unbedingt zu füllen galt – besonders propagiert von der Deutschen Energieagentur und ihrem damaligen Chef. Gleichzeitig wurde den erneuerbaren Energien nicht mehr zugetraut als ein Nischendasein: Der RWE-Vorstandsvorsitzende Jürgen Großmann hielt noch 2008 die «Solarstromproduktion in Deutschland für so sinnvoll wie die Ananaszucht in Alaska».[44]* Und schließlich wurde die Erderwärmung vor 15 Jahren nicht einmal von denen ernst genommen, die Produkte für seine Bekämpfung anboten: So hielt es der Chef eines großen Erneuerbare-Energien-Verbandes im Jahr 2005 für nicht sinnvoll, die Gefahr der Klimakatastrophe als das entscheidende Argument für den Ausbau der Solarenergie zu bringen.

Die Angst vor der Stromlücke aber wurde ernst genommen: Nach 2010 nahmen Energiekonzerne wie RWE, E.on und EnBW in Deutschland elf neue Kohlekraftwerke mit einer Leistung von jeweils mehr als 600 Megawatt in Betrieb – also echte Oschis, die bis weit nach 2050 laufen könnten. Sie würden auch dann noch CO_2 ausstoßen, wenn wir längst in einer klimaneutralen Welt leben müssen. Rund 15 Milliarden Euro nahmen die Stromkonzerne für diese Klimakiller in die Hand.

Milliarden vergeudet wegen einer Fehlprognose

Doch selten war eine Investition schlechter. Denn die Stromlücke fiel aus, stattdessen hatte Deutschland in den Jahren zwischen 2010 und 2020 einen satten Überschuss an Strom und konnte bis zu zehn Prozent seiner Stromproduktion in Nachbarländer exportieren. Hauptsächlich war das Kohlestrom. Denn bis 2018 waren die CO_2-Zertifikate – eigentlich ausgegeben, um die Verbrennung fossiler Energieträger einzuschränken – so massenhaft und billig verfügbar, dass es praktisch egal war, wie klimaschädlich ein Energieträger war. Zwischen 2012 und 2015 kostet es nur 5 bis 7 Euro, eine Tonne CO_2-Ausstoß in die Luft zu blasen.* War auch die Kohle billig genug, dann wurde daraus Strom gemacht. In der ersten Hälfte der 2010er-Jahre stieg und stieg die Verstromung

---

44 Das Zitat hat in der Galerie der technischen Fehleinschätzungen einen Platz neben der Prognose des damaligen Chefs des Computerriesen IBM, Thomas Watson, verdient, der 1943 angeblich sagte: «Ich glaube, dass es auf der Welt einen Bedarf von vielleicht fünf Computern geben wird.»

Entwicklungen des CO_2-Preises im europäischen Emissionshandel ETS

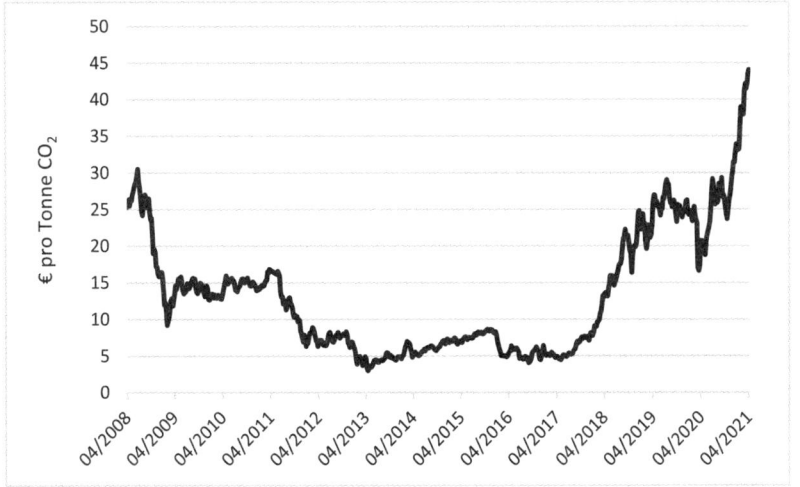

Quelle: Ember-Climate.org

Abbildung 5: Der CO_2-Preis steigt seit einigen Jahren rasant. Das spüren Kohlekraftwerke mit jeder Kilowattstunde.

von Kohle trotz der Energiewende und der Klimaschutzziele daher Jahr für Jahr an.

Dass Steinkohlekraftwerke inzwischen im Niedergang begriffen sind, ist nicht dem im Jahr 2019 geschlossenen Kohlekompromiss zu verdanken, der vorsieht, dass in Deutschland bis 2022 zehn Gigawatt an Steinkohle- und Braunkohlekraftwerken abgestellt werden – gegen eine Entschädigung, auf die die Kraftwerksbetreiber bei der Bundesnetzagentur bieten können. Der Grund für den Niedergang der Steinkohle ist, dass der Europäische Emissionshandel ETS nach der letzten Reparatur im Jahr 2019[45] allen

45 Seinerzeit setzte die EU einen Mechanismus in Kraft, der überschüssige Zertifikate in eine sogenannte Marktstabilitätsreserve verschiebt und so zu einer Angebotsverknappung geführt hat.

Unkenrufen zum Trotz funktioniert – die CO_2-Preise haben sich von rund sechs Euro im Jahr 2017 auf rund 25 Euro im Jahr 2019 vervierfacht und lagen Anfang 2021 bei mehr als 40 Euro. Das Verbrennen von Kohle wurde damit plötzlich richtig teuer – und Kohlekraftwerke unwirtschaftlich. Sie gehören inzwischen zu den teuersten Stromerzeugern, die es gibt. Das Geld, das sie am Strommarkt erlösen können, reicht, wenn überhaupt, nur, um die Kosten für die Kohle und die CO_2-Zertifikate zu bezahlen – nicht aber die Lohn- und Kapitalkosten.

Das betrifft nicht nur die alten Kraftwerke. Auch die neuen Kohleanlagen in Hamburg, Mannheim, Hamm, Karlsruhe, Duisburg und Lünen stehen angesichts des rasanten Wachstums bei den erneuerbaren Energien die meiste Zeit des Jahres still. Im Jahr 2011 rotierten die Generatoren von Steinkohlekraftwerken im Mittel noch an 3850 Stunden im Jahr.[*] In den Jahren bis 2020 hat sich die Zahl der Volllaststunden mit 1814 mehr als halbiert.

Auch im Export ist inzwischen nichts mehr zu holen. Erstens erzeugen auch unsere Nachbarländer immer mehr Elektrizität aus erneuerbaren Energien, und zweitens arbeiten ihre heimischen Gaskraftwerke aufgrund der höheren CO_2-Preise billiger als die deutschen Kohlemeiler. Hinzu kam noch die Corona-Pandemie, durch die der Stromverbrauch sank.

Der Niedergang der Steinkohleverstromung hat schon um 2015 begonnen, als Großbritannien als erstes europäisches Land ankündigte, aus der Kohle auszusteigen.[*] Seitdem haben sich viele weitere Länder angeschlossen, und in der Folge hat sich diese Art der Stromerzeugung in Europa in den vergangenen Jahren halbiert.[*] Selbst Länder wie Polen, in denen die Kohleförderung zur Staatsraison zählt, haben inzwischen den Kohleausstieg auf die politische Agenda gesetzt.

Die meisten Stromkonzerne gehen davon aus, dass sich daran nichts mehr ändern wird. Das schwedische Staatsunternehmen Vattenfall hat deshalb Mitte 2021 sein erst fünf Jahre altes Kraftwerk im Hamburger Stadtteil Moorburg in den teuren Ruhestand geschickt: Dafür kassierte es noch Stilllegungsprämien im Rahmen des deutschen Kohleausstiegs in Höhe von zig Millionen Euro.[46]* Die Baukosten in Höhe von rund drei Milliarden Euro hatte Vattenfall schon zuvor abgeschrieben.*

Ähnliches gilt für das nur sieben Jahre alte, aber weniger bekannte Steinkohlekraftwerk Westfalen E von RWE in Hamm. Auch diese Anlage nahm an der Stilllegungsauktion teil und ging Ende 2020 vom Netz. Sie teilt damit die Aussichten des benachbarten Blocks Westfalen D, der 2015 fertig wurde, aber nie ans Netz ging, weil bei den finalen Reinigungsarbeiten versehentlich Salzsäure in den empfindlichen Dampfkreislauf samt Turbine eingefüllt wurde. RWE hat damit in Hamm rund drei Milliarden Euro in den Sand gesetzt.

Weil RWE neben der Anlage in Hamm auch das schon mehr als 30 Jahre alte Steinkohlekraftwerk Ibbenbüren[47] zur Stilllegung anmeldete, hat sich der Energiekonzern genauso wie Vattenfall von der Steinkohleverstromung zumindest in Deutschland verabschiedet.

Die Rechnung für die Betreiber von Steinkohlekraftwerken glich 2020 damit einem Trio infernale aus weniger Stromverkauf, höheren Produktionskosten und niedrigen Strompreisen. Der größte Betreiber von Steinkohlekraftwerken, die Essener STEAG, ist darüber zum Sanierungsfall geworden. Ihre wirtschaftliche

46 Die genaue Höhe ist nicht bekannt. Von RWE allerdings weiß man, dass 216 Millionen Euro für die Stilllegung der Kraftwerke in Ibbenbüren und Hamm flossen. Insgesamt wurden 317 Millionen Euro in der ersten Stilllegungsrunde gezahlt. Auf die neun anderen Kraftwerke, die einen Zuschlag für die Stilllegung erhielten, entfallen damit insgesamt noch 101 Millionen Euro. Wie diese verteilt werden, ist jedoch nicht öffentlich bekannt.

47 Anmerkung des Autors: In Sichtweite dieses Kraftwerkes bin ich aufgewachsen. Es thront förmlich auf einem Berg, und seine Silhouette mit einem 270 Meter hohen Schornstein ist noch 50 Kilometer weiter in Münster zu erahnen. Die Kohle für den Kraftwerksbetrieb wurde bis 2018 direkt unter dem Kraftwerk aus mehr als 1000 Meter Tiefe aus dem Boden geholt. Nicht zuletzt verdanke ich dieser mehrfach besichtigten Anlage mein Interesse an Energiethemen.

Neue Kohlekraftwerke seit 2010	Ort	Name	Nettonennleistung in MW	ca. Baukosten (Mio. €)	Betriebsstart	geplante Stilllegung
Braunkohle	Boxberg	Boxberg R	640	1000	2012	2038
Steinkohle	Duisburg	KW Walsum	725	820	2013	2021
Braunkohle	Grevenbroich	BoA 2	1060	1300	2012	bis 2038
Braunkohle	Grevenbroich	BoA 3	1060	1300	2012	bis 2038
Steinkohle	Hamburg	Moorburg A	760	1500	2015	2021
Steinkohle	Hamburg	Moorburg B	760	1500	2015	2021
Steinkohle	Hamm	Westfalen D	764	1500	–*	–
Steinkohle	Hamm	Westfalen E	764	1500	2014	2021
Steinkohle	Karlsruhe	Rheinhafen-Dampfkraftwerk	834	1300	2014	
Steinkohle	Lünen	Trianel Kohlekraftwerk Lünen	735	1400	2013	
Steinkohle	Mannheim	GKM	843	1300	2015	
Steinkohle	Wilhelmshaven	Kraftwerk Wilhelmshaven	731	1000	2015	
		gesamt	**9675**	**15 420**		

*Das Kraftwerk Westfalen D ging nie in Betrieb, da seine Turbine kurz vor Fertigstellung bei Reinigungsarbeiten schwer beschädigt wurde.

Quelle: Bundesnetzagentur, Wikipedia

Abbildung 6: Klima- und Milliardenirrsinn: Nach 2010 wurden noch etliche neue Kohlekraftwerke in Betrieb genommen. Die ersten davon sind schon wieder stillgelegt worden.

Situation war Anfang 2021 so prekär, dass sie einen Sanierungsexperten in die Geschäftsführung holte,* der den Einstieg der RAG-Stiftung in die Gesellschaft vorbereiten sollte. Für die Ruhrgebietsstädte Dortmund, Duisburg, Dinslaken, Bochum, Essen und Oberhausen sind das düstere Aussichten: Ihnen gehört über ihre Stadtwerke und eine Beteiligungsgesellschaft die STEAG. Eingestiegen waren die Kommunen erst 2010. Auch sie hatten die Geschichte von der Stromlücke geglaubt und vom Klimawandel noch nichts hören wollen.

Resterampe für Kraftwerke

Was geschieht nun mit den Kraftwerken, die nicht mehr gebraucht werden? Diejenigen, die im Rahmen des Kohleausstiegs eine Stilllegungsprämie erhalten, werden abgerissen oder bleiben möglicherweise für den Notfall noch auf Stand-by, in einer sogenannten Kapazitätsreserve. Bei jenen Anlagen, die nicht an den Ausschreibungen teilnehmen, ist die Aussicht hingegen weniger klar. Möglich, dass es den verbliebenen Steinkohlekraftwerken ähnlich ergeht wie den Braunkohlekraftwerken, die ehemals Vattenfall und nun LEAG gehören. Sie könnten früher oder später auf der Resterampe verkauft werden: an sogenannte End-of-Pipe-Unternehmen, die darauf spekulieren, dass sie eines Tages mit den fossilen Anlagen noch Geld verdienen können – sei es, weil sie daran glauben, dass die CO_2-Preise irgendwann wieder sinken, sei es, weil es nach dem Atomausstieg und im Zuge des Kohleausstieges doch noch zu einer Stromlücke kommt und die Anlagen zumindest tageweise wieder gebraucht werden. Oder sei es, weil ihre Angestellten derart viel politischen Druck erzeugen, dass der Staat Stilllegungsprämien für sie und die Unternehmen zahlt.

Doch die Wette könnte nicht aufgehen – nicht nur wegen des Urteils des Bundesverfassungsgerichts zur Klimaklage von Fridays for Future, sondern auch weil Brüssel beim Klimaschutz ernst macht. So rechnet die EU-Kommission in ihren Szenarien für das neue EU-Klimaschutzgesetz damit, dass der Stromsektor im Jahr 2030 etwa 60 bis 70 Prozent weniger CO_2 emittieren muss als 2015. Das aber geht nur, wenn der Kohleausstieg auch in Deutschland schneller erfolgt, als mit dem Kohlekompromiss 2019 beschlossen wurde, und das letzte Kraftwerk nicht erst 2038, sondern schon 2030 stillgelegt wird. Und führt man sich vor Augen, dass die EU den CO_2-Ausstoß vor allem zurückdrängen will, indem sie CO_2-Zertifikate stärker verknappt als bisher vorgesehen, dann werden deren Preise weiter steigen müssen – die rund 40 Euro pro Tonne von Anfang 2021 könnten sich sogar als billig erweisen. Für die meisten Steinkohlekraftwerke dürfte das der Todesstoß sein.

Die bittere Ironie an der Sache ist, dass es für diese Art von Kohleausstieg nie eine Kohlekommission und ein Kohleausstiegsgesetz gebraucht hätte – ebenso wenig wie die Hunderte von Millionen Euro aus Steuergeldern, die den Betreibern der Pleiteanlagen nun hinterhergeworfen werden. Damit wird der Kohleausstieg vor allem zu einem teuren Lehrstück darüber, wie Markteingriffe des Staates leicht zu höheren Kosten und schlechteren Ergebnissen führen – denn welcher Kohlekraftwerksbetreiber würde seine Anlagen weiterhin teure Kohle verbrennen und teures CO_2 erzeugen lassen, wenn er nicht die Erwartung haben könnte, dass er für das Beenden des unwirtschaftlichen Betriebs am Ende einen goldenen Handschlag erhalten könnte?

Das Braunkohleproblem

Doch es kommt noch schlimmer: Denn die eigentlichen Klimakiller sind die Braunkohlekraftwerke. Sie dominieren die Top 20 der klimaschädlichsten Kraftwerke Europas.* Sieben Anlagen davon stehen im Rheinischen Revier, in der Lausitz und im Mitteldeutschen Revier.

Die Anlagen stehen zwar samt und sonders auf der Stilllegungsliste des Kohlestrombeendigungsgesetzes.* Ihre Gesamtleistung liegt bei 17,5 Gigawatt, doch in den Jahren bis 2030 steht bislang lediglich Stilllegung von 7 Gigawatt an. Dabei handelt es sich um überwiegend kleine Anlagen, die auch ohne Kohleausstiegsgesetz allmählich ans Ende ihrer Lebensdauer gekommen wären. Die älteste – in Frechen gelegen – stammt aus dem Jahr 1959. Wenn sie Ende 2022 endgültig abgeschaltet wird, dann wird sie 63 Jahre gearbeitet haben. Die jüngste Anlage – in Jänschwalde – aus dem Jahr 1985 wird zum Zeitpunkt ihrer geplanten Abschaltung im Jahr 2028 eine Lebensdauer von 43 Jahren erreicht haben.[48]

48 Das letzte Braunkohlekraftwerk soll nach bisheriger Planung erst im Jahr 2038 abgeschaltet werden. Es ist das Kraftwerk im sächsischen Boxberg, dessen Block R erst im Jahr 2012 ans Netz ging.

Die erst vor gut zehn Jahren in Betrieb genommenen Anlagen in Neurath und Boxberg (Block R) werden ebenso wie das kurz vor der Jahrtausendwende gebaute Kraftwerk Boxberg Q erst 2038 abgeschaltet. Es handelt sich dabei um richtig große Anlagen mit Spitzenplätzen auf der Top-20-Klimakiller-Liste.

Die Verschrottung in den 2020er-Jahren haben sich RWE und LEAG im Zuge der Verhandlungen mit der Bundesregierung über das Kohleausstiegsgesetz vergolden lassen: 2,6 Milliarden Euro soll RWE für die Anlagen bekommen, die bis 2029 vom Netz gehen.* Bei der LEAG sind es 1,75 Milliarden Euro. Extraklima-schutz aus der Lausitz werden die Steuerzahler dafür kaum be-kommen. Denn auch den ursprünglichen Plänen der LEAG zu-folge wäre der Braunkohletagebau dort um das Jahr 2040 herum ausgelaufen,* wie ein Geschäftsplan aus dem Jahr 2016 zeigt. Statt-dessen halten die Milliarden, die eigentlich für den vorzeitigen Kohleausstieg gedacht sind, möglicherweise auch diese Klima-killer länger am Leben. Denn ähnlich wie Steinkohlekraftwerke sind auch Braunkohlekraftwerke längst keine Goldesel mehr für die Kraftwerksbetreiber. Eine Analyse des britischen Thinktanks Sandbag kam schon 2019 zu dem Ergebnis, dass die Betreiber der Kraftwerke bis 2022 einen Betriebsverlust in Höhe von 1,8 Mil-liarden Euro zu erwarten hätten.* Selbst die neuesten Anlagen würden in fast der Hälfte der Betriebsstunden Verluste einfahren. Denn auch bei ihnen schlagen steigende CO_2-Preise inzwischen immer größere Löcher in die Bilanzen – dass sie dadurch eines Tages förmlich implodieren, ist nicht ausgeschlossen.

Dieses Missverhältnis schmeckt auch der Europäischen Kom-mission nicht. Ihre Wettbewerbsbehörde hatte im November 2020 angekündigt, das Milliardenversprechen an die Braunkohlever-stromer genau unter die Lupe zu nehmen. Sollten sie darin eine ungerechtfertigte Subvention erkennen, so würde wohl kein oder zumindest weniger Geld Richtung Cottbus und Essen – Sitz der Konzernzentralen von LEAG und RWE – fließen. Der Ausstiegs-fahrplan selbst wäre davon nicht betroffen – wohl aber fehlten den Konzernen dann vielleicht die Mittel, um ihre Verluste aus dem

Platz	Land	Kraftwerk	Betreiber	Brennstoff	Leistung (MW)	Mio. t CO_2	Strom (TWh)	kg CO_2 je kWh	Anteil an deutschen Emissionen
1	Polen	Bełchatów	PGE	Braunkohle	5472	32,7	28,1	1,2	
2	Deutschland	Neurath	RWE	Braunkohle	4210	22,6	21,1	1,1	2,8%
3	Deutschland	Niederaußem	RWE	Braunkohle	2795	18,4	16,2	1,1	2,3%
4	Deutschland	Jänschwalde	LEAG	Braunkohle	2500	17,6	15,9	1,1	2,2%
5	Deutschland	Weisweiler	RWE	Braunkohle	2362	13,3	10,7	1,2	1,6%
6	Deutschland	Boxberg Werk IV	LEAG	Braunkohle	1470	11	10,5	1	1,3%
7	Deutschland	Schwarze Pumpe	LEAG	Braunkohle	1510	10,5	9,3	1,1	1,3%
8	Polen	Kozienice	ENEA	Steinkohle	2941	10,46	11,4	0,9	
9	Deutschland	Lippendorf	LEAG	Braunkohle	1782	8,9	9,3	1	1,1%
10	BG	Maritsa East 2	TPP	Braunkohle	1604	7,9	6,7	1,2	
11	Deutschland	Boxberg Werk III	LEAG	Braunkohle	1000	7,6	6,4	1,2	0,9%
12	Polen	Opole	PGE	Steinkohle	1532	7	4,8	1,5	
13	Griechenland	Dimitrios	ΔEH AE	Braunkohle	1456	6,8	4,4	1,6	
14	Polen	Połaniec	Enea Elektrownia Połaniec	Steinkohle	1882	6,8	8,7	0,8	
15	Bulgarien	TEC ContourGlobal Mar	Contour Global Maritsa East	Braunkohle	908	6	5,5	1	
16	Polen	Turów	PGE	Braunkohle	1488	5,5	5,1	1,1	
17	Niederlande	Eemshaven Centrale	RWE	Steinkohle	1580	5,4	7,2	0,8	
18	Belgien	Electrabel – Knippegroe	Electrabel	Gichtgas (Hochofen)	315	5,1	2,3	2,2	
19	Deutschland	Mannheim	Großkraftwerk Mannheim	Steinkohle	1983	4,9	5	1	0,6%
20	Spanien	Aboño 1	EDP	Steinkohle, Gichtgas (Hochofen)	904	4,9	3,1	1,6	

Quelle: European Topic Centre on Climate Change Mitigation and Energy (2020)

Abbildung 7: Die Top 20 der Klimakiller unter den EU-Kraftwerken

Betrieb der Kraftwerke zu kompensieren. Ein früherer Ausstieg aus dem schmutzigsten Energieträger würde damit wahrscheinlicher werden. Das wäre ein starkes Signal: zum einen an End-of-Pipe-Unternehmen und Finanzinvestoren, die damit gegen den Klimaschutz wetten und auf Milliarden vom Staat hoffen; zum anderen aber auch an Politiker wie den ehemaligen sächsischen Ministerpräsidenten Stanislaw Tillich, der 2018 und 2019 als Vorsitzender der Kohlekommission den Kohleausstieg mit seinen Milliardenentschädigungen verhandelt hat. Tillich hat sich nur einige Monate nach Abschluss der Verhandlungen zum Aufsichtsratsvorsitzenden der Mitteldeutschen Braunkohlengesellschaft wählen lassen, die ebenso wie die LEAG dem tschechischen Finanzinvestor EPH gehört.* Das Signal, das die EU-Kommission setzen könnte, würde lauten: Wir dulden keinen Schmu beim Klimaschutz, versucht es gar nicht erst.

Fazit

Halten wir fest: In den vergangenen zehn bis 15 Jahren wurden für 15 Milliarden Euro Kohlekraftwerke gebaut, deren Strom bald keiner mehr braucht und die deshalb abgeschrieben werden – auch zu Lasten des Steuerzahlers. Diese Kraftwerke werden nun mit Zahlung von vielen hundert Millionen Euro aus Steuermitteln stillgelegt. Weil viele der Steinkohlekraftwerke kaum noch in Betrieb sind, ist der Klimaschutzeffekt nicht allzu groß. Bei den Braunkohlekraftwerken wiederum sollen Uraltanlagen, die längst am Ende ihrer Lebensdauer angekommen sind und ebenfalls vielfach verlustträchtig arbeiten, sogar gegen eine Milliardenentschädigung abgeschaltet werden. In beiden Fällen fließt das Geld nicht etwa zweckgebunden in die Regionen oder in den Aufbau neuer Industrien, sondern in die Kassen der Konzerne, damit diese sich dem Diktum des Klimaschutzes beugen. Die Messe ist allerdings noch nicht gesungen, denn die EU-Kommission beäugt diese Art von Geldverschwendung kritisch.

Fossiler Epilog

Wir Steuerzahler werden wahrscheinlich auch dann noch für die Folgen der Braunkohleverstromung zahlen, wenn der letzte Braunkohlemeiler längst abgestellt wurde. Denn die tiefen Narben in der Landschaft, aus der die Bagger die Kohle geschürft haben, sind dann weder geschlossen noch verheilt. Ihre sogenannte Renaturierung wird nochmals viele Milliarden Euro verschlingen und Jahrzehnte dauern. An sich wäre das eine Pflicht und Aufgabe der Braunkohlekonzerne. Dafür müsste beispielsweise die LEAG Rückstellungen in Höhe von drei Milliarden Euro bilden, heißt es in einem Gutachten der Wirtschaftsprüfungskanzlei Cordes und Partner* für Greenpeace. Doch dieses Geld gibt es gar nicht: Es existiert nur bilanziell in Form von Unternehmenswerten der LEAG und müsste aus künftigen Gewinnen aus der Verstromung der Braunkohle oder aus einem Unternehmensverkauf erwirtschaftet werden. Doch wenn das Unternehmen wie in den vergangenen Jahren Verluste schreibt: Woher soll das Geld dann kommen? Die tschechische Muttergesellschaft EPH ist nicht zur Haftung verpflichtet, ebenso wenig wie der ehemalige Eigentümer der Tagebaue, Vattenfall. Wohl aber stehen die Länder Brandenburg und Sachsen in der Pflicht, einzuspringen und den Schlamassel aufzuräumen. Hier zieht ein Wirtschaftsskandal am Horizont auf.

Teil 2

Wie wir Land und Leben ändern werden

10 Wie wir unsere Häuser ohne Öl und Gas heizen und sie sowohl gemütlicher als auch wertvoller machen

Wohnen Sie in einem älteren Haus und heizen mit Öl? Dann stoßen Sie wahrscheinlich mehr als zehn Tonnen CO_2 im Jahr aus.* Oder haben Sie vielleicht das Glück, in einem sogenannten Passiv- oder Plusenergiehaus zu leben? Dann können Sie Wärme ohne Reue genießen, denn der CO_2-Ausstoß für Ihr warmes Wohnzimmer liegt nahe null. Leider ist die Zahl solcher Häuser in Deutschland sehr überschaubar, im Jahr 2019 wurden gerade einmal 94 von ihnen gebaut.[49]* Viel wahrscheinlicher ist deshalb, dass Sie in einem klimaschädlichen Gebäude leben. Von den rund 19 Millionen Wohnhäusern in Deutschland sind 17 Millionen mindestens zwanzig Jahre alt* und stammen aus einer Zeit, als Energieverbrauch und CO_2-Ausstoß noch keine so große Rolle spielten. Darunter sind die einfach gebauten Wohnblocks aus der Nachkriegszeit, als schnell Wohnraum für Millionen von Ausgebombten, von Geflüchteten und Vertriebenen gebaut werden musste; der Bungalow aus den 1960er-Jahren, als ein Liter Heizöl nur wenige Pfennig kostete; das denkmalgeschützte Fachwerkhaus aus dem 19. Jahrhundert mit undichten Fenstern. Im Mittel verbrauchen

---

49 In Luxemburg wurde hingegen schon 2017 das Passivhaus als Standard für neue Wohngebäude gesetzt – mehr als 30 Kilowattstunden Wärme pro Quadratmeter und Jahr dürfen sie nicht mehr verbrauchen. In Deutschland schreibt das Gebäudeenergiegesetz hingegen nur vor, dass neue Häuser nach «Niedrigstenergiestandard» errichtet werden müssen. Dieser gibt vor, dass ein neues Wohngebäude weniger als 51 Kilowattstunden pro Quadratmeter und Jahr verbrauchen muss, er ist also deutlich schlechter als die Regelung in Luxemburg.

Häuser, die vor 2002 gebaut wurden, mehr als dreimal so viel Energie wie Häuser, die seit 2016 gebaut wurden. Bei einem Baujahr vor 1982 kann es auch zehnmal so viel Energie sein. Und da fast alle diese Häuser mit Öl- oder Gaskesseln geheizt werden, werden sie anders als Häuser mit elektrischer Wärmepumpe nicht einfach von allein in den nächsten Jahren klimafreundlich werden.

Wenn Sie in einem dieser Häuser wohnen, dann sollten Sie sich darauf einrichten, in den kommenden 10 bis 15 Jahren größere Bauarbeiten zu starten. Die Europäische Kommission tut das auch, sie hat im Herbst 2020 eine Europäische Renovierungswelle ausgerufen: Bis 2030 sollen demnach europaweit jährlich zwei Prozent der alten Gebäude saniert werden.* In Deutschland sind wir derzeit nicht einmal bei der Hälfte.

Der Sanierungsdruck steigt

Schon heute schreibt das Gebäudeenergiegesetz den Eigentümern älterer Häuser vor, dass sie mindestens das Dach oder die oberste Geschossdecke dämmen müssen. Es bestimmt auch, dass eine Gas- oder Ölheizung[50] in vielen Fällen ersetzt werden muss, sobald sie 30 Jahre alt wird. Und auf lange Sicht werden Sie als Gebäudeeigentümer:in die Fenster überarbeiten oder erneuern müssen, oft werden auch die Außenwände der Häuser eine Isolierung brauchen – denn wenn größere Renovierungsmaßnahmen anstehen, muss die energetische Sanierung mitbedacht werden.

Die gute Nachricht ist: Sie müssen nicht zum Experten werden, es reicht, wenn Sie eine Gebäudeenergieberater:in damit beauftragen, einen individuellen Sanierungsfahrplan für Ihr Haus zu erarbeiten. Darin wird er oder sie aufführen, welche Sanierungsmaßnahmen zu Ihrem Gebäude passen, in welcher zeitlichen Abfolge sie sinnvollerweise ausgeführt werden, was sie in etwa kosten – und was sie für Ihre Klimabilanz bringen. Solche Sanie-

---

50 Sofern es sich nicht um eine Brennwert- oder Niedertemperaturheizung handelt.

rungsfahrpläne werden von der Bundesregierung großzügig gefördert, so dass Ihr Kostenbeitrag nicht mehr als 300 Euro beträgt. Mit dem Sanierungsfahrplan in der Hand können Sie dann in den kommenden Jahren nach und nach Sanierungsarbeiten beauftragen. Wenn diese besonders wirkungsvoll CO_2-Emissionen verhindern, zahlt der Staat davon einen großen Teil. Zuschüsse von bis zu 50 Prozent zu den Kosten sind vielerorts möglich. Auch hier wissen Gebäudeenergieberater:innen Bescheid, und Plattformen wie die gemeinnützige Beratungsgesellschaft www.co2online.de helfen ebenso.*

Wertvoller Status quo?

Doch treten wir kurz einen Schritt zurück und schauen uns an, was es eigentlich bislang bedeutet, unseren Gebäudebestand zu heizen – wovon wir uns also künftig lösen können. Viel Heizenergie zu verbrauchen und in einem ungedämmten Haus zu leben geht häufig einher mit zugigen Räumen im Winter, kalten Wänden und einem Mangel an Behaglichkeit. Um Heizöl zu bunkern, stellen wir uns große, stinkende Tanks in den Keller, der dadurch als Nutzfläche verloren geht. Unsere Städte und Gemeinden (also wir) durchziehen die Erde unter den Straßen mit gelben Gasrohren, die nur den Zweck haben, Heizenergie in die Häuser zu bringen. Rund 500 000 Kilometer sind sie zusammen lang.* Mehr als 500 Terawattstunden wurden 2018 per Tankwagen und Gasleitung in die Häuser gebracht. Das ist mehr als die Hälfte der in Deutschland verbrauchten Endenergie* und fast so viel Energie, wie das ganze Land in Form von Strom verbraucht. Rund 40 Milliarden Euro geben wir jährlich für Öl und Gas zum Heizen aus.* Ein Großteil des Geldes geht in den Import dieser Energieträger, fließt also aus Deutschland ab.

Man kann also nicht behaupten, dass die Art und Weise, wie der Großteil von uns aktuell heizt, besonders vorteilhaft ist. Zumal es eine attraktive Alternative gibt: Die gleiche Wärmemenge, die wir aktuell verheizen, ließe sich auch mit Wärmepumpen aus Strom erzeugen, mit einem Drittel der Energie, die in Form von

Öl und Gas verwendet wird, also rund 170 Terawattstunden. Zu einem sehr großen Teil ließe sich der dafür nötige Strom erneuerbar und klimafreundlich mit Wind- und Solaranlagen herstellen. Elektrische Wärmepumpen sind daher das Maß der Dinge, wenn es ums klimafreundliche Heizen geht.[51] Denn anders als zum Beispiel mit Sonnenkollektoren lässt sich damit ein Haus ganzjährig beheizen. Und anders als zum Beispiel mit Holzpellets oder mit Biogas betriebene Heizkessel verheizt man damit nicht Maisäcker oder Wälder.

In Neubauten gelingt das mit den Wärmepumpen schon gut. Im Jahr 2019 montierten die Installateure in Deutschland in knapp jedem zweiten neuen Haus in Deutschland ein solches Gerät.* Neubauten mit Wärmepumpen sind, was den Klimaschutz betrifft, auf der sicheren Seite. Würden alle Gebäude so energieeffizient sein wie sie, könnten wir unseren Heizwärmebedarf nochmals um fast drei Viertel reduzieren. Die 510 Terawattstunden Erdgas und Heizöl, die bislang für die Raumwärme in Deutschland nötig waren, ließen sich so durch weniger als 45 Terawattstunden Strom ersetzen – das sind nicht einmal zehn Prozent der jährlichen Stromproduktion Deutschlands und damit kein Problem. Dieses Ziel gilt es langfristig zu erreichen, dahin können all die individuellen Sanierungsfahrpläne in den kommenden Jahren führen. Ein Nebeneffekt wird sein, dass die Baubehörden anfangen, sich intensiv mit dem Bestand in ihren Städten und Bundesländern zu beschäftigen.

---

51 Eine zweite Frage ist, woher die Wärmepumpen die für ihren Betrieb nötige Umweltwärme beziehen: Saugen sie einfach Umgebungsluft an und kühlen diese für die Wärme im Innenraum ab? Sammeln sie Erdwärme mit einem Netz von Schläuchen unter dem Rasen ein? Oder speisen sie sich über die Wärme von Grundwasser oder über Erdwärmesonden, wofür tiefe Löcher gebohrt werden müssen?

Erst Wärmenetze erschließen alle Potenziale

Doch individuelle Lösungen an einzelnen Häusern schöpfen die Möglichkeiten für den klimafreundlichen Umbau oft nicht völlig aus. So sind Luft-Wasser-Wärmepumpen, die als große, graue Kisten vor vielen Neubauten stehen und die Umweltwärme in Form von Luft mit einem Ventilator ansaugen, zwar für Privatpersonen erschwinglich. Wasser-Wasser-Wärmepumpen aber, die ihre Umweltwärme über einen Brunnen aus dem Grundwasser beziehen, wären aus Klima- und Energiesicht besser; denn sie brauchen, übers Jahr gesehen, weniger Strom für die gleiche Menge Wärme. Das liegt daran, dass Boden- und Grundwassertemperatur insbesondere im Winter höher sind als die Lufttemperatur und insbesondere an besonders kalten Tagen mehr Energie zum Verdichten auf höhere Temperaturen liefern als die frostige Luft. Allerdings sind solche Wärmepumpen für Einzelne wegen der Brunnenbauarbeiten oft zu teuer, oder sie scheitern daran, dass die Wasserbehörden nicht wollen, dass in einer Siedlung mehrere solcher Brunnen auf engem Raum gebaut werden, und deshalb die Genehmigungen verweigern.

In größeren Gemeinschaften lassen sich solche Hindernisse jedoch überwinden. Das lässt sich zum Beispiel im ostwestfälischen Lemgo besichtigen. Die dortigen Stadtwerke haben eine Großwärmepumpe installiert, die Fernwärme für die Fachwerkhäuser im historischen Stadtkern liefert.* Die dafür nötige Umweltwärme stammt aus dem Abwasser des örtlichen Klärwerks* – es floss bisher mit einer Temperatur von 13 Grad Celsius in das Flüsschen Bega, die Wärmepumpe kühlt es nun um einige Grad ab und verdichtet seine Umweltwärme auf 82 Grad Celsius. Der eigentliche Charme von Fernwärmenetzen liegt jedoch darin, dass sich an die isolierten Rohrleitungen weitere Wärmequellen anschließen lassen.[52]

---

52 So speist in Lemgo ein Blockheizkraftwerk seine Abwärme ebenfalls ins

Die Pläne der ostwestfälischen Fachwerkstadt gehen aber noch weiter. Im Jahr 2020 erhielten etwa die Hälfte der rund 40 000 Einwohner ihre Heizwärme aus den unter den Bürgersteigen und Straßen verlegten Leitungen. Bis 2030 soll der Anteil auf 70 Prozent steigen. Dafür will die Kommune bis 2022 eine weitere Wärmepumpe bauen, die ihre Umweltwärme direkt aus der Bega bezieht, ebenso wird eine zwei Hektar große solarthermische Anlage gebaut. Wärmepumpen und Solarthermieanlagen gemeinsam sollen den Wärmebedarf der Stadt dann in drei bis vier Monaten im Jahr decken.

Für ein einzelnes Gebäude wäre eine solche Systemlösung gar nicht möglich. Planung, Kosten, Betrieb und Wartung würden die Möglichkeiten von uns Privatleuten schnell übersteigen. Solche Wärmesysteme lassen sich nur auf kommunaler Ebene ausarbeiten und erfordern viel Fachwissen. Kommunale Wärmepläne könnten die Städte und Gemeinden dazu verpflichten, an einer klimafreundlichen Wärmeversorgung zu arbeiten. In Dänemark waren sie ein Schlüssel zu einem Heizwärmesystem, das schon heute fast ohne Kohle und Gas auskommt.

Kommunen haben mit den Wärmenetzen auch eine einfache rechtliche Möglichkeit in der Hand, die Gebäude auf ihrem Terrain klimafreundlicher zu machen. Denn sie können die Bauherren dazu verpflichten, ihr Haus an ein Wärmenetz anzuschließen. Dieser Anschlusszwang ist eine der wenigen Möglichkeiten, die

Wärmenetz ein. Obendrein wird der Strom des Blockheizkraftwerkes dazu verwendet, die Wärmepumpe zu betreiben. Das mache, so heißt es aus Lemgo, die Wärme überhaupt erst wirtschaftlich, denn für den selbsterzeugten Strom fallen weder Umlagen noch Steuern und Abgaben an. Zugleich liefert diese Aussage jedoch auch einen Beleg für die Unsinnigkeit des derzeitigen Strompreissystems und dafür, wie überfällig dessen (in Kapitel 8 skizzierte) Reform ist. Denn klimafreundlich ist ein mit Gas betriebenes Blockheizkraftwerk natürlich nicht. Immerhin haben sich die Stadtwerke Lemgo aber darauf eingerichtet, ihre Wärmepumpe irgendwann einmal mit Wind- und Solarstrom zu betreiben.

ein Stadt- oder Gemeinderat hat, um zu bestimmen, wie in einem Neubaugebiet geheizt wird. So geschehen etwa im münsterländischen Mettingen, wo deshalb sogar ein Neubaugebiet umgeplant wurde.* Dort sollen in den kommenden Jahren rund 100 Häuser an ein sogenanntes kaltes Nahwärmenetz angeschlossen werden. Darin zirkuliert Grundwasser aus einem Brunnen und liefert Wärmepumpen in jedem der neuen Häuser die nötige Umweltwärme zum Heizen. Das spart für die Bauherren einerseits den Aufwand, selbst einen Brunnen für eine Grundwassersonde, einen Erdwärmekollektor oder einen Luftkühler zu bauen. Den Wärmepumpen verhilft er andererseits zu einem besonders effizienten Betrieb. Ein Vorteil dieser Lösung ist zudem: Im Sommer lässt sich die Sache auch rückwärts betreiben, dann liefern die Wärmepumpen Kälte ins Haus und führen Wärme in das Wärmenetz zurück. Dort kann sie dann in großen Speichern auch über Tage und Monate bis zur nächsten Kälteperiode aufbewahrt werden.

Fazit

In gewisser Weise nehmen uns sowohl Wärmenetze als auch Wärmepumpen die Sorge ab, wie wir klimafreundlicher werden. Denn das ist dann Sache derjenigen, die uns Strom und Wärme liefern – die gesetzliche Klimaziele erfüllen müssen, den Überblick über Förderprogramme haben und Wärmequellen anzapfen können, welche für einzelne Gebäude niemals infrage kämen. So könnte man auf den Gedanken kommen, dass dadurch die Notwendigkeit entfällt, dem eigenen Gebäude eine bessere Wärmeisolierung zu «spendieren» oder neue Fenster einzubauen. Und vielleicht geht diese Rechnung anfangs sogar auf. Doch je mehr Wärmepumpen wir zum Heizen einsetzen – da geht es perspektivisch um viele Millionen Geräte –, desto mehr Strom werden diese auch verbrauchen. Strom, für den dann neue Wind- und Solaranlagen gebaut werden müssen, neue Stromleitungen und auch Reservekraftwerke. Das kostet nicht nur (unnötig viel) Geld, es gefährdet auch die Akzeptanz der Energiewende. Deshalb führt

mittel- und langfristig kein Weg daran vorbei, Gebäude energie-
effizienter zu machen. Angesichts der derzeit hohen Förderung
für solche Maßnahmen, der programmierten Preissteigerungen
bei Heizöl und Erdgas sowie immer strengerer Vorschriften ist es
sinnvoll, nicht allzu lange damit zu warten. Auch weil es neben
dem Energiesparen ja noch ein, zwei andere Vorteile gibt: Ge-
dämmte Gebäude sind in der Regel deutlich behaglicher. Und sie
werden auf dem Immobilienmarkt mehr wert sein als ihre un-
sanierten Pendants.

Lauwarmer Epilog

Was in Deutschland noch vielfach den Charakter von Pilotprojek-
ten hat und deshalb (Beispiel Lemgo und Mettingen) im Rahmen
von Klimaschutzprogrammen der Bundes- und Landesregierung
gefördert wird, ist bei unserem Nachbarn Dänemark seit Jahrzehnten gang und gäbe. Das einstige Ölland hat sich nach der
zweiten Ölkrise 1979 von diesem fossilen Energieträger abge-
wandt. Infolgedessen sind heute fast zwei Drittel der dortigen
Haushalte an Fernwärmenetze angeschlossen, die Heizwärme dafür stammt schon heute zur Hälfte aus erneuerbaren Energien. Bis
2050 soll das ganze Land so klimafreundlich versorgt werden, Kopenhagen sogar schon 2025.* Ein Teil des dänischen Erfolgs beruht auf verpflichtenden kommunalen Wärmeplänen. Zuweilen
sind die Vorhaben dabei auch eine Nummer größer als in Lemgo:
In der Hafenstadt Esbjerg wird vom schweizerischen Anlagen-
bauer MAN Energy eine Megawärmepumpe errichtet. 50 Megawatt Wärmeleistung soll sie liefern, so viel wie bisher ein Kohlekraftwerk, das 2023 aus Klimaschutzgründen stillgelegt wird.
Damit werden dann 100 000 Einwohner mit klimafreundlicher
Energie versorgt werden.

11 Warum wir Elektroautos lieben werden und wie sie der Energiewende helfen können

Wer einmal ein Elektroauto gefahren hat, ist begeistert. Selbst kleine Autos sind erstaunlich durchzugsstark – im Stadtverkehr stößt man ans Tempolimit, sobald man das Gaspedal nur einmal etwas zu lange drückt. Im Wageninneren ist es dabei flüsterleise, und das Fahren ist einfacher, weil Kuppeln und Schalten entfallen – Stop-and-go vor der Ampel oder im Stau wird so zu einer halbwegs entspannten Angelegenheit. Selbst das Bremspedal wird nur selten gebraucht, weil man in der Regel schon durch einfaches Gaswegnehmen das Tempo drosseln kann. Fast fährt so ein Elektroauto von selbst – und im Falle von Tesla und anderen Fahrzeugen mit fortgeschrittenen Assistenzsystemen wird aus dem «fast» sogar ein «fast immer».

Zudem bieten Elektroautos mehr Platz, weil sie mit viel weniger Teilen gebaut werden können. Möglich ist das, weil ein Elektromotor die elektrische Energie in nur einem einzigen Arbeitsschritt kontinuierlich in Bewegungsenergie umwandelt – mit einem Rotor als einzigem beweglichen Teil. Dadurch werden Motoren möglich, die so klein sind, dass sie beinahe überall im Auto verbaut werden können: Ein moderner, 170 PS starker Elektromotor wiegt nur 14 Kilogramm* – weniger als ein Zehntel des Gewichts eines Benzinmotors.

Im Vergleich zu ihren Vorgängern sind sie damit äußerst elegant: Die Verbrennungsmaschinen im Auto brauchen drei Arbeitsschritte, die keine Energie freisetzen, um den einen Arbeitsschritt, der Energie freisetzt, auszuüben.[53] Wenn im Verbrennungsraum

53 Im Viertaktmotor saugt in Takt 1 ein Kolben mit einer Abwärtsbewegung

ein Gemisch aus Luft und Benzin oder Diesel explodiert, entstehen Temperaturen von bis zu 2500 Grad Celsius, Drücke von mehr als 100 bar und viel Lärm. Kurz, es handelt sich um eine Hölle unter der Motorhaube, die sich nur mit vielen Hilfsaggregaten kontrollieren lässt. Diese machen Verbrennungsmotoren nicht nur schwerer, sondern auch teuer, kompliziert und wartungsbedürftig. Rund 2500 Teile stecken in so einem Aggregat – zehnmal mehr als im Elektromotor. Ein solches Verschleißteil will man eigentlich nicht betreiben, wenn es sich vermeiden lässt. Wer gibt schon gerne einige hundert Euro im Jahr dafür aus, dass Motoröl, Kraftstofffilter, Zahnriemen, Wasserpumpe und vieles andere erneuert werden? Beim Elektroauto entfällt das weitgehend.

Sein Nachteil reist in Form einer großen Batterie mit, die einige hundert Kilogramm wiegt. Bei neueren Fahrzeugmodellen wird sie so eingebaut, dass sie den Schwerpunkt möglichst günstig beeinflusst – das verbessert das Fahrverhalten und lässt das Auto wie auf Schienen fahren. Zwar ist die Batterie streng genommen auch ein Verschleißteil, allerdings eines mit sehr langer Haltbarkeit. Toyota gibt deshalb auf die Batterie eine Garantie von einer Million Kilometer – eine Laufleistung, die so gut wie kein Auto mit Verbrennungsmotor in seinem Leben erreicht. Sollte das beim Elektroauto auch so sein (etwa weil viele Menschen irgendwann dem Marketing der Hersteller erliegen), könnte man auf die Idee kommen, der Batterie noch ein zweites Leben zu verschaffen. Dazu später mehr.

Luft in einen Zylinder. Mit einer Aufwärtsbewegung verdichtet der Kolben diese in Takt 2. In Takt 3, nachdem der Luft Treibstoff hinzugefügt wurde, wird das komprimierte Gemisch gezündet, die dabei entstehende Explosion beschleunigt den Kolben in eine Abwärtsbewegung. Dies ist der einzige Arbeitstakt. In Takt 4 schließlich stößt der Kolben in einer Aufwärtsbewegung das entstandene Abgas wieder aus.

Batterien werden günstiger, stärker und vielseitiger

Die Batterie war in den vergangenen Jahren das teuerste einzelne Bauteil im Elektroauto und hatte damit einen großen Anteil an der Wertschöpfung des Fahrzeuges. Doch wie im ersten Teil des Buches erläutert, werden die Batterien immer günstiger und immer leistungsfähiger. Beides erleichtert den klassischen Automobilherstellern die Umstellung auf Elektrofahrzeuge. Sie können damit ihr Kerngeschäft – die Entwicklung und Produktion von Autos – retten, ohne ein neues Kerngeschäft rund um die Entwicklung und Produktion von Batterien aufbauen zu müssen. Für uns Verbraucher heißt das, dass wir weiterhin unsere gewohnte Automarke fahren können. Zudem haben die Werkstätten und Autohändler mit Vertragsbindung an Autokonzerne so eher einen Anreiz, sich umzustellen, und können die eingespielten Kundenbeziehungen zu uns weiterpflegen. Die immer günstigere Batterie wird so zu einem Helfer bei der Umstellung eines langlebigen Kapitalstocks.

Zugleich werden wir wohl etliche neue Anbieter von Autos am Markt erleben, die Auswahl an Fahrzeugen wird deshalb zunehmen. Das ist ebenfalls eine Folge des einfachen Aufbaus von Elektroautos. Große Autozulieferer wie Bosch und Schaeffler haben bereits vorgefertigte Chassis im Angebot,* über die sich mit wenig Aufwand eine Fahrgastzelle stülpen lässt. Wir dürfen uns deshalb wohl nicht nur über mehr, sondern auch über günstigere Fahrzeuge freuen. Diese Konkurrenz wird das Geschäft weiter beleben.

«Aber die Reichweite? Aber der Preis?», werden Sie jetzt vielleicht einwenden. Bei beiden Punkten hat es seit Ende der 2010er-Jahre erstaunliche Entwicklungen gegeben. Elektrofahrzeuge, die 500 Kilometer und mehr schaffen, sind inzwischen häufiger zu sehen, Fahrzeuge mit Reichweiten von «nur» 250 bis 300 Kilometern markieren schon das untere Ende des Angebots. Sie werden mitunter für monatliche Leasingraten von deutlich weniger als 100 Euro angeboten (berücksichtigt ist darin die Umweltprämie von rund 9000 Euro, mit der Bundesregierung und Autohersteller den Absatz der Elektroautos fördern). Besuchen Sie einfach eine Vergleichsseite für Leasingangebote im Internet, um sich selbst ein Bild davon zu machen.

Das Elektroauto als Teil des Stromsystems

Die zuvor genannten Argumente sind an sich schon stark genug, um das Elektroauto zu einem Treiber des Klimaschutzes zu machen. Doch da geht noch mehr: Elektroautos können und sollten auch zu einem integrierten Teil unseres Stromsystems werden. Denn dort können sie erheblichen zusätzlichen Nutzen entfalten. Dieser wesentliche Unterschied zu Autos mit Verbrennungsmotor, die nur einen Nutzen haben, wenn sie bewegt werden, aber sonst ein unnützes Hindernis und ein Platzräuber in Städten sind, sobald sie stehen (und sie stehen in 95 Prozent der Zeit), ist in der öffentlichen Debatte um die Elektromobilität bisher viel zu kurz gekommen.

Und darum geht es: Elektroautos sind nicht nur Fortbewegungsmittel, sie sind auch riesige Stromspeicher auf Rädern – mit Batteriekapazitäten von 50 bis 70 Kilowattstunden übertreffen sie das Speichervermögen von gängigen häuslichen Solarstromspeichern um ein Vielfaches. Zugleich aber wird der Autospeicher im Alltag kaum gefordert, denn im Mittel legen Autos in Deutschland nur rund 30 Kilometer am Tag zurück – wenn es immer nur um diese Strecke ginge, dann würde es auch eine Batterie tun, die nur zehn Kilowattstunden Speichervermögen hat.

Die Frage ist also, wie wir das Speichervermögen der Elektroautobatterien nutzen können, wenn wir nicht gerade eine längere Reise unternehmen. Hierzu bieten sich gleich mehrere Möglichkeiten an. Grundvoraussetzung für alle ist, dass Elektroautos möglichst immer mit einer Ladesäule beziehungsweise einer Wallbox zu Hause oder am Arbeitsplatz verbunden sind – denn ohne Ladekabel keine Verbindung zum Stromnetz und damit kein Mehrwert.

Schauen wir uns die vier wichtigsten Perspektiven der Reihe

nach an. Für den Klimaschutz zwingend ist es, Elektroautos künftig immer dann zu laden, wenn viel Strom aus erneuerbaren Energien im Netz ist – nur der ist schließlich klimaneutral. Würde umgekehrt ein Kohlekraftwerk eigens dafür gestartet werden müssen, um Zigtausende von Elektroautos gleichzeitig mit Strom zu versorgen, so wären dessen CO_2-Emissionen, bezogen auf das einzelne Auto, in etwa so groß wie mit einem herkömmlichen Dieselfahrzeug. Das klimafreundliche Elektroauto würde zur Chimäre.

Das Problem löst sich in Luft auf, wenn Elektroautos möglichst oft und lange am Stromnetz hängen und immer in jenen Stunden laden, wenn Strom günstig ist, weil wir gerade viel davon haben. Die entsprechenden Ladealgorithmen kennen wir schon vom Smartphone: Hängen wir es nachts ans Ladekabel, so lädt es nicht möglichst schnell am Stück durch, sondern so, dass die Batterie geschont wird. Gleichzeitig «weiß» es aber, wann wir es wieder brauchen, und sorgt dafür, dass es beim Aufstehen wieder voll ist. Auch Elektroautos werden unsere Gewohnheiten und unsere digitalen Kalender kennen – und sich danach richten.

Für solche Ladestrategien ist der Ausbau der Ladeinfrastruktur äußerst wichtig. Hier geht es vor allem um private Ladesäulen in den Tiefgaragen von Wohnanlagen, auf dem eigenen Grundstück und am Arbeitsplatz – dort also, wo Autos typischerweise lange ungenutzt stehen und keinen öffentlichen Raum beanspruchen. Ladesäulen an den Straßenrändern hingegen sind eine zweischneidige Sache: Einerseits können Laternenparker überhaupt nur damit am gesteuerten Laden teilnehmen und so einen Nutzen für das Stromsystem bieten. Andererseits leisten die Ladesäulen keinen Beitrag zur Verschönerung der Städte und lösen auch nicht die Parkplatzprobleme in dicht besiedelten Stadtteilen – ganz im Gegenteil. Wer auf ein eigenes Auto verzichten kann und stattdessen Car-Sharing-Autos sowie Busse und Bahnen nutzt, ist daher auch in einer elektromobilen Welt auf nachhaltigeren Wegen unterwegs.

Die nächste Stufe des netzdienlichen Ladens besteht darin, das

Elektroauto im Carport mit der Solarstromanlage auf dem Dach zu verbinden. Bei Sonnenschein lädt diese dann die Batterie auf – entsprechende Systeme sind bereits am Markt erhältlich. Was an einem sonnigen Frühlingstag aus einer modernen Photovoltaikanlage auf einem durchschnittlichen Einfamilienhausdach an Strom herauskommt, reicht aus, um eine große Elektroautobatterie einmal vollzuladen – und das zu deutlich geringeren Kosten als mit Strom aus dem Netz. So macht klimaneutrale Mobilität dann auch noch finanziell Spaß. Dieser Vorteil wird jedoch schrumpfen, wenn das System der Strompreise (wie in Kapitel 8 beschrieben) reformiert wird.

Der nächste etwas größere Schritt wäre es, den Solarstrom nicht nur zum Fahren zu speichern, sondern ihn mithilfe des Elektroautos in die Nacht zu retten. Hierzu sind Elektroautos und Wallboxen nötig, die Strom auch wieder ins Hausnetz einspeisen können. Die Autos einiger französischer und japanischer Hersteller können das bereits.* Sie laden über den sogenannten CHAdeMO-Standard, Nissan wirbt sogar offensiv mit dem bidirektionalen Laden.* Die Stecker des in Deutschland verbreiteten Combined-Charging-Systems sind jedoch bisher nicht dafür ausgelegt. Auch bewegte sich bei dem Thema hierzulande abgesehen von Pilotversuchen lange Zeit eher wenig. Volkswagen will allerdings von 2022 an seine Fahrzeuge mit diesem Feature ausstatten.* Eine volle Autobatterie könnte dann die Stromversorgung eines Hauses mühelos mehrere Tage lang sicherstellen. Sogar die zusätzliche Last durch Wärmepumpen könnte sie mehrere Stunden lang decken.

Die Kür wäre es schließlich, wenn das Auto nicht nur auf das Stromangebot auf dem Dach, im Netz und die Stromnachfrage im Haus reagierte, sondern zum aktiven Bestandteil des Stromnetzes würde. Technisch ist das kein allzu großer Schritt von der Nutzung des gespeicherten Stroms unter dem eigenen Dach. Denn wer Strom für das häusliche Netz liefern kann, der kann ihn auch ins öffentliche Netz einspeisen. Allerdings mangelt es bisher an einer Koordinierung: Woher soll das Signal zum Entladen kommen, woher das Signal zum Laden? In Deutschland fehlen hierfür noch einfache Regelungen, wohingegen in den Niederlanden,* aber auch im US-Bundesstaat Delaware solche Ladesäulen bereits betrieben werden.

Gleichwohl dürfte dieser Entwicklungsschritt auch bei uns vor allem eine Frage der Zeit sein, denn die Möglichkeiten, die sich aus der Vollintegration der Elektroautos ins Stromsystem ergeben, sind gewaltig: Schon eine Million Elektroautos – ursprünglich das für 2020 ausgerufene Ziel der Bundesregierung – könnten für einige Stunden lang so viel Strom liefern wie fünf sehr große konventionelle Kraftwerke. Ihre Batterie würde dabei nicht nennenswert entladen. Auch Regelleistung, die nötig ist, um das Stromsystem stabil zu halten, lässt sich auf diesem Weg bereitstellen. Elektroautos würden damit auch einen Beitrag zu mehr Resilienz im Stromsystem leisten, die umso wichtiger wird, je mehr Strom zu unserer Leitenergie wird. Gleichwohl haben weder Bundesnetzagentur noch Bundesregierung lange Zeit erkennen lassen, dass sie diesen Mehrwert von Elektroautos nutzen wollen – wohl auch, weil er zu Lasten der Betreiber von Stromnetzen und der großen Produzenten von Strom gehen würde.* Denn hier stehen den alten langlebigen Kapitalstöcken, die für Klimaschutz nötig sind, neue langlebige Kapitalstöcke, die noch besseren Klimaschutz ermöglichen, gegenüber. Politisch ist das eine echte Zwickmühle.

Fazit

Moderne Elektroautos sind freundlich: zum Klima, zum Geldbeutel, zur Fahrer:in und zum Stromsystem. Man kann deshalb vermuten, dass sie sich ähnlich schnell durchsetzen wie vor rund 15 Jahren das Smartphone, das unsere Möglichkeiten und unsere Lebensweise gänzlich verändert hat. Zugleich hat das Smartphone sowohl die alten Handys als auch das Festnetztelefon und sogar die stationären Computer nachhaltig entwertet. Ähnliches kann das Elektroauto auch bewirken. Wer sein Fahrzeug mit Verbrennungsmotor nicht bis zu dessen Ende fahren möchte, der

sollte sich deshalb besser mit dem Gedanken anfreunden, es eher
schnell zu verkaufen. Denn wenn die Elektroautowelle erst einmal
rollt, dann werden Fahrzeuge mit Verbrennungsmotor mehr und
mehr unverkäuflich werden.

Mobiler Epilog

In den vergangenen Jahren haben sich Stimmen gemehrt, die kri-
tisieren, dass Elektroautos gar nicht so gut für die Umwelt seien,
wie immer behauptet werde. Denn insbesondere die Herstellung
der Lithiumbatterien verschlinge große Mengen Energie und sei
nicht nur auf Lithium, sondern auch auf erhebliche Mengen anderer seltener und wertvoller Rohstoffe wie Kobalt, Mangan und
Kupfer angewiesen. Der Bedarf an diesen Materialien vervielfacht
sich in der Tat mit dem Siegeszug der Elektroautos. Vorschläge für
die nachhaltige Produktion von Batterien gibt es schon länger, das
betrifft insbesondere die Gewinnung von Lithium, die viel Wasser
verschlingt. Die großen Batteriehersteller arbeiten deshalb daran,
den Anteil der kostbaren Rohstoffe zu vermindern oder diese
Materialien durch andere Stoffe zu ersetzen. Das hilft nicht nur
dabei, Nachhaltigkeitssternchen zu sammeln, sondern vermindert auch die Herstellungskosten der Batterien, es gibt damit einen handfesten wirtschaftlichen Anreiz.

Vergessen sollte man jedoch auch nicht, dass die Batterien von
Elektroautos oft auch dann noch einen Wert haben, wenn Chassis
und Karosserie um sie herum längst Schrott sind: Sie können
weiterhin Strom laden und entladen. Schon heute werden daher
Second-Life-Batterien aus alten Elektroautos in großen Batterie-
speicherkraftwerken eingesetzt. Bislang stammen sie von einigen
tausend ausgemusterten Fahrzeugen. Doch sobald jährlich Hun-
derttausende von Elektroautos aus dem Verkehr genommen werden, dürfte das Angebot an Batterien gigantisch werden. Damit
könnten dann Speicherkraftwerke in solchen Mengen gebaut werden, dass die Wetterabhängigkeit von Sonnen- und Windstrom
endgültig beseitigt sein dürfte.

Sind die Batterien dann nach etlichen tausend Ladezyklen tatsächlich am Ende ihrer Lebensdauer angekommen, können die in ihnen verbauten Rohstoffe zu einem sehr großen Teil wiederverwendet werden. Volkswagen hat Anfang 2021 eine Recyclinganlage in Betrieb genommen, die jährlich 1500 Tonnen Batterien verarbeiten kann – 90 Prozent der Rohstoffe daraus kann sie für neue Batterien zurückgewinnen, das heißt kiloweise Kobalt, Nickel, Mangan und Lithium. Einen solchen Kreislauf gibt es bei mit Benzin oder Diesel betriebenen Fahrzeugen nicht – was einmal in ihren Motoren verbrannt wurde, ist für immer verloren.

Doch wie bei den Stromnetzen hinkt die Politik auch beim Recycling hinterher: Die bisherigen Recyclingvorschriften stammen aus dem Jahr 2006;* sie werden schon erfüllt, wenn die Hälfte des Materials der 400 bis 700 Kilogramm schweren Batterien wiederverwertet wird. Eingesammelt werden so vor allem jene Stoffe, die sich leicht separieren lassen – das sind vor allem Kunststoffe, Aluminium, Stahl und Kupfer. Die teuren seltenen Elemente fallen hingegen schnell durchs Raster und wandern auf den Müll. Nach marktwirtschaftlichen Kriterien würden sie erst dann recycelt, wenn das günstiger ist als die Beschaffung von frischen Rohstoffen auf dem Weltmarkt. Eine Recyclingpflicht, die dem Stand der Technik entspricht, gehört daher weit oben auf die politische Agenda.

12 Warum wir keinen Wind- und Solarstrom bestellen können – und wie sich das ändern lässt

Es klingt merkwürdig: In Deutschland, dem Land der Energiewende, das in weniger als 15 Jahren den Anteil erneuerbarer Energien von 10 auf mehr als 45 Prozent hochgeschraubt hat, wo mehr als 1,5 Millionen Solaranlagen auf den Dächern kleben und rund 30 000 Windkraftanlagen in der Landschaft stehen – in diesem

Deutschland können Sie den Ökostrom dieser Anlagen so gut wie nie kaufen.*

Wenn Sie mit der Absicht, sich klimakorrekt zu verhalten, einen Grünstromtarif bei Ihrem Stadtwerk oder bei einem der großen Stromanbieter gebucht haben, dann bekommen Sie fast immer das Gleiche wie Ihr Nachbar, dem Klimaschutz vielleicht egal ist und der daher auf Ökoprodukte verzichtet. Als Physiker:in würden Sie jetzt vielleicht sagen, dass Strom unterschiedlicher Quellen sich sowieso untrennbar vermischt – wie in einem Stromsee, der sich aus den Elektrizitätslieferungen aller Kraftwerke speist und an dessen Ufern überall kleine Mengen entnommen werden. Genauso korrekt ist es zu argumentieren, dass Elektronen immer den kürzesten Weg vom Erzeuger zum Verbraucher nehmen – und «Ihre» Elektronen daher wohl oder übel aus der gleichen Quelle stammen wie die von Ihrem Nachbarn. Entscheidend ist aber, welcher Strom Ihnen bilanziell zugerechnet werden kann: Speist irgendwo im Land eine Wind- oder Solaranlagen eine gewisse Menge Strom ins Netz ein, weil Sie genau in diesem Moment diese Menge an Wind- oder Solarstrom haben wollen? Hat Ihr Stromversorger dafür Verträge mit den Betreibern der Wind- und Solarkraftwerke über die Lieferung von Ökostrom geschlossen? Die Antwort darauf lautet fast immer «nein».

Das liegt gar nicht so sehr an Ihrem Stromanbieter. Denn selbst wenn dieser guten Willens ist, hätte er es unglaublich schwer, Ihren Wunsch zu erfüllen. Nicht nur, weil damit ein sehr großer informationstechnischer Aufwand verbunden ist. Sondern vor allem, weil die Architektur unseres Stromsystems dafür bisher nicht ausgelegt ist.

– An der Strombörse spielt es keine Rolle, welches Kraftwerk Strom liefert, um die Nachfrage zu decken – die Verkäufer wissen nicht, an wen sie verkaufen, die Käufer nicht, von wem sie kaufen.

– Das Standardlastprofil für Ihren Haushalt entspricht nicht Ihrem persönlichen Stromverbrauch, sondern ist nur Ihr statistischer Beitrag zum Stromverbrauch aller Haushalte in Ihrem

Entwicklungen der Stromerzeugung aus erneuerbaren Energien

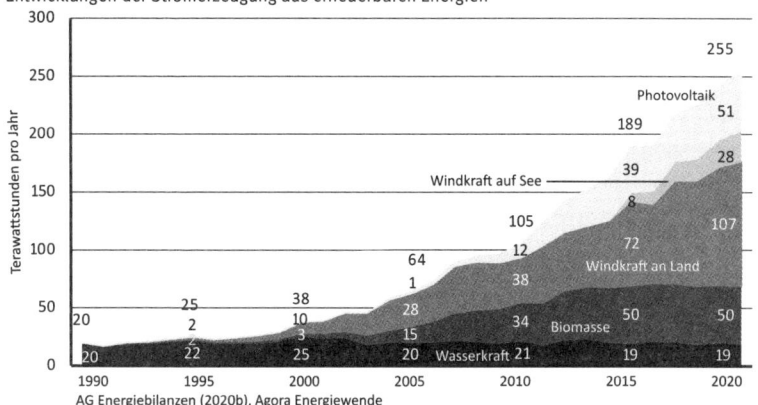

AG Energiebilanzen (2020b), Agora Energiewende

Abbildung 8: Das EEG hat in den vergangenen Jahrzehnten zu einem groß-flächigen Ausbau von Wind- und Solarenergie geführt. Direkt kaufen lässt sich deren Strom nicht.

Ort. Ihr Stromanbieter hat daher keine Chance, genau Ihren Stromverbrauch mit dem zu treffen, was er an Ökostrom ein-kauft.

– Wind- und Solaranlagen, die noch keine 20 Jahre alt sind, können ihren Strom nicht zugleich gegen eine feste Einspeise-vergütung nach dem EEG ins Netz einspeisen und als Öko-strom anbieten. Warum das so ist, lesen Sie weiter unten. Wich-tig an dieser Stelle ist, dass die Anlagen nicht gebaut worden wären, wenn sie sich durch den Verkauf von Ökostrom auf dem Markt hätten rechnen sollen (das merken Sie schon daran, dass Ökostrom bei Ihrem Stromanbieter kaum mehr kostet als «normaler» Strom – woher sollte hier das Geld kommen, das den Anlagenbetreibern die EEG-Vergütung ersetzen sollte?). Die Einspeisevergütung war zumindest bisher das wirtschaftli-che Fundament der Energiewende.[54]

54 Der Strom von den meisten Windkraftanlagen in Deutschland wird inzwi-

Derzeit nicht lieferbar:
grüner Strom aus deutschen Landen

Hinter dem, was Sie als Ökostrom kaufen, steckt daher mit großer Wahrscheinlichkeit grauer Strom, den erst Ihr Stromanbieter ergrünen lässt. Grauer Strom hat den Vorteil, dass er überall herkommen kann – aus Windenergieanlagen genauso wie aus Gas-, Kohle- und Atomkraftwerken. Es ist der Strom, der im Stromsee der Strombörse zusammenfließt und sich dort vermischt. Um grauen Strom in grünen Strom zu verwandeln, verwenden die Stromhändler sogenannte Grünstromzertifikate. Diese dokumentieren, dass irgendwo in Europa eine Kilowattstunde grünen Stroms produziert wurde – erzeugt werden diese auch «Herkunftszertifikate» genannten Nachweise von nationalen Ausgabestellen im Auftrag der Kraftwerksbetreiber. Mit Ihrer verbrauchten Kilowattstunde haben sie zunächst nichts zu tun, denn die Zeitpunkte der Ausgabe der Zertifikate und ihrer späteren Entwertung stehen in keinem direkten Zusammenhang. Bei einer Echtzeitlieferung von Ökostrom müsste das allerdings so sein – wie sollte man sonst behaupten können: «Läuft mit 100 Prozent Ökostrom?»

Über dieses Auseinanderfallen könnte man vielleicht hinwegsehen, wenn Ihr Wunsch, die Energiewende und den Klimaschutz durch den Kauf von Ökostrom zu unterstützen, in den Bau von neuen Wind- und Solaranlagen münden würde. Tatsächlich aber sind durch den Verkauf von Grünstromzertifikaten bisher keine neuen Kraftwerke entstanden. Dafür sind die Erlöse aus den

---

schen über zwei Zahlungswege vergütet: zum Ersten über den Verkauf im Rahmen der sogenannten Direktvermarktung, etwa an der Strombörse. Der Erlös dort entspricht in etwa dem normalen Großhandelspreis, der auch für fossilen Strom gezahlt wird. Zum Zweiten erhalten die Betreiber die sogenannte Marktprämie, einen Aufschlag auf den Großhandelspreis. Beide Beträge addieren sich auf eine Summe, die in etwa der im EEG festgelegten Einspeisevergütung entspricht und daher eine ähnliche wirtschaftliche Sicherheit bietet.

Zertifikaten viel zu gering, sie liegen seit Jahren bei wenigen zehntel Cent je Kilowattstunde. Profitiert haben hingegen Kraftwerke, die teilweise schon seit Jahrzehnten in Betrieb sind und aus einer Zeit stammen, als es das Wort «Energiewende» noch gar nicht gab. Hierbei handelt es sich vor allem um Wasserkraftwerke. Für sie ist das Geld aus dem Verkauf der Grünstromzertifikate eine willkommene Zusatzeinnahme.

Keine Grünstromzertifikate aus EEG-Anlagen

Die Grünstromzertifikate gehen zurück auf eine EU-Regelung aus dem Jahr 2002, der zufolge ein Erneuerbare-Energien-Kraftwerk nicht nur Strom produziert, sondern als ideelles Nebenprodukt auch Grünstromzertifikate, die separat gehandelt werden können. Dazu meldet der Kraftwerksbetreiber sie in einem der im European Energy Certificates System (EECS) zusammengeschlossenen Herkunftsnachweisregister an und verkauft sie später an die Stromlieferanten weiter. Damit Ihr Stromanbieter Ihnen Ökostrom verkaufen kann, muss er sich also Grünstromzertifikate besorgen. Nachdem Sie den Strom verbraucht haben, lässt Ihr Anbieter die Grünstromzertifikate wieder im Herkunftsnachweisregister löschen. Fast 100 Terawattstunden Strom wurden 2017 auf diese Art und Weise in Deutschland zu Ökoenergie* – etwa ein Sechstel des gesamten deutschen Stromverbrauchs und etwas weniger als die gesamte Stromproduktion der deutschen Windenergieanlagen zu jener Zeit.*

Rechnerisch sähe es also gar nicht so schlecht aus für Ihren Ökostrom aus deutschen Landen. Doch für den Strom aus den EEG-geförderten Wind- und Solarenergieanlagen zwischen Nordsee und Alpen werden keine Grünstromzertifikate ausgestellt. Der Grund dafür liegt in einer anderen EU-Regelung, die sich im Erneuerbare-Energien-Gesetz «Doppelvermarktungsverbot» nennt.* Es besagt, dass die grüne Eigenschaft von Strom aus Erneuerbare-Energien-Anlagen nicht zweimal verkauft werden darf. Denn das würde nicht nur wie eine doppelte Förderung wirken, durch die nicht eine einzige Kilowattstunde klimafreundlichen Stroms zusätzlich produziert wird. Eine Doppelvermarktung würde auch dazu führen, dass wir zwar EEG-Umlagen auf jede Kilowattstunde verbrauchten Stroms zahlen müssten, aber nichts mehr von dem damit produzierten Ökostrom aus Wind und Sonne in unserem Strommix sehen würden – denn diese Eigenschaft hätte ja schon jemand anderes in Form des Zertifikats weggekauft.

Wegen des Doppelvermarktungsverbots liefern hierzulande bislang lediglich alte Wasserkraftwerke, die keine Einspeisevergütung nach dem Erneuerbare-Energien-Gesetz erhalten, sowie manche Müllverbrennungsanlagen, die zu einem gewissen Teil Strom aus der Biomasse im Müll gewinnen, Grünstromzertifikate im nennenswerten Umfang.* Inwieweit man Strom aus verbranntem Müll für grün hält, ist eine andere Sache.

Schließen Sie daraus jetzt aber nicht, dass Sie eigentlich keine Chance haben, echten Ökostrom zu *kaufen*, denn das Gegenteil ist der Fall. Sie können echten Ökostrom nur nicht eigens bei Ihrem Stromanbieter *bestellen*. Aus Ihrer Steckdose kommt er längst in erklecklichen Mengen: Für das Jahr 2020 ist auf Ihrer Stromrechnung unter der Überschrift «Stromkennzeichnung» zu lesen, dass der von Ihnen bezogene Strom zu 64 Prozent aus nach dem Erneuerbare-Energien-Gesetz geförderten Anlagen besteht, auch wenn Sie gar keinen Ökostromtarif gebucht haben. Dafür haben Sie 2020 mit jeder verbrauchten Kilowattstunde 6,76 Cent EEG-Umlage plus Mehrwertsteuer bezahlt.

Wie aber passt ein Erneuerbarer-Energien-Anteil von 64 Prozent in Ihrem Strom zu der Angabe, dass erneuerbare Energien am deutschen Strommix des Jahres 2020 einen Anteil von 46,2 Prozent hatten – ist das kein Widerspruch? Erklären lässt sich diese Differenz damit, dass nicht alle Stromverbraucher genauso viel EEG-Umlage zahlen wie Sie, die anderen Haushalte, Geschäfte oder kleine Dienstleister und mittlere Unternehmen. Industrieunternehmen tragen umso weniger zur Finanzierung der Energiewende bei, je mehr Strom sie verbrauchen. Manche zahlen je Kilowattstunde nur Zehntel-Cent-Beträge für das EEG.

Da ist es nur gerecht, wenn auf deren Stromrechnung dann auch weniger Erneuerbare-Energien-Strom ausgewiesen wird – auf unserer hingegen entsprechend mehr.

Zertifikate aus ganz Europa

Wenn Sie einen Ökostromtarif gebucht haben, so werden Ihnen die übrigen 36 Prozent Ihres Stromverbrauchs auf Ihrer Stromrechnung als «sonstige erneuerbare Energien» ausgewiesen. Das sind die Strommengen, für die Ihr Stromanbieter Zertifikate gekauft hat. Sollte Ihr Strom das «Grünstromlabel» tragen, so verspricht Ihr Anbieter, dass er passend zu den Herkunftsnachweisen auch den damit verbundenen Strom kauft – angesichts des knappen inländischen Angebots importiert er diesen bisweilen auch. Bei sehr, sehr wenigen Anbietern stammen die 36 Prozent «sonstige erneuerbare Energie» sogar aus neueren deutschen Wind- und Solaranlagen. In seltenen Fällen zweigen deren Betreiber einen Teil des Wind- oder Solarstroms ab und bieten ihn direkt den Stromanbietern inklusive der grünen Eigenschaft an – das ist dann tatsächlich richtiger Ökostrom aus deutschen EEG-Anlagen. Der Nachteil für die Anlagenbetreiber: Sie erhalten für diese Strommengen keine EEG-Förderung, sondern sind darauf angewiesen, dass die Stromkund:innen den Wert dieser besonderen Elektrizität auch zu schätzen wissen und entsprechend bezahlen. Es ist also eine Sache für Idealisten.

Das harte Business sieht so aus, dass Stromanbieter sich in ganz Europa nach Grünstromzertifikaten umschauen und diese auf grauen Strom kleben. Fündig werden sie vor allem in Norwegen, in der Schweiz und in Österreich – die dortigen, oft jahrzehntealten Wasserkraftwerke spucken reichlich Zertifikate aus. In dem Moment, wo zum Beispiel ein norwegisches Zertifikat bei uns 1000 Kilowattstunden Kohlestrom in 1000 Kilowattstunden Ökostrom verwandelt, verschwindet die grüne Eigenschaft des Stroms in seinem Herkunftsland, und er wird auf dem Papier zu Kohlestrom. Durch den schlichten Tausch der Eigenschaften des Stroms hatten die Norweger im Jahr 2018 einen Strommix, der zu mehr als 50 Prozent aus Kohle-, Gas- und Atomstrom bestand* – obwohl es auf dem norwegischen Festland kein einziges Kohle- oder Atomkraftwerk gibt.

Zwischenfazit

Halten wir fest: Elektrizität, die mit Grünstromzertifikaten in Ökostrom verwandelt wird, spielt für den Ausbau der erneuerbaren Energien und damit für den Klimaschutz bisher keine Rolle. Alle Anlagen, die klimafreundlichen Strom liefern, den wir bislang als Ökostrom kaufen können, waren entweder sowieso schon da – wie etwa alte Wasserkraftwerke und auch die aus der EEG-Vergütung fallenden Windstromanlagen –, oder sie wären fast immer auch ohne jede Ökostromvermarktung gebaut worden, weil das EEG das viel mächtigere Förderinstrument ist. Auch im Ausland werden durch den Verkauf von Ökostromzertifikaten keine neuen Anlagen gebaut. Die Einnahmen aus dem Handel mit den Herkunftsnachweisen sind vor allem Windfall-Profits – sie fallen den Kraftwerksbetreibern in den Schoß, ohne dass sie viel dafür tun müssen.[55]

---

55 Einen kleinen Effekt auf den Ausbau der erneuerbaren Energien gab es nur, weil die besseren Ökostromanbieter sich verpflichteten, einen Teil der Einnahmen aus ihren Stromverkäufen in den Bau von neuen Erneuerbare-Energien-Anlagen zu investieren. Die Elektrizitätswerke Schönau (EWS), einer der ersten unabhängigen Stromanbieter in Deutschland, haben beispielsweise lange Zeit eine kleine Menge Strom aus neuen Solaranlagen ihrer Kunden zusätzlich mit sechs Cent vergütet. Die Anlagenbetreiber erhalten darüber jährlich 40 bis 50 Euro zusätzlich zur Einspeisevergütung der Netzbetreiber. Das sollte den Bau von Solaranlagen anschieben. Hier kann man tatsächlich nicht sagen, ob diese Anlagen auch ohne solche Impulse gebaut worden wären. Ähnliches gilt für Wind- und Solaranlagen, die solche Stromanbieter errichten, um deren Strom dann nach dem EEG vergütet zu bekommen. Um dennoch einen grünen Mehrwert zu liefern, investieren die besseren Ökostromanbieter einen Teil ihrer Einnahmen in ökologische Projekte, zum Beispiel Bildungsangebote oder Maßnahmen für mehr Energieeffizienz.

Strom aus Ex-EEG-Anlagen kommt auf den Markt

So weit die schlechten Nachrichten aus der Vergangenheit. Die gute Nachricht für die Zukunft lautet, dass das Angebot von echtem Ökostrom aus deutschen Landen in den nächsten Jahren größer wird. Denn immer mehr Wind- und Solaranlagen der ersten Jahre fallen aus der EEG-Förderung und werden damit nicht mehr durch das Doppelvermarktungsverbot am Zertifikatedrucken gehindert. Greenpeace Energy bietet jetzt schon solchen Strom an.* Auch dabei handelt es sich aber um Anlagen, die schon seit mehr als 20 Jahren existieren. Für sie kann der Grünstrombonus das Zünglein an der Waage sein, durch das sich der Weiterbetrieb dieser Anlagen rechnet und das sie vor dem Abriss rettet.

Vier Optionen für klimafreundlichen Industriestrom

Aus einer Richtung, die bisher nicht dafür bekannt war, ein übermäßiges Interesse an Ökoprodukten zu haben, wird die Nachfrage nach echtem Ökostrom jedoch größer: aus der Industrie. Dies könnte sich noch als echter Treiber für den gesamten Erneuerbare-Energien-Ausbau erweisen. Denn sowohl Kapitalmarkt als auch die EU und das Klimaschutzgesetz verlangen der Industrie ab, immer klimafreundlicher zu wirtschaften. Vier Optionen kommen für sie in Betracht, und eine davon führt tatsächlich zu einem Zubau Erneuerbarer-Energien-Anlagen. Die anderen drei sind mehr oder weniger gute Verschiebebahnhöfe – und haben große Ähnlichkeit mit den zuvor in diesem Kapitel beschriebenen Ökostromangeboten für Haushalte.

1. Option: Industriestrom aus alten EEG-Anlagen

Die erste Option besteht darin, dass der Industrie mehr Strom aus EEG-geförderten Anlagen zugerechnet wird. Die Tür dafür hat die Bundesregierung mit der Begrenzung der EEG-Umlage im Jahr 2020 aufgestoßen: Um zu verhindern, dass die Umlage im Jahr 2021 vor allem aufgrund der Folgen von Corona auf knapp 10 Cent pro Kilowattstunde schießen würde, unterstützt der Bundeshaushalt das EEG-Konto, auf dem bislang nur die EEG-Umlage und Erlöse aus dem Verkauf von EEG-Strom zusammenflossen, mit fast 11 Milliarden Euro (2021). Das ist ein Novum in der Geschichte des EEG, das bislang immer ohne direkte staatliche Zahlungen auskam.[56] Durch ihren Zuschuss könnte die Regierung nun argumentieren, dass sie etwa ein Drittel der EEG-Ökostromförderung bezahlt und deshalb auch ein Anrecht hat, darüber zu entscheiden, wem der Verbrauch eines Drittels des EEG-Stroms zugerechnet wird. Damit ist es vor allem eine politische Frage, ob die privilegierte Industrie künftig in den Genuss von EEG-Strom kommt – und damit eine Frage, wie geschickt deren Lobbyisten argumentieren. Klar ist jedoch, dass hierdurch keine einzige Wind- oder Solaranlage neu gebaut wird.

2. Option: Grünstromzertifikate kaufen

Die zweite Option besteht darin, dass die Industrie einfach das Gleiche tut wie die Anbieter von Ökostromtarifen und sich für kleines Geld mit Grünstromzertifikaten eindeckt. Unter anderem diesen Weg verfolgen Unternehmen, die möglichst schnell klimaneutral werden sollen, etwa Bosch, wo man sich schon «2020 klimaneutral stellen» wollte.* Auch die Deutsche Bahn lässt Strom, der aus Kohlekraftwerken in Datteln und Schkopau stammt, mit Zertifikaten ergrünen.* Angesichts der niedrigen Zertifikatspreise und des fehlenden Baus von Erneuerbare-Energien-Anlagen ist das ebenfalls keine Beschleunigung für die Energiewende.

---

56 Das EEG organisierte bis zum Jahr 2020 nur, wie Stromverbraucher Geld für die Förderung von erneuerbaren Energien an Stromnetzbetreiber zahlten, damit diese wiederum Erzeuger von Grünstrom damit entlohnten. Die öffentlichen Haushalte blieben bewusst außen vor, um das EU-Wettbewerbsrecht und damit verbundene Prüfpflichten zu umgehen.

3. Option: Ökostrom aus Bestandsanlagen

Die dritte Option erlebt seit 2021 eine Konjunktur: Seitdem fallen mehr und mehr Windkraftanlagen aus der EEG-Förderung. Zum Start waren es Anlagen mit rund vier Gigawatt Leistung – rund dreimal so viele, wie im Jahr 2020 neu ans Netz gingen; bis 2025 werden es mehr als 16 Gigawatt Leistung werden.* Eine Reihe von Dienstleistern und Vermarktungsunternehmen bieten Industriekunden inzwischen Strom aus solchen ausgeförderten Anlagen an* und werben damit, dass Erzeugung und Verbrauch zeitgleich erfolgen würden. Im Gegensatz zu Haushalten ist dies bei größeren Stromabnehmern ohne schrecklich viel Aufwand möglich, da die Stromlieferanten schon heute über spezielle Zähler sehen können, wie viel Strom zu jedem Zeitpunkt ins Werk fließt. Entsprechend können sie sich mit Wind- und Solarstrom eindecken (meistens angereichert um Strom aus Wasserkraft- und Biogasanlagen).[57] Unternehmen, die derartigen Strom nutzen, arbeiten tatsächlich klimaneutral.

Keine dieser drei Optionen führt dazu, dass der Stromverbrauch der Allgemeinheit klimafreundlicher wird. Sie dienen bestenfalls dazu, dass Strom aus Anlagen, der bislang über die EEG-Umlage von allen Stromverbraucher:innen bezahlt wurde und diesen auch zufiel, nun exklusiv an Unternehmen fließt. Argumentieren lässt sich nur, dass diese Art der Ökostromvermarktung eine Investition in eine klimafreundlichere Zukunft ist. Denn die komplexen Abrechnungsmechanismen, der Stromeinkauf und die gesamte Infrastruktur, um solche Geschäftsprozesse zu ermöglichen, ist auch nötig, wenn es darum geht, die Nachfrage nach echtem Ökostrom aus neuen Anlagen zu decken.

---

57 Haushalte können solche Echtzeitangebote erst nutzen, wenn bei ihnen Smart Meter, die intelligenten Stromzähler mit Internetanschluss, eingebaut wurden.

4. Option: Ein Markt für Ökostrom
aus neuen Anlagen

Die vierte Option ist der marktgetriebene Neubau von Wind- und Solaranlagen ohne Förderung nach dem Erneuerbare-Energien-Gesetz. Weil die Preise für Wind- und Solaranlagen in den vergangenen Jahren so stark gesunken sind, produzieren sie inzwischen den günstigsten Strom. Die Vollkosten von Solarstrom in Deutschland liegen Anfang 2021 bei etwas über 5 Cent pro Kilowattstunde.* Wenn Anlagenbetreiber diesen Betrag zuverlässig erlösen könnten, wäre der Bau von Solarstromanlagen eine recht risikofreie Angelegenheit. Doch weil an den Strombörsen immer wieder auch niedrigere Preise auftreten,[58] können die Investoren in Solarkraftwerke eben nicht davon ausgehen, die Vollkosten der Anlagen dort zu verdienen.

Die Lösung besteht darin, dass Anlagenbetreiber:innen ihren Strom künftig nicht mehr von Tag zu Tag an der Börse anbieten, sondern stattdessen im Rahmen von sehr langfristigen Verträgen an Industrieunternehmen und andere feste Abnehmer verkaufen. Power Purchase Agreement (PPA) heißen solche Stromabnahmeverträge im Jargon der Händler. In gewisser Weise stellen sie so etwas wie ein privatrechtlich organisiertes Erneuerbare-Energien-Gesetz mit seinen festen Einspeisevergütungen dar. Der Vorteil gegenüber dem Gesetz ist, dass etliche Schranken nicht gelten: So dürfen neue Freiflächen-Solarstromanlagen, die nach dem EEG gefördert werden, höchstens eine Leistung von 20 Megawatt haben. Für PPA-Anlagen gilt das nicht, und so konnte der baden-württembergische Versorger EnBW östlich von Berlin eine Solarparkanlage mit 187 Megawatt bauen – die größte Anlage Deutschlands.*

Flankiert werden solche Modelle von einer Weiterentwicklung

---

58 Bei viel Strom aus Wind und Sonne und dem gleichzeitigen Durchlaufen schlecht regelbarer konventioneller Kraftwerke (wie in Kapitel 9 beschrieben).

des Grünstromzertifikatesystems: Übertragungsnetzbetreiber arbeiten daran, dass künftig Grünstromzertifikate in Echtzeit erzeugt und gehandelt werden können, auch ein direkter Zusammenhang zwischen Erzeugungsanlage und Verbraucher ist möglich. Ein solches System wäre die Grundlage, damit Unternehmen und Verbraucher:innen sagen können: «Für meinen Strom sorgt gerade genau dieser Solarpark oder diese Windkraftanlage dahinten.»

Alternativ ist es möglich, dass Industrieunternehmen selbst in die Produktion von Ökostrom einsteigen. So betreibt der Autohersteller BMW schon seit einigen Jahren Windkraftanlagen auf seinem Leipziger Werksgelände, um mit deren Strom Elektrofahrzeuge zu bauen.* Eher an Mittelständler richtet sich das Angebot des Energiekonzerns E.on, der eine 250 Kilowatt starke «Klein»-Windkraftanlage gezielt an Unternehmen vermarktet und damit wirbt, dass diese dadurch bis zu 60 Prozent an Stromkosten sparen können.* Dieses Geschäftsmodell ist an sich keine neue Sache, viele Industrieunternehmen produzieren seit jeher einen Teil ihres Stroms selbst – auch weil sie dadurch zum Beispiel Netzkosten oder EEG-Umlage sparen konnten. Dass sie jetzt das Gleiche mit Wind- und Solaranlagen tun, zeigt, dass die Unternehmen rechnen können und sich zukunftssicher aufstellen wollen.

Fazit

Die hohe Bereitschaft der Stromkund:innen, Ökostrom zu kaufen, hat in den vergangenen Jahren nicht dazu geführt, dass nennenswert mehr davon produziert wurde. Stattdessen führte sie nur dazu, dass sich die Antwort auf die Frage, wer sich den ideellen Mehrwert einer bereits bestehenden grünen Stromproduktion zurechnen lassen kann, verändert hat. Für das Klima ist das irrelevant. Einen Sinn bekommen Ökostromangebote, wenn man die Zukunftsperspektive mit einbezieht und die steigende Nachfrage vor allem aus der Industrie dazu führt, dass eigens neue Anlagen gebaut werden.

13 Warum wir unseren eigenen Strom erzeugen, verkaufen und trotzdem nicht autark sein wollen

Es klingt wie das moderne Versprechen der gebratenen Tauben, die einem in den Mund fliegen: Eine Solaranlage auf dem Dach eines normalen Einfamilienhauses produziert im Jahr ohne weiteres 5000 bis 10 000 Kilowattstunden Strom. Der Stromverbrauch der Bewohner unter dem Dach liegt aber im Mittel nur bei rund 4000 Kilowattstunden.* Der Solarstrom sollte also locker reichen, um sich vom Stromnetz unabhängig zu machen und den Klimaschutz in den eigenen vier Wänden einfach selbst in die Hand zu nehmen. *Autark* zu werden. Einfach einen Stromspeicher in den Keller zu stellen, und los geht's. Diese Geschichte erzählen die Verkäufer von Solaranlagen häufig,* und die Kunden glauben es ihnen gerne. Rund 270 000 Stromspeicher stehen auch deshalb inzwischen in deutschen Kellern.*

Doch die meisten der kühlschrankgroßen Geräte, die in den vergangenen Jahren gebaut wurden, helfen bislang weder der Energiewende oder dem privaten Klimaschutzplan, noch rechnen sie sich. Sie sind vielmehr ein Beispiel dafür, dass gut gemeint oft nicht auch gut gemacht bedeutet. Beginnen wir bei der Wirtschaftlichkeit: Auch unter günstigen Bedingungen kostet es bei den bisher installierten Solarspeichern fast immer mehr, eine Kilowattstunde Strom mit ihnen zu speichern, als sie beim Stromanbieter zu kaufen* – selbst zum teuren Grundversorgungstarif. Kostet beispielsweise eine Kilowattstunde Speicherkapazität 1200 Euro und gibt der Hersteller an, dass der Speicher 4000-mal geladen werden kann, so entfällt auf jeden Lade- und Entladevorgang pro Kilowattstunde ein Betrag von 30 Cent.* Die Produktion des Stroms mit der Solaranlage kommt noch dazu, sie kostet für

Anlagen aus dem Jahr 2021 rund 10 Cent. Unter dem Strich steht dann ein Preis von 40 Cent für den selbsterzeugten und -gespeicherten Strom. Wartungs- und Reparaturkosten kommen noch dazu sowie die Unsicherheit, ob die Zahl der angegebenen Ladezyklen überhaupt innerhalb der kalendarischen Lebensdauer des Speichers erreicht wird – typischerweise liegt die nur bei 10 bis 15 Jahren. Unter solchen Bedingungen lässt sich das Ziel vieler Menschen, die einen Speicher betreiben, um sich gegen steigende Stromkosten abzusichern, eher nicht erreichen – schon gar nicht, wenn Strom in den nächsten Jahren immer billiger wird, was aus Klimaschutzgründen eine Notwendigkeit ist.

Freiheit, die ich meine?

Nun ließe sich argumentieren, dass die Kosten doch zweitrangig sind, wenn es vor allem um einen existentiellen Wert geht, nämlich den der Freiheit. Sie kommt im Falle der Stromspeicher unter der Bezeichnung «Autarkie» daher. Doch lösen sie eigentlich ein, was die Speicherverkäufer versprechen? Kann man sich damit vom Netz lossagen?

Der Antwort kann man sich über den Begriff «Autarkiegrad» nähern, der in diesem Zusammenhang oft verwendet wird. Es handelt sich dabei um die Menge des Stroms, der vom eigenen Dach in die Steckdosen darunter fließt, im Verhältnis zum gesamten Stromverbrauch des Haushalts in einem Jahr. Ein Autarkiegrad von 70 Prozent bei einem jährlichen Stromverbrauch von 4000 Kilowattstunden würde bedeuten, dass davon 2800 Kilowattstunden selbstgemacht sind. Möglich ist das vor allem im Frühjahr, Sommer und Herbst – dann liefert die Sonne, über den Tag verteilt, fast immer so viel Energie, dass ein Stromspeicher damit vollgeladen werden kann. Bis in die Nacht oder sogar bis zum nächsten Tag speist er dann die konservierte Sonnenenergie wieder ins Hausnetz ein. Einen Großteil der Zeit eines Jahres kann ein Stromspeicher in Verbindung mit einer ausreichend großen Solarstromanlage tatsächlich den Strombedarf decken.

Im Winter aber wird es eng: Von Mitte November bis Mitte

Februar kommt an vielen Tagen kaum Strom vom Dach – zu kurz die Tage, zu grau der Himmel, zu schneebedeckt die Solarmodule und zu hoch der Stromverbrauch. Das ist die Zeit, die vom Autarkiegrad nicht abgedeckt ist und in der die noch fehlenden 1200 Kilowattstunden in diesem Beispiel anderswo herkommen müssen.

Mit der Autarkie verhält es sich deshalb so wie mit der Schwangerschaft: Nur ein bisschen geht nicht.

Wenn bei Ihnen nicht gerade ein Generator im Keller steht, so wird die Reststrommenge von einem Kraftwerk irgendwo im Stromnetz geliefert. Einen Hausanschluss brauchen Sie deshalb weiterhin und ebenso einen Stromversorger, der für Sie Ihren Reststrombedarf irgendwo einkauft. Vor allem aber ist auch für Sie ein winziger Teil des Kraftwerksparks gebaut worden, der Ihren Strombedarf an grauen, dunklen, verschneiten Tagen deckt, ebenso ein winziger Teil des Stromnetzes. Diese Hardware muss für Sie vorgehalten werden, auch wenn Sie ihre Dienste an vielen Tagen des Jahres gar nicht brauchen. Deshalb ist es auch nur gerecht, wenn Sie dafür einen winzigen Teil der Gesamtkosten des Stromsystems zahlen.

Hinzu kommt: Technisch gesehen sind die meisten Solarstromanlagen mit angeschlossenem Speicher sowieso zu jeder Zeit auf das Stromnetz angewiesen: Nur wenn der Wechselrichter – das Gerät verbindet die Solarmodule mit dem Stromnetz – die in ganz Europa einheitliche Netzfrequenz von 50 Hertz erkennt, fängt er an zu arbeiten. Deshalb können Sie mit oder ohne Speicher auch nicht einfach von Februar bis November die Hauptsicherung im Hausanschlusskasten herausdrehen, um wenigstens dann autark zu sein – der Wechselrichter würde die Verbindung zum Stromnetz verlieren und die Arbeit verweigern.[59]

59 Zwar gibt es auch Wechselrichter, die im sogenannten Insel- oder Ersatzstrombetrieb arbeiten und damit auch noch funktionieren, wenn das öffentliche Stromnetz nichts mehr liefert. Allerdings verwandeln sie den Gleichstrom der Solarmodule weniger effizient in Wechselstrom als die üblichen

Doch verlassen wir einmal die wirtschaftlich-technische Perspektive und fragen uns, warum es überhaupt erstrebenswert sein sollte, sich vom Stromnetz unabhängig zu machen. Welcher Vorteil könnte so groß sein, dass es sich lohnt, die Mitgliedschaft in dieser Gemeinschaft mit ihren Hunderten von Millionen Mitgliedern zu kündigen? Die Kosten des selbstgemachten Stroms sind es mittel- bis langfristig nicht: In einem nach den Erfordernissen einer klimafreundlichen Energieversorgung organisierten Strommarkt wird elektrische Energie immer günstiger werden müssen. Die Qualität der Stromversorgung ist es (zumindest in Europa) auch nicht: Nie kam der Strom zuverlässiger als heutzutage aus der Steckdose, nicht zuletzt deshalb, weil viele dezentrale Wind- und Solaranlagen gemeinsam geringere Ausfallrisiken haben als wenige zentrale große Kraftwerke.

Am Ende bleibt beim Speichern von Strom aus dem Wunsch nach Autarkie nicht viel mehr als das Gefühl, das man hat, wenn man im Herbst Pflaumen einkocht und in den Vorratsschrank stellt: Es ist schön zu wissen, dass sie da sind und dass man sie selbst verarbeitet hat. Zum Nachtisch gibt es aber trotzdem oft genug Eis aus der Packung.

Was Speicher nützen könnten

Sollten wir deshalb besser keine neuen kleinen Stromspeicher mehr bauen? Und sollten die Förderprogramme, die es dafür noch in vielen Bundesländern gibt,* besser heute als morgen abgeschafft werden? Nein, aber sie sollten geändert werden, denn wir werden durchaus Speicher in unserem Stromsystem brauchen. Agora Energiewende hat schon 2014 ausrechnen lassen, dass sie ab einem Anteil von 60 Prozent von Strom aus erneuerbaren Energien wichtig werden.* In diese Region werden wir in den nächsten Jahren kommen. Die entscheidende Frage wird dann

---

netzgeführten Geräte. Sie werden daher normalerweise nur dort eingesetzt, wo häufiger mit Stromausfällen gerechnet werden muss.

sein, ob die Speicher dem Stromsystem und damit der Gemeinschaft der Stromerzeuger und -verbraucher (also uns) schaden oder nützen werden.

Bislang lautet die Antwort darauf leider, dass die Stromspeicher im Stromsystem sich verhalten wie Flitzer in einem Fußballspiel: überraschend und störend. Sie laden unabhängig von Stromangebot und -nachfrage im Stromnetz, nur nach den Einstellungen des Installateurs oder den Anforderungen des Haushalts, in dem sie stehen. Und es gibt keinen Schiedsrichter, dessen Anweisungen sie Folge leisten würden.

Wer als Stromanbieter das Pech hat, einen Speicherhaushalt mit Reststrom zu versorgen, hat daher keinerlei Anhaltspunkte, wann er wie viele Kilowattstunden dafür beschaffen muss. Das führt im ungünstigsten Fall dazu, dass zu viel oder zu wenig besorgte Strommengen irgendwie wieder weggeregelt werden müssen (siehe Kapitel 5) – also zu Mehrkosten für alle Nutzer des Stromsystems, denen kein Nutzen gegenübersteht. In gewisser Weise sind solche Stromanbieter wie Fußballspieler, die versuchen, irgendwie mit dem Flitzer klarzukommen. Das kann gelingen, aber ohne Flitzer wäre das Spiel besser und flüssiger.

Damit Stromspeicher sich zu einem nützlichen Teil des Stromsystems entwickeln, muss etwas gelingen, was auf dem Fußballplatz komplett unrealistisch ist, beim Strom aber geht: Die Speicher müssen zu Feldspielern werden, die den gleichen Regeln und Möglichkeiten unterliegen wie alle anderen auf dem Platz auch: Sie würden sich zum Beispiel beim Laden und Entladen an den Preissignalen an der Strombörse orientieren. Dann würden sie auch Strom aus dem Netz aufnehmen, wenn die angeschlossene Solaranlage auf dem Dach gar nichts liefert, wohl aber Anlagen anderswo im Land – beispielsweise Windkraftanlagen. Auch könnten die Stromspeicher als Lieferanten von Regelenergie einspringen und damit das gesamte System günstiger und noch sicherer machen. Und viele Stromspeicher und Solaranlagen in einer Region, einem Netzgebiet oder sogar einer Siedlung könnten sich gegenseitig absichern und auch dann noch funktionieren, wenn es doch einmal zu einem größeren Blackout kommen sollte. Ins Stromsystem eingebunden, könnten Speicher also zu einem wichtigen Baustein für Resilienz werden – die Fähigkeit von Menschen und Systemen, Schwierigkeiten oder sogar größere Ausfälle zu kompensieren.

Geld verdienen mit dem Speicher

Die meisten Betreiber:innen von Speichern würden solche Fähigkeiten und Aufgaben vermutlich sogar begrüßen. Denn sie wären ja nicht zu ihrem Schaden, sondern würden gegen Geld vergütet – ähnlich wie heute auch die Betreiber der großen Wasserspeicherkraftwerke Geld damit verdienen, dass sie zur Mittagszeit massenhaft Solarstrom aus dem Stromnetz für wenig Geld einspeichern und abends für mehr Geld wieder ins Stromnetz einspeisen. Oder die Anbieter von Regelenergie dafür, dass ihre Anlagen bereitstehen, um notfalls Strom zu liefern – auch wenn das meistens gar nicht nötig ist.

Die wichtigste Voraussetzung für all das ist die Digitalisierung des Stromsystems. Sie ermöglicht zum Beispiel Stromspeicher, die über das Smart Meter Gateway – sozusagen die Fritzbox des Stromzählers im Zählerschrank – mit Stromhändlern im Stromsystem kommunizieren können. Denkbar sind auch Strom-Community-Modelle: Tausende Betreiber von Solaranlagen, Speichern, Windkraftanlagen schließen sich digital zusammen und decken über das Stromnetz ihren Strombedarf selbst. Das erinnert an die Zeiten vor Spotify und iTunes, als im Internet Napster Furore machte, bei dem Internetnutzer sich gegenseitig Zugriff auf ihre Musikdateien gaben. Der Unterschied ist, dass der Strom diesmal tatsächlich den einzelnen Mitgliedern der Community gehört.

Dieses Level-Playing-Field zu organisieren wird eine der Aufgaben der Bunderegierung werden. Denn die Unwirtschaftlichkeit der Speicher wird schon bald Vergangenheit sein: Die schnell sinkenden Preise für die Batterien in Elektroautos schlagen schon jetzt auf die Preise für häusliche Speicher durch. Eine Kilowattstunde Speicherkapazität lässt sich je nach Größe der Anlage inzwischen für 300 bis 500 Euro kaufen. Damit rutschen die Kosten für eine Ladung in die Größenordnung von 10 Cent pro Kilowattstunde Strom. In Kombination mit einer günstigen Solarstromanlage kann das tatsächlich günstiger sein als der Strombezug aus dem Netz. Und man kann prognostizieren, dass Speicher in dem Maße günstiger werden, wie Elektroautos verschrottet werden – ihre Batterien sind dann oft noch brauchbar, als Second-Life-Produkte könnten sie auch in häuslichen Speichern gute und wohl sehr günstige Dienste tun.

Fazit

Häusliche Stromspeicher haben bisher vor allem den Wunsch nach einem guten Gefühl bedient, nicht die Notwendigkeiten im Stromsystem oder die einer Klimaschutzagenda. Ebenso wenig lohnten sie sich bislang unter wirtschaftlichen Aspekten. Angesichts der stark sinkenden Kosten von Speichern durch die Entwicklung bei den Elektroautos rückt die Wirtschaftlichkeit jedoch immer näher, und angesichts steigender Anteile erneuerbarer Energien werden Stromspeicher auch wichtiger – vorausgesetzt, sie werden nicht genutzt, um unerfüllbare Autarkiesehnsüchte zu bedienen, sondern um das Stromsystem stärker zu machen. Es ist allerdings bisher nicht erkennbar, dass die Bundesregierung diese Möglichkeiten erkannt hat und nutzen will. Sie verpflichtet Speicherbesitzer nicht dazu, ihre Anlagen zum Nutzen des Stromsystems zu betreiben. Bis auf weiteres bleiben die Speicher daher die Flitzer im Stromsystem, während sie doch wichtige Mittelfeldspieler sein könnten.

Sozialökonomischer Epilog

Ein Stromspeicher, den man eigentlich gar nicht braucht, weil er am Ende nur andere, wichtigere Teile des Stromsystems doppelt oder sogar mehr belastet, macht das Energiesystem teurer, als es sein müsste, verschlingt also Geld, das an anderer Stelle vielleicht besser eingesetzt wäre. Solche Stromspeicher verringern das Maß der Kooperation in einer Gesellschaft und verstärken die gesellschaftliche Schieflage. Mieter:innen beispielsweise müssen dann im Verhältnis höhere Ausgaben für das Stromsystem schultern als Hauseigentümer:innen mit Stromspeichern. Eine an sich gute Sache – die Nutzung von Sonnenenergie – wird dadurch pervertiert. Auch das spricht dafür, dass Stromspeicher sehr überlegt und bewusst ins Stromsystem integriert werden sollten.

14 Warum ein Arbeitsplatz bei einem Unternehmen, das klimaschädliche Produkte herstellt, unsicher ist

In der Wirtschaftswelt breitet sich ein neuer Begriff aus: die «Social Licence to Operate». Gemeint ist damit, dass jedes Unternehmen auf gesellschaftliche Akzeptanz angewiesen ist. So würde – um ein Extrembeispiel zu wählen – eine Firma, die ihr Geld mit Sklavenhandel verdient, heute von einem Tag auf den anderen geschlossen werden. Vor 200 Jahren hingegen war diese Art von Geschäftsmodell für Staaten wie Portugal, Großbritannien und die USA noch völlig legitim. In Preußen und vielen anderen Staaten wurde er 1841 verboten, in Brasilien als letztem Staat im Jahr 1888.

Eine Bewerbung zum Beispiel als Personalchefin an einen Sklavenhändler zu schicken ist im Deutschland des Jahres 2020 deshalb nicht mehr möglich. Ähnlich wird es Unternehmen gehen, die weiterhin Geschäfte mit klimaschädlichen Produkten machen oder sich im Rahmen ihrer Geschäftsstrategie nicht mit Klimaschutz auseinandersetzen. Wer im Sommer 2020 im Alter von 16 Jahren eine Ausbildung als Industrieanlagenelektroniker in einem der neuen Kohlekraftwerke begonnen hat, kann nicht davon ausgehen, in der gleichen Anlage im Jahr 2071 von seinen Kolleg:innen in die Rente verabschiedet zu werden. Denn eine Welt ohne Treibhausgasemissionen brauchen wir schon 2050. Ein solcher Auszubildender könnte sogar schon wenige Monate nach Ausbildungsantritt davon überrascht worden sein, dass sein Unternehmen das Kraftwerk, in dem er seine Ausbildung absolviert, im Rahmen des deutschen Kohleausstiegs schon 2021 stilllegt. Er müsste dann darauf hoffen, dass sein Arbeitgeber dabei ist, sein Geschäftsmodell zu transformieren – von klimaschädlicher in klimafreundliche Stromerzeugung. Denn auch dort werden Industrieanlagenelektroniker gebraucht werden – angesichts der vielfachen Menge von Erneuerbare-Energien-Kraftwerken wohl sogar mehr als in den wenigen Großkraftwerken bisher.

Selten ist die Lage so eindeutig wie im Falle des Kohlekraftwerks, dem die Social Licence to Operate infolge einer klaren politischen Entscheidung entzogen wird. Viel häufiger werden wir es mit dem schleichenden Verlust der gesellschaftlichen Betriebserlaubnis zu tun haben. Der langlebige Kapitalstock, den Unternehmen darstellen, wird dadurch mehr und mehr entwertet; im gleichen Maße sinkt das Vertrauen all derjenigen, die mit dem Unternehmen in Beziehung stehen – Kund:innen, Investoren, Arbeitnehmer:innen, Behörden, Lieferanten und Dienstleister.

Die gesellschaftliche Betriebserlaubnis erlischt

Damit ist keineswegs nur das libertäre Schreckensbild einer staatlichen Regulierung gemeint, wie es von bestimmten Gruppen mit dem Kohleausstiegsbeschluss verbunden wird. Auch der Markt, besser gesagt: der Kapitalmarkt, hat inzwischen eigene Mechanismen gefunden, um Unternehmen zur Transformation zu zwingen – oder aber auszusortieren. So hat Larry Fink, der Vorstandsvorsitzende des größten Finanzverwalters der Welt, Blackrock, im Jahr 2020 angekündigt, Unternehmen, an denen seine Firma beteiligt ist, zur Verantwortung zu ziehen, wenn diese klimaschädlich handeln würden.[*] Ausdrücklich schloss er persönliche Konsequenzen für die Unternehmensvorstände mit ein und skizzierte eine Welt, in der es Unternehmen ohne Klimaschutzstrategie schwer haben würden, an günstiges Kapital zu kommen und klimabewusste Kunden zu halten. Er drohte auch damit, dass

Blackrock künftig nicht mehr in solche Firmen investieren würde. Im Jahr 2021 konkretisierte Fink diese Drohung* und forderte die Firmen auf, künftig Nachhaltigkeitsberichte vorzulegen, aus denen unter anderem hervorgeht,* welche Risiken und Chancen aus Klimaschutz beziehungsweise unterlassenem Klimaschutz erwachsen, wohl wissend, dass für die Unternehmen damit viel Arbeit verbunden ist.

Wie Unternehmensbilanzen geben Nachhaltigkeitsberichte Investoren Aufschluss darüber, welche Unternehmen interessant für sie sind – und von welchen man eher die Finger lässt. Klimaschutzanstrengungen übersetzen sich so in Börsenwert. Dieser wiederum entscheidet über Zugang zu Fremdkapital, mit dem Unternehmen wachsen können, und damit über die Frage, wie erfolgreich Unternehmen Arbeitskräfte anwerben und an sich binden können. Im Idealfall entsteht so eine positive Rückkopplungsschleife, bei der immer klimafreundlichere Unternehmen auch wirtschaftlich immer erfolgreicher werden und dadurch wiederum immer klimafreundlicher.

Doch auch das Gegenteil lässt sich aus diesem Mechanismus ableiten: Unternehmen, die keine Anstrengungen unternehmen, ihre Emissionsbilanzen zu verbessern, werden es am Kapitalmarkt schwerer haben. Sie werden höhere Zinsen zahlen, weniger wachsen können (oder sogar schrumpfen), und sie werden weniger ambitioniertere Mitarbeiter:innen finden und auch deshalb weniger erfolgreich sein. So führt unterlassener Klimaschutz in eine negative Feedbackschleife, auch bekannt als Teufelskreis – und schließlich ins Aus.

Sich ändern oder enden

Welche Anstrengungen fossile Konzerne unternehmen, um dieser Falle zu entgehen, lässt sich am Beispiel von Ölkonzernen beobachten. Bis 2030 will beispielsweise die britische BP ihre Ölproduktion um 40 Prozent verringern.* Eine Explorationsmannschaft wird deshalb nicht mehr gebraucht* – BP hat sie bereits weitgehend abgeschafft: Die Zahl der vom Unternehmen beschäftigten

Geolog:innen, Ingenieur:innen und Forscher:innen ist von 700 auf 100 implodiert, so wurde im Januar 2021 bekannt. Notabene: Noch 2019 waren die gleiche Leute dafür gefeiert worden, im Golf von Mexiko ein riesiges Ölfeld entdeckt zu haben. Man kann sich vorstellen, welche emotionalen und wirtschaftlichen Verwüstungen solche brutalen Einschnitte infolge einer Klimaschutzstrategie bei der Belegschaft hinterlassen. Eine bislang noch wenig beachtete Aufgabe von Unternehmen besteht daher auch darin, ihre Mitarbeiter:innen bei solchen Strategiewechseln nicht nur mitzunehmen, sondern, besser noch, sie zu ermutigen, selbst zum Teil der Lösung zu werden und neue, klimaschützende Aufgaben zu übernehmen. Dabei helfen seit kurzem auch Initiativen wie Planetgroups,* die ausdrücklich versuchen, die Klimaschutzimpulse aus Belegschaften zu fördern. Denn an Wachstumsperspektiven mangelt es in Unternehmen, die sich im Umbruch befinden, nicht. So investiert BP massiv in Wind- und Solarenergie.* Bis 2030 will der Konzern seine installierte Leistung bei den erneuerbaren Energien von derzeit 2,5 auf 50 Gigawatt verzwanzigfachen* und dafür jährlich rund fünf Milliarden US-Dollar ausgeben.

Ähnliches plant der Ölkonzern Shell. Bis zur Jahrhundertmitte will das niederländisch-britische Unternehmen klimaneutral werden, hat es 2020 angekündigt.* Teil dieser Strategie ist es, von einem der größten Ölproduzenten der Welt zum größten Stromanbieter der Welt zu werden.* Bis 2035 will Shell rund ein Drittel seines Umsatzes mit elektrischer Energie machen – nicht nur als Produzent, sondern auch als Weiterverkäufer. Infolgedessen geht Shell auf Einkaufstour: Anfang 2021 übernahm der Konzern Ubitricity, einen jungen Berliner Anbieter von Ladesäulen für Elektroautos und sozusagen Tankstellenbetreiber des 21. Jahrhunderts. Es folgte der unabhängige Stromhändler Next Kraftwerke, der 2009 von Mitarbeitern des Kölner Energiewirtschaftlichen Instituts gegründet worden war, die lange zum Einfluss von Wind- und Solarenergie auf Strommärkte geforscht hatten. Shell kaufte auf diesem Wege also auch tiefes Know-how in Sachen Energiewende ein.

Klimaschädliches Verhalten müssen nicht nur Mitarbeiter:innen, Aktionär:innen und Weltklima ausbaden, sondern auch unmittelbar die Unternehmen selbst. So hat der französische Versicherungskonzern AXA im März 2021 dem RWE-Konzern die Versicherungen gekündigt,* weil dieser zu viel Umsatz mit dem Verfeuern von Kohle macht und damit nicht auf Kurs ist, um die Klimaziele von Paris zu erreichen. Das nämlich verlangen die Versicherungsbedingungen von AXA seit 2017. Daran, dass der RWE-Chef persönlich (aber erfolglos) versucht hatte, bei seinem französischen Counterpart zu intervenieren, lässt sich die Tragweite der Kündigung für RWE ablesen. Ähnliche Klimaschutzbedingungen wie AXA haben auch die Zürich- und die Allianz-Versicherung formuliert.

Auch Geschäfte mit Klimasündern können Unternehmen und damit auch deren Mitarbeiter:innen in erhebliche Schwierigkeiten bringen. Das musste um den Jahreswechsel 2019/20 der Siemens-Konzern erfahren – mit seiner Zugsparte, dem Bau von Windkraftanlagen und Hochspannungsleitungen eigentlich groß im Geschäft mit nachhaltiger Technologie. Doch das australische Tochterunternehmen von Siemens hatte für rund 18 Millionen Euro die Signaltechnik für eine Bahnstrecke zu einer geplanten Kohlemine verkauft, einem Projekt des indischen Adani-Konzerns, das einmal zu den größten Kohlebergwerken der Welt gehören soll. Der vergleichsweise kleine Auftrag führte zu lautstarken Protesten der Fridays-for-Future-Bewegung und brachte dem damaligen Siemens-Chef Joe Kaeser über Wochen negative Schlagzeilen ein. Der Vorwurf: Die Technik von Siemens ermögliche ein Projekt, das im Alleingang die Pariser Klimaziele sprengen könne.*

Das Beispiel zeigt: Je dringender Klimaschutz wird, desto mehr machen sich selbst ansonsten klimafreundlich agierende Unternehmen zu Parias, wenn sie mit Klimasündern Geschäfte machen. Und auch an ihren Mitarbeiter:innen bleibt davon – siehe Joe Kaeser – immer etwas kleben.

So begrüßenswert es ist, dass Großkonzerne daran arbeiten,

sich von ihren langlebigen fossilen Kapitalstöcken zu verabschieden und neue klimafreundliche aufzubauen, so sehr sollten jedoch wir als Gesellschaft ein Auge auf sie haben. Denn dass mit dem Einstieg in die klimafreundliche Energieproduktion auch alle anderen Nebenwirkungen des Energiegeschäfts abgeräumt werden, ist zwar zu hoffen – an Nachhaltigkeitsinitiativen herrscht kein Mangel –, doch am Ende könnte es auch hier wieder um knallharte Verteilungs- und Besitzfragen gehen: Flächen für Solar- und Windparks müssen gesichert werden, zur Produktion von Wasserstoff als Nachfolger von Öl und Gas wird reichlich Wasser benötigt, und Transportwege für Strom und Wasserstoff müssen gebaut werden – das alles erinnert sehr ans schmutzige Ölgeschäft.

Fazit

Während politische Entscheidungen selten disruptiv sind – also die Kraft haben, gleichsam über Nacht gesellschaftliche oder wirtschaftliche Verschiebungen auszulösen –, können Entwicklungen auf dem Finanzmarkt durchaus diese Kraft gewinnen. Eine Fähigkeit von Märkten ist es, die wirtschaftlichen Auswirkungen von Veränderungen, die erst in einigen Jahren *wirklich* geschehen, schon heute vorwegzunehmen. So ist die Aussicht auf exorbitante Geschäfte in der Zukunft der Grund dafür, warum manche Internetfirmen, die noch nie einen Euro verdient haben, bei Börsengängen plötzlich mit Milliarden von Euro bewertet werden. Das funktioniert auch andersherum: Sobald Analysten ausrechnen, dass steigende Preise für CO_2-Zertifikate bei Unternehmen, die ihr ganzes Geld mit der Verbrennung von Kohle verdienen, dazu führen, dass sie niemals wieder profitabel werden können, so wird der Wert solcher Unternehmen ins Bodenlose stürzen. Die Frage ist nur: Wann erkennt die Welt das, und wann wird der Lehman-Moment der fossilen Industrie gekommen sein, in dem alles zusammenbricht?

15 Warum das Land wieder wichtig wird und die Landschaft sich ändert

Deutschlands Energiesystem war schon einmal klimafreundlich und basierte auf erneuerbaren Energien. In den Mittelgebirgen und in den Bergen trieben mehr als 50 000 Wasserräder überall Mühlen, Sägewerke und Schmieden an.* In der Norddeutschen Tiefebene drehten sich die Flügel von Windmühlen – 18 382 waren es im Jahr 1895 ausweislich der Gewerbestatistik der Deutschen Reiches.

Selbst die Dampfmaschinen wurden oft mit Holz befeuert. Und wo all das nicht möglich war, liefen Tiere und auch Menschen in Göpeln im Kreis und lieferten Muskelkraft. Es war ein Energiesystem, das sehr weit über die Fläche verteilt war und die natürlichen Gegebenheiten so gut wie möglich ausnutzte. Das galt lange Zeit sogar für fossile Energien. Die Montanindustrie im Ruhrgebiet wäre nicht möglich gewesen ohne die Kohle im Untergrund zwischen Dortmund und Duisburg, ebenso wenig die Stahlindustrie im Saarland. Energie in großen Mengen zu transportieren – so wie heute Strom, Gas, Öl und Kohle – war vor dem Bau der Eisenbahnen ab 1850 so gut wie unmöglich. Transportiert wurden stattdessen die Produkte, in denen die Energie steckte – Messer aus Solingen genauso wie Kruppstahl aus Essen.

Auch Strom war zunächst eine lokale Angelegenheit. Kleine Wasserkraftwerke entstanden dort, wo es zuvor schon Wassermühlen gegeben hatte. Unternehmen sowie reiche Familien leisteten sich im letzten Viertel des 19. Jahrhunderts Dampfmaschinen mit Generatoren,* um mit dem so erzeugten Strom den eigenen Bedarf zu decken. Das änderte sich vor gut 100 Jahren, als die Rheinisch-Westfälischen Elektrizitätswerke (RWE) eine erste 600 Kilometer lange Freileitung zwischen dem rheinischen

Braunkohlerevier und süddeutschen Wasserkraftwerken bauen ließen und so die Wurzel für das deutsche Hochspannungsnetz pflanzten. Zugleich hielt damit die Energieinfrastruktur Einzug in die Landschaft: Kirchturmhohe Stahlgitterkonstruktionen, an denen Leiterseile hängen, die Straßen, Felder, Wiesen und Orte überspannen – ohne dass die Regionen unmittelbar einen Nutzen von diesen Leitungen hatten.

Denn Kohlekraftwerke entstanden entweder direkt an Bergwerken und Tagebauen oder aber an Wasserwegen, auf denen die Kohle antransportiert werden konnte. Gaskraftwerke stehen unmittelbar an Ferngaspipelines. Atomkraftwerke wiederum wurden an großen Flüssen oder direkt am Meer errichtet, um die Versorgung mit gigantischen Mengen von Kühlwasser sicherzustellen. Das Ergebnis war ein stark zentralisiertes Stromsystem. Anfang des Jahrtausends reichten weniger als 200 mittlere und große fossile Kraftwerke aus, um den Strombedarf Deutschlands zu decken.[60] Zu erkennen sind viele von ihnen noch immer an den mächtigen weißen Wolken, die ihre Kühltürme an den Himmel tupfen und in denen mehr Energie aufgeht, als ihre Generatoren in Form von Strom ins Netz einspeisen.[61]

60 Zwar gibt es insgesamt rund 600 fossile Kraftwerke, doch 175 von ihnen leisten zusammen knapp 77 000 Megawatt, das liegt nur knapp unter der Spitzenlast Deutschlands.

61 Das von ihnen ausgestoßene Kohlendioxid und die übrigen Abgase sind unsichtbar, denn das Bild rauchender Schlote gehört seit dem Einbau von Rauchgasentschwefelungsanlagen, Rauchgaswäschen und Elektrofiltern ab den 1970er-Jahren der Vergangenheit an. Gleichwohl aber sind es diese Kraftwerke, die in den vergangenen Jahren für einen ordentlichen Batzen der deutschen Treibhausgasemissionen verantwortlich waren – bis 2015 waren es ungefähr 40 Prozent. Weil seitdem jedoch Wind- und Sonnenenergie massiv zugelegt haben und die Kohle auf dem Rückzug ist, war die Stromversorgung im Jahr 2020 nur noch für 30 Prozent der Emissionen in Deutschland verantwortlich.

Die fatale Gewöhnung an das unsichtbare Stromsystem

Mit den anfangs «Überlandzentralen» genannten Großkraftwerken verschwand die Stromerzeugung aus der Sichtweite und
damit aus dem Bewusstsein großer Teile der Bevölkerung. Und
falls Sie zum kleinen Teil der Bevölkerung gehören, die in Nachbarschaft der Energieinfrastruktur lebte, so haben Sie (oder Ihre
Familie oder Ihre Nachbarn) womöglich davon auch profitiert-
etwa als Bergmann in der Lausitz und im Ruhrgebiet, wo sowohl
die Dichte an Bergwerken als auch die von Kraftwerken hoch war
und zum Teil noch immer ist. In diesen Regionen trägt man es
noch immer mit Stolz, wenn einer der Vorfahren unter körperli-
chen Anstrengungen die Kohle aus der Erde geschlagen hat. Die
Rede Armin Laschets bei seiner Bewerbung um den CDU-Partei-
vorsitz ist dafür ein prominentes Beispiel. Dass der Bergbau Land-
schaften wie kaum eine andere Industrie zerstört (hat) – euphe-
mistisch sprechen wir von «prägen», «überformen» oder sogar
von «Kulturlandschaft», nie von «verschandeln» –, tut dem Anse-
hen der Bergleute keinen Abbruch. Eben weil sie mit ihrer harten
Arbeit den Grundstein für den wirtschaftlichen Wohlstand in
Deutschland gelegt haben.

Sollten Sie hingegen aus einer der Regionen stammen, die auf
der Rohstoffkarte weiß geblieben sind* – und das ist vor allem das
Deutschland südlich der Linie Aachen–Dresden und nördlich der
Linie Osnabrück–Berlin –, dann hat die Energiegewinnung in
Ihrer geografischen Sozialisierung vermutlich keine allzu große
Rolle gespielt. Diese kulturelle Unsichtbarkeit des Energiesystems
könnte ein Grund dafür sein, dass neue Hochspannungstrassen
und neue Windparks oft auf Widerstand stoßen und dass sie von
Lokal- und Regionalpolitikern selten mit Verve durchgekämpft
werden. Anders übrigens als neue Straßen oder Schienenwege
und auch in jüngster Vergangenheit noch Braunkohletagebaue.

Dies werden wir ändern müssen. Denn die Energie von Wind
und Sonne ist im Vergleich zu den stofflichen Energieträgern
Kohle, Öl und Gas dünn und flüchtig. Wir brauchen sehr viel

Platz, um genügend bewegte Luft und Sonnenstrahlen für unseren Strombedarf einzusammeln: Rund zwei Prozent der Fläche Deutschlands werden für Windparks benötigt, um das Land unter klimafreundlichen Strom zu setzen. Das sind rund 7000 Quadratkilometer und damit ungefähr achtmal die Stadtfläche Berlins. Davon sind wir aktuell weit entfernt. Doch anders als beim Abbau von Braunkohle ist diese Fläche nicht verloren, unter den Windrädern können weiterhin Kühe grasen oder kann Getreide angebaut werden. Und nebenbei bemerkt: Die Förderung der Braunkohle hat in den vergangenen 100 Jahren fast 1600 Quadratkilometer Landschaft vernichtet – die doppelte Fläche Berlins. Diesen Fraß gibt es bei den erneuerbaren Energien nicht, sie nutzen die Landschaft in einem zweiten Stockwerk. Das gilt auch für Solarstromanlagen: Sie lassen sich auch mehrere Meter über Äckern und Wiesen errichten, so dass Landwirtschaft darunter weiterhin möglich ist – Versuche haben sogar ergeben, dass die Erträge von Weizen und Kartoffelpflanzen unter den Solarmodulen höher waren als ohne deren schattenspendende Wirkung.* Hier ist das Flächenproblem jedoch ohnehin kleiner: Für Solarmodule werden wir im Jahr 2050 rund 1200 Quadratkilometer Fläche brauchen. Wenn wir Solarmodule nur auf jedes zweite Dach, das der Sonne direkt ausgesetzt ist, montieren, reicht das schon aus.

Interessant ist hier ein Blick nach Schleswig-Holstein, das zu den Vorreitern bei der Windkraft zählt* und neben Brandenburg das Powerhouse der Republik ist: Das Land hat bereits zwei Prozent seiner Fläche als Windeignungsgebiete ausgewiesen. Gleichzeitig ist Schleswig-Holstein eines der Bundesländer, in dem die Windenergie schon seit Jahrzehnten fast überall sehr sichtbar ist und bereits die Hälfte des Potenzials für Windkraft ausgeschöpft wird.* Trotzdem scheint es einen Übersättigungseffekt zumindest in der Mehrheit der Bevölkerung nicht zu geben. Eine Forsa-Umfrage bestätigt die Zahl bundesweit.* Interessanterweise zeigt diese auch, dass Menschen, die gerade nicht in der Nähe von Windkraftanlagen wohnen, weniger Akzeptanz für diese aufbringen als Menschen, in deren Nachbarschaft Anlagen stehen. Zumindest in

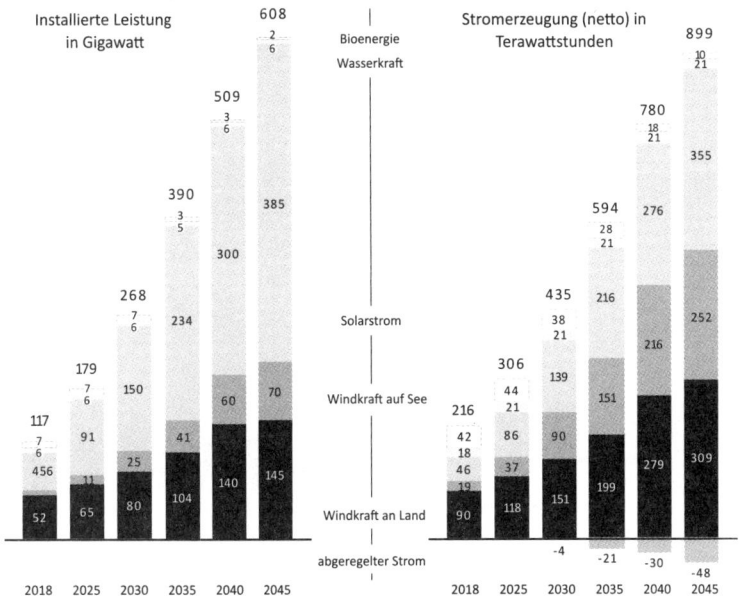

Installierte Leistung
in Gigawatt

Stromerzeugung (netto) in
Terawattstunden

Bioenergie

Wasserkraft

Solarstrom

Windkraft auf See

Windkraft an Land

abgeregelter Strom

2018   2025   2030   2035   2040   2045   2018   2025   2030   2035   2040   2045

Prognos, Öko-Institut, Wuppertal Institut, Agora Energiewende (2021)
Inkl. Stromerzeugung aus erneuerbar erzeugtem Wasserstoff, zwischengespeichertem und importiertem erneuerbaren Strom

Abbildung 9: Die installierte Leistung von Wind- und Solaranlagen muss sich in den nächsten Jahrzehnten vervielfachen. Dazu ist eine gerechte Verteilung der Anlagen über das Land nötig.

Teilen ist fehlende Akzeptanz für Windenergie somit eher ein gefühltes und politisch instrumentalisiertes als ein tatsächliches Problem.[62] Das könnte die Frage beantworten, warum in den südlichen Bundesländern kaum Windenergieanlagen gebaut wurden

---

62 So hatte die dem Bundeswirtschaftsministerium nachgeordnete Bundesanstalt für Geowissenschaften und Rohstoffe aufgrund eines Rechenfehlers rund zwölf Jahre lang die Lautstärke des Infraschalls von Windkraftanlagen 10 000-mal größer angegeben, als sie tatsächlich ist. Abweichende Forschungsergebnisse hatte die Behörde jahrelang nicht berücksichtigt. Windkraftgegner konnten die BGR-Angaben daher immer wieder als Argument gegen den Ausbau der Windkraft nutzen.

Realisiertes und absolutes Potenzial Windenergieleistung

Eine im Jahr 2020 neu gebaute Windkraftanlage hat im Mittel eine Leistung von
3,4 Megawatt (MW). Stand der Karte: 2018

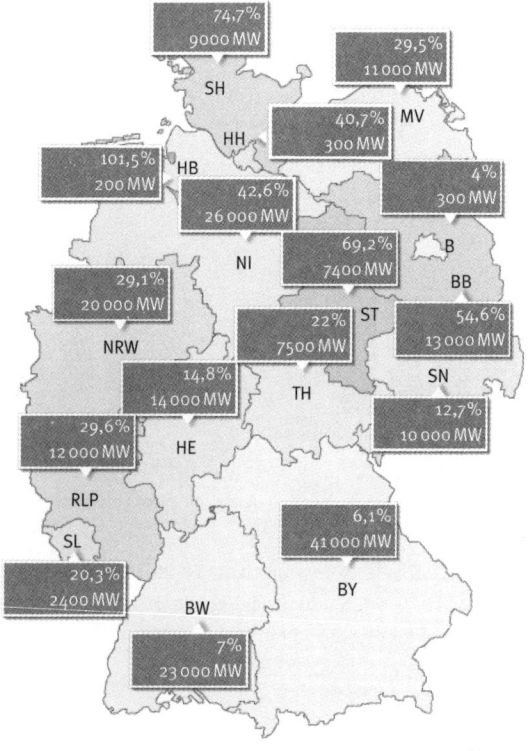

www.foederal-erneuerbar.de

Quellen: BNetzA 2019a

Anmerkung: Das Leistungspotenzial ist errechnet auf der Grundlage der Nutzung von
max. 2 % der Landesfläche für die Installation von Windenergieanlagen. Die hohe Flächen-
diversifizierung der Stadtstaaten ist berücksichtigt, weshalb dort geringere Potenziale
als bei einer reinen Zugrundelegung von 2 % der Landesfläche errechnet wurden.

Abbildung 10: Entgegen der landläufigen Meinung lässt sich auch in Süddeutschland viel Windstrom erzeugen. Es geschieht nur nicht.

und werden. Bayern hätte sogar das größte Potenzial für die Windstromerzeugung in ganz Deutschland, nutzt davon jedoch nur rund sechs Prozent.* Im benachbarten Baden-Württemberg sieht es kaum besser aus. Demgegenüber steht Sachsen-Anhalt, wo fast 70 Prozent des Potenzials für Windkraft genutzt wird.

Bewusste Energieerzeugung

An den Anblick von Erneuerbare-Energien-Anlagen werden wir uns also gewöhnen müssen, und offenbar können wir das auch. Wobei «uns» vor allem die älteren Jahrgänge meint, die in ihrer Kindheit das Bild einer Landschaft aus wogenden Feldern und schwarz-bunten Kühen idealisiert haben. Für junge Erwachsene sind Windräder hingegen normal: 71 Prozent gaben in einer Umfrage an, dass sie zur Landschaft gehören.* Und Schulkinder malen auf ihren Landschaftsbildern häufig Wind- und Solaranlagen.

Am Rande bemerkt: Das Bild einer unberührten Landschaft war schon immer eine Illusion. Wenn wir uns heute an den gelben Blüten der Rapsfelder im Frühling erfreuen, dann erfreuen wir uns in Wirklichkeit an sehr viel Pflanzenschutz, Dünger und Maschineneinsatz. Wir denken nicht daran, dass am gleichen Ort viele Pflanzen und Tiere ihren Lebensraum hatten, der ihnen durch die Rapsmonokulturen genommen wurde. Und ebenso wenig vergegenwärtigen wir uns, dass alle landwirtschaftlichen Flächen in grauer Vorzeit entweder Wald oder Sumpf waren und erst durch die Urbarmachung über die Jahrhunderte zu Äckern und Wiesen wurden. Angesichts dieser Dominanz ist die moderne Landwirtschaft die eigentliche Industrie in unserer Landschaft – auf 50 Prozent der Landesfläche Deutschlands.*

Vergegenwärtigen sollten wir uns auch, dass wir einer selektiven Wahrnehmung unterliegen. Wer zum Beispiel per Bahn oder Auto von Berlin nach Westen reist, dessen Blick wird von Hunderten von Windkraftanlagen gefangen genommen. Ähnlich auf dem Weg nach Hamburg oder entlang der Ostseeautobahn.* Hier durchquert man Gebiete, die längst intensiv vom Menschen genutzt werden – in Form von Verkehrswegen, der Landwirtschaft und eben auch für Energie. Für Freiflächen-Solaranlagen gibt es sogar die Regelung, dass diese vorrangig entlang von Autobahnen oder Schienenwegen gebaut werden müssen.

Wer sich auf solchen Wegen durch das Land bewegt, kann daher schnell den Eindruck gewinnen, dass Wind- und Solaranlagen schon längst überall stehen. Das Gegenbeispiel ist der mehrere hundert Kilometer lange Radweg entlang der Havel, der die nördliche Hälfte Brandenburgs fast im Kreis durchzieht: Wer ihm von Fürstenberg an der Havel über Oranienburg, Berlin, Potsdam, Brandenburg, Rathenow bis nach Havelberg folgt, der blickt fast überall auf freien Horizont und viel geschützte Natur. Das sind die 98 Prozent der Landesfläche, auf denen auch künftig keine Windkraftanlagen stehen und wo das Auge Ruhe findet.

Sollten Sie direkt neben einem großen Windpark leben, so werden Sie möglicherweise dennoch wenig Gefallen an solchen Argumenten finden – ebenso wenig wie diejenigen, die neben einer Autobahn im Ruhrgebiet, neben der Eisenbahntrasse im engen Tal des Mittelrheins oder neben einer ewig brummenden Industrieanlage leben. Ein industrialisiertes Land bürdet seinen Bewohner:innen immer auch Belastungen auf. Die Frage, inwieweit der Nutzen der Allgemeinheit den einzelnen Betroffenen entschädigen muss, wurde dabei in den vergangenen Jahrzehnten meistens zuungunsten des Einzelnen beantwortet: Für das Aushalten von Anblick, Geräusch- und Geruchsbelästigung wurden in der Regel keine Entschädigungen gezahlt; ebenso wenig für die Belastungen des Bergbaus (siehe Kapitel 4). Bei den erneuerbaren Energien erleben wir eine langsame Abkehr von diesem Primat des kollektiven Nutzens: Gemeinden in der Umgebung neuer Windparks können seit der letzten Novelle des Erneuerbare-Energien-Gesetzes mit 0,2 Cent pro Kilowattstunde und Jahr erhalten. Bei einem größeren Windpark können so einige hunderttausend Euro im Jahr ins Stadtsäckel fließen. Ein weiterer Ansatz ist, Anwohnern finanzielle Beteiligungen an den Windparks anzubieten – in Mecklenburg-Vorpommern sind solche Angebote seit einigen Jahren Pflicht.* In Dänemark werden sogar nachgewiesene

Wertminderungen von Immobilien in der Nähe neuer Windparks ersetzt – seit 2020 erhalten deren Anwohner einen Steuerbonus von bis zu 700 Euro im Jahr.*

Neues Wirtschaftsmodell für das Land

All diese Modelle für Entschädigungen verstellen jedoch den Blick darauf, dass erneuerbare Energien vor allem eine große Chance für das Land bieten. Windkraft- und Solaranlagen haben das Potenzial, die seit Jahren andauernde Landflucht zu mildern, vielleicht sogar zu stoppen. Denn sie können neuen Wohlstand aufs Land bringen. Die Anlagen lassen sich nur mit Zigtausenden von Arbeitskräften bauen, betreiben und warten. Die Inspektion der Flügel einer Windturbine vor Ort lässt sich nicht in Niedriglohnländer verlegen, ebenso wenig die Pflege von Solarmodulen oder die Planung und der Bau neuer Anlagen. Das Gleiche gilt für die Kontrolle und Erneuerung von Stromleitungen oder den Betrieb von großen Stromspeichern. Hinzu kommen die sogenannten indirekten Beschäftigungseffekte: Schulen und Kindertagesstätten für die Kinder der Energiewerker:innen, Geschäfte für ihre Einkäufe, Handwerker:innen, die ihre Häuser bauen. Auf zwei Arbeitsplätze in der Braunkohle kommt ungefähr ein zusätzlicher Arbeitsplatz in anderen Branchen,* ähnlich dürfte das Verhältnis bei den erneuerbaren Energien liegen. In Dithmarschen an der Nordseeküste wachsen deshalb mancherorts inzwischen die Gemeinden wieder.*

Weit darüber hinausgehende Wirkungen aber kann der Strom aus Wind- und Solaranlagen haben, wenn auch seine Nutzung vor Ort eine Rolle spielt. Ein Beispiel dafür ist der Autohersteller Tesla: Er baut sein Werk im brandenburgischen Grünheide nicht nur wegen der Nähe zum Berliner Arbeitsmarkt, sondern auch wegen des Erneuerbaren-Stroms aus Brandenburg. Noch kostet Strom im Großhandel an jedem Ort das Gleiche. So gesehen, hätte Tesla sein Werk auch in Bayern bauen können. Doch die Chancen, dass sich das ändert, stehen nicht so schlecht: In Fachkreisen wird seit Jahren über Modelle für regionale Strommärkte diskutiert. Damit würde Strom dort, wo viel davon produziert wird, günstiger werden. Solche Regionalstrommärkte würden die Nähe zu Wind- und Solaranlagen von einer optischen Störung in einen wirtschaftlichen Standortvorteil verwandeln. Genauso wie bisher immer in der Geschichte der Energienutzung.

Fazit

Windkraft- und Solaranlagen verändern die Landschaft, und sie stören das Landschaftsbild, das viele in ihrer Kindheit entwickelt haben. Das haben sie mit dem Kohlebergbau im Ruhrgebiet, im Rheinischen Revier, in Mitteldeutschland und in der Lausitz gemeinsam. Die Erfahrung von dort zeigt, dass es eine Frage der Generationszugehörigkeit ist, inwieweit landschaftliche Veränderungen akzeptiert werden. Was ältere Menschen als Eingriff empfinden, ist für junge Menschen normal. Allein dadurch wird die Akzeptanz für Windparks über die Jahre von ganz allein steigen.

Heimatlicher Epilog

Die Verbundenheit der Menschen mit den Energiequellen der Vergangenheit zeigt sich nicht zuletzt in ihrer Inszenierung, in Bergmannskapellen genauso wie in ihrer Musealisierung: Die heutige Essener Zeche Zollverein ist nicht das Museum der Ausbeutung einer Landschaft oder von Menschen, sondern eine Event-Location, die dem wirtschaftlichen Aufstieg einer Region und der Bergbautechnik in Form eines UNESCO-Welterbes huldigt.* Ebenso geht es im Besucherbergwerk und auf der 500 Meter langen Förderbrücke F60 im ehemaligen Braunkohletagebau Lichterfeld-Sackdorf in der Lausitz nicht um Mondlandschaften und die Vertreibung von Menschen, sondern um ein beeindruckendes Stück Technik und um Bergbaufolgelandschaften als Kunstinstallation.* Von diesen Inszenierungen können erneuerbare Energien lernen.[63]

---

63 Einige Ansätze dazu gibt es schon: beispielsweise Bootsausflüge zu Off-shore-Windparks oder an wenigen Orten auch Windkraftanlagen, die offen für Besichtigungen sind.

16 Was passieren muss, damit Bayern von Stromautobahnen und Windparks gar nicht genug bekommen kann

Bayern hat es geschafft, Industrieland zu werden, ohne auf eine große, industrielle Infrastruktur aufzubauen. Wo sich im Ruhrgebiet am Rande der Hochöfen die Schlote der Kraftwerke in den Himmel recken, da gedeihen in Sichtweite des Audi-Werks in Ingolstadt die Süßkartoffeln, und auch der Werksparkplatz von BMW in Dingolfing geht nahtlos in Ackerland über. Wo andere Bundesländer sich mit den Schulden ihres fossilen Erbes herumschlagen müssen – zum Beispiel Bodensenkungen über den ehemaligen Steinkohlebergwerken oder großflächige Verwüstungen der Landschaft in den Braunkohlerevieren –, da konnte Bayern bei null starten. Auto- und Luftfahrindustrie konnten so – auch mit viel Steuergeld – in den vergangenen Jahrzehnten zu starken Säulen der bayerischen Wirtschaft herangewachsen. Angetrieben wurde diese Entwicklung maßgeblich von den Atomkraftwerken, die Franz Josef Strauß – in den Kinderjahren der Bundesrepublik Atomminister und von 1978 bis 1988 bayerischer Ministerpräsident – im Freistaat bauen ließ.* Um die Jahrtausendwende lieferten die Anlagen mehr als 60 Prozent des dort produzierten Stroms.* Damit war Bayern ähnlich von der Atomkraft abhängig wie Frankreich.

Kaum Kraftwerke in Bayern

Doch abgesehen von diesen Megaanlagen, die zur Zeit ihrer Planung und Errichtung die bayerischen Bürger:innen gegen ihre Regierung aufbrachten, wurden zwischen Würzburg und Berchtesgaden kaum Kraftwerke gebaut. Inklusive der Atommeiler produzieren Stand 2021 lediglich vier Anlagen mit jeweils mehr als

500 Megawatt Leistung im größten Flächenland Deutschlands Strom. Nimmt man noch die auch nicht allzu zahlreichen kleineren Anlagen, die Biogas- und die Wasserkraftwerke hinzu, so addiert sich die Leistung der steuerbaren Kraftwerke auf knapp zehn Gigawatt. An einem kalten Abend im Februar verbrauchen die Haushalte, Fabriken, Züge und Geschäfte Bayerns jedoch fast zwölf Gigawatt.* Angesichts dieser Stromlücke war Bayern schon in den vergangenen Jahren auf Stromeinfuhren angewiesen.

An sonnigen und windigen Tagen läuft Bayern hingegen zumindest zur Mittagszeit zu 100 Prozent mit Ökostrom. Denn bei Solarkraftwerken ist der Freistaat einsame Spitze in Deutschland: Rund 13 Gigawatt Leistung sind auf den Dächern und in Freiflächenanlagen installiert. Hinzu kommt die Windenergie mit 2,5 Gigawatt. Wind und Sonne steuern so ungefähr ein Viertel des Stromverbrauchs Bayerns bei, Biomasse und Wasserkraft ein weiteres Viertel.* Bei Nebel und Windstille aber reicht der bayerische Kraftwerkspark schon heute weder an guten noch an schlechten Tagen aus.

Die Notwendigkeit für Stromeinfuhren vergrößert sich mit dem Abschalten der Atomkraftwerke Isar 2 nordöstlich von München und Gundremmingen an der Donau nahe der Grenze zu Baden-Württemberg nochmals deutlich. Denn damit sinkt die Leistung des bayerischen Kraftwerksparks um 2,7 Gigawatt, die bayerische Stromlücke an Tagen mit wenig Wind und Sonne wächst somit auf mehr als vier Gigawatt.

Der Freistaat reagiert dabei nicht unbedingt so, wie man es erwarten würde. Er kümmert sich nicht darum, den wegfallenden Strom schleunigst zu ersetzen: Obschon das Potenzial für Windenergie gar nicht schlecht ist, entstehen kaum Windparks, und die bestehenden machen weniger als fünf Prozent der gesamten Windleistung Deutschlands aus. Denn in Bayern blockiert seit 2015 die deutschlandweit strengste Abstandsregel den Bau neuer Anlagen. Sie besagt, dass ein neues Windrad mindestens zehnmal weiter entfernt von der nächsten Siedlung stehen muss, als es in der Höhe misst. Damit kann der Mindestabstand leicht 1,5 bis

2,5 Kilometer betragen. Im streubesiedelten Bayern sind Windeignungsflächen, die dieses Kriterium erfüllen, rar – und damit neue Windprojekte. Die offizielle Begründung der CSU-Landtagsfraktion für die Verhinderungsregel lautet: Nur so könne die Akzeptanz von Windkraft erhalten bleiben.*

Um die Akzeptanz der Windkraft in Ostdeutschland scheint man sich hingegen nicht zu sorgen – im Gegenteil, der Freistaat setzt sogar darauf: Die Stromautobahn Südostlink soll in einigen Jahren vor allem Windstrom aus Sachsen-Anhalt, Brandenburg und Mecklenburg-Vorpommern sowie von der Ostsee in den Süden transportieren. Und zwar genau dorthin, wo noch bis 2022 das Atomkraftwerk Isar 2 Strom ins bayerische Netz einspeist. Ähnliches gilt für die Stromautobahn Südlink, die von den Offshore-Windparks auf der Nordsee Strom bis ins unterfränkische Grafenrheinfeld bringen soll, wo schon 2015 das gleichnamige Atomkraftwerk abgeschaltet wurde. Die ungeliebte Kernkraft aus Bayern wird also ersetzt durch Windstrom, dessen in Bayern ungeliebte Erzeugungsanlagen für die Bewohner des Freistaates nicht zu sehen sein werden.

Not in my backyard

Selbst die Sache mit dem Stromimport über die neuen Stromautobahnen ist vielen Bürger:innen Bayerns nicht recht, wie um 2015 deutlich wurde: Bürgerinitiativen entlang der Trassen für die damals noch als Freileitungen geplanten Projekte brachten den damaligen CSU-Chef und bayerischen Ministerpräsidenten Horst Seehofer dazu, das von ihm selbst geforderte Bundesbedarfsplangesetz, das den Bau der Leitungen in Form von Hochspannungsmasten regelte, wieder abzuschießen.* Die oberirdischen und relativ günstigen Leitungen – «Monstertrassen» – wollten die bayerischen «Wutbürger:innen» nicht. Damit dereinst dennoch norddeutscher Windstrom nach Bayern fließen kann, mussten die Netze neu geplant werden: Sie werden deshalb nun unter die Erde gelegt. Das dauert etliche Jahre länger und ist rund dreimal teurer als die ursprünglichen Freileitungen,* wie sie in anderen

Bundesländern seit Jahrzehnten zum Landschaftsbild gehören, die aber die bayerischen Horizonte nicht stören sollen. Geliebt werden auch diese neuen Lebensadern für Bayern nicht. Abermals organisieren Bürgerinitiativen sich gegen die Projekte, weil die ungefähr oberarmdicken Erdkabel zwar nicht den Blick auf den Horizont verstellen, dafür aber recht aufwendig in Gräben verlegt werden, für die beim Bau über Hunderte von Kilometern eine 30 bis 45 Meter breite Schneise durch die Landschaft geschlagen werden muss.*

Rund 15 Milliarden Euro werden für den Bau der Leitungen nach Bayern fällig werden, schätzte der Netzbetreiber Tennet (mit Sitz in Bayreuth) im Jahr 2015.* Bezahlt wird diese Extrawurst nur zu einem kleinen Teil von den bayerischen Stromverbraucher:innen, zu einem größeren Teil jedoch von den Menschen im restlichen Deutschland. Denn die Kosten der Stromautobahnen werden über die Stromnetzentgelte deutschlandweit umgelegt. Berücksichtigt man, dass auf Bayern nur rund ein Siebtel des deutschen Stromverbrauchs entfällt, so dürfte auch nur ein Siebtel der Kosten für den Ausbau der bayerischen Stromautobahnen aus Bayern bezahlt werden. Die übrigen sechs Siebtel hingegen bezahlen die Einwohner der anderen Bundesländer – unter dem Strich wohl mehr als 12 Milliarden Euro.

Dass Bayern mit diesen Maximalforderungen durchgekommen ist und andere dafür bezahlen, hat viel mit der Konstruktion des Strommarktes in Deutschland zu tun. Zu dessen Grundfesten zählt, dass man überall in der Bundesrepublik den gleichen Betrag für Stromlieferungen durch die Strombörse und den Großhandel zahlt. Wer im Freistaat Strom im Großhandel kauft, der zahlt genauso viel wie jemand in Hamburg oder im Ruhrgebiet – egal, ob der Strom aus Ingolstadt oder aus Wilhelmshaven kommt. Das Prinzip heißt «Kupferplatte» oder «einheitliche deutsche Strompreiszone». Es ist so heilig, dass der einheitliche Strompreis sogar dann noch gilt, wenn sich Strom gar nicht von den Kraftwerken zu den Verbrauchern liefern lässt, weil die Stromleitungen das nicht hergeben. Wenn der Stromstau absehbar ist, greift eine

Zauberhand in den Markt ein: Die Betreiber der Stromübertragungsnetze befehlen dann dem Kraftwerk vor dem Leitungsengpass, seine Leistung zu reduzieren, und ordnen an, dass stattdessen ein anderes Kraftwerk hinter dem Leitungsengpass mehr Strom produzieren muss. Die Kosten für diesen «Redispatch» genannten Eingriff zahlen nicht diejenigen, die den Strom bestellt haben oder ihn liefern wollten, sondern die Netzbetreiber und damit wir Stromverbraucher über die Netzentgelte für jede Kilowattstunde Strom.

Bevor die «Thüringer Strombrücke», die seit 2017 die ostdeutschen Windparks und Braunkohlekraftwerke mit Nordbayern verbindet, in Betrieb genommen wurde, drohte häufig Stau auf den Stromleitungen zwischen Nord- und Süddeutschland und entsprechend schnellten die Redispatch-Kosten in die Höhe. Eine ähnliche Situation ist absehbar, wenn die beiden Atomkraftwerke Isar II und Gundremmingen C, die zuletzt 30 Prozent des bayerischen Stroms lieferten, abgeschaltet werden. Deshalb werden in Irsching und Marbach zwei 300 Megawatt starke Gaskraftwerke gebaut, die künftig einspringen, wenn die Leitungen zwischen Bayern und dem Rest der Welt glühen. Weitere 600 Megawatt an Reserveleistung sind in Planung, ebenfalls bezahlt durch die Netzbetreiber und damit von allen Stromverbraucher:innen.[*]

Kurz gesagt, bezahlt also der Rest der Republik die freien Horizonte in Bayern: mit Geld für Stromleitungen, Reservekraftwerken und auch mit Windkraftanlagen, die zwar Strom für Bayern produzieren, die man dort selbst aber lange nicht wollte. Dass der bayerische Wirtschaftsminister Hubert Aiwanger von den Freien Wählern inzwischen mit «Windkümmerern» versucht,[*] seinen Landsleuten die Anlagen schmackhaft zu machen, spricht Bände, hat aber noch kein Windrad gebaut.

Die Kupferplatte durchschneiden

Dabei gäbe es ein einfaches Mittel, durch das Bayern ein eigenes, großes Interesse daran bekommen würde, sowohl Stromleitungen als auch Windkraftwerke freiwillig und schnell zu bauen: die Aufteilung der einheitlichen deutschen Strompreiszone in zwei oder mehrere neue, kleinere Preiszonen. Dort, wo die deutsche Kupferplatte nicht massiv, sondern löchrig ist, würde die Grenze verlaufen. Der Umriss der Zonen würde sich also nicht mehr wie bisher mit der Landkarte der Bundesrepublik (sowie als Anhängsel der von Luxemburg) decken, sondern entlang der tatsächlichen Erzeugungs-, Transport- und Verbrauchskapazitäten verlaufen. Eine Strompreiszone wäre dort zu Ende, wo bisher der Stau anfing. Innerhalb der Strompreiszone würde es dann kaum noch zu Übertragungsengpässen kommen, so dass Markteingriffe in Form von Redispatch nur noch sehr selten nötig wären.

Die Folgen einer Aufteilung der Kupferplatte wären weit mehr als nur technokratischer oder bürokratischer Natur. Sie wären in ganz Deutschland für Verbraucher:innen spürbar: Dort, wo viel Strom produziert wird und er gut transportiert werden kann, würde er billiger werden. Umgekehrt stiegen dort, wo wenig Strom produziert wird und er nicht ohne weiteres herantransportiert werden kann, die Preise. Auf Bayern übertragen, hieße das: Ohne neue Stromleitungen und neue Windkraftwerke würde der Strom teurer als in anderen Teilen des Landes. Tatsächlich gilt das nicht nur für den Freistaat, sondern in ähnlicher Weise auch für Baden-Württemberg. Zwar hat das Ländle in der Vergangenheit mehr in Kraftwerke und Leitungen investiert als Bayern, allerdings eben vor allem in Kohlekraftwerke und Kernkraftwerke, die nun nach und nach stillgelegt und ersetzt werden müssen.

Aus Brüssel kommt Druck

Die Diskussion über eine Aufteilung der Strompreiszonen ist keine akademische Frage, sondern steht in den nächsten Jahren zur politischen Lösung an. Denn die EU-Dachorganisation für Strommarktregulierung ACER will die europäischen Strommärkte ab 2025 neu ordnen. Ende 2020 hat sie entschieden, nach welchen Regeln sie dabei vorgehen will.[*] Berücksichtigen wird sie dabei auch Vorschläge der deutschen Übertragungsnetzbetreiber.[*] Diese hatten 2019 drei Varianten für die Aufteilung Deutschlands in mehrere Preiszonen vorgeschlagen. Einer umfasst genau die beiden Bundesländer Bayern und Baden-Württemberg. Modellierungen kamen dabei schon vor einigen Jahren zu dem Ergebnis, dass der Preisunterschied zwischen einer solchen süddeutschen und einer norddeutschen Preiszone anfangs bei 20 Prozent des mittleren Strompreises liegen würde.* Über die Jahre würde die Differenz dann wieder schrumpfen. Zum einen, weil es einen wirtschaftlichen Anreiz für den Bau neuer Leitungen sowohl für Bayern und Baden-Württemberg als auch für die übrigen Bundesländer gäbe. Denn über die künftigen Leitungen könnte norddeutscher Windstrom in Süddeutschland zu einem höheren Preis verkauft werden als zuvor zum Beispiel in Niedersachsen. Die Verhältnisse von Angebot und Nachfrage würden sich verschieben, und während in Norddeutschland die Preise anstiegen, würden sie in den Südländern sinken.

Zum anderen würde der Strompreiszonensplit dazu führen, dass der Ruf nach neuen Wind- und Solaranlagen sowie Reservekraftwerken in Süddeutschland lauter würde – auch dadurch würde sich das Stromangebot erhöhen und die Strompreise dort sinken. Der Effekt könnte Modellierungen zufolge so groß sein, dass in einem Deutschland mit zwei Strompreiszonen in Bayern und Baden-Württemberg bis 2025 rund dreimal mehr Kraftwerksleistung neu errichtet werden würde als in einem Deutschland mit nur einer Strompreiszone.

Auch unabhängig vom Druck durch die EU-Behörde ACER wird der Abschied von der deutschen Kupferplatte schon seit Jahren diskutiert. Die Monopolkommission der Bundesregierung hatte sie bereits 2011 vorgeschlagen. Doch in die politische Sphäre haben es die Vorschläge bisher nie geschafft. Denn der Widerstand sowohl der CSU-geführten Regierung in Bayern als auch der grün geführten Regierung in Baden-Württemberg wäre massiv: Sie müssten schließlich nicht nur Strompreiserhöhungen vertreten, sondern auch den Bau von Wind- und Solaranlagen sowie von Reservekraftwerken. Kurz, es wäre ein Abschied vom sehr bequemen Energieleben in Süddeutschland. Zudem gibt es viele offene Fragen: zum Beispiel, wie die Abgaben und Umlagen auf Strom zwischen Nord- und Süddeutschland aufgeteilt werden würden. Die Bundesregierung hat deshalb 2017 sogar per Verordnung festgelegt, dass die einheitliche deutsche Strompreiszone unteilbar ist.*

Es ist jedoch absehbar, dass die Bundesregierung in der Sache künftig weniger zu sagen hat: Die EU-Kommission hat Deutschland 2018 vor dem Europäischen Gerichtshof verklagt,* dass die Regierung sich zu sehr in den Energiemarkt einmische und die Bundesnetzagentur zu sehr an die kurze Leine nehme – sie könne deshalb nicht nach den Regeln des EU-Energiemarktes regulieren.[64] Das Verfahren dauert bereits einige Jahre, doch zuletzt sah es so aus, als ob sich die EU-Kommission vor Gericht durchsetzen könne. Das würde mit einem Schlag die bisher eiserne Klammer um die einheitliche deutsche Strompreiszone sprengen. Denn die Bundesnetzagentur müsste dann den Strommarkt entlang der EU-Regularien managen – und das würde wohl Aufteilung bedeuten, denn das wollte die EU-Kommission schon 2016.* Was dann geschieht, lässt sich in Schweden besichtigen, wo es bis 2011 auch nur eine einzige Strompreiszone gab. Doch dann kam ebenfalls die EU und hat gleich vier Preiszonen eingeführt. Seitdem zahlt man in Lappland ganz im Norden weniger für Strom als in Schonen ganz im Süden* – normalerweise sind ungefähr fünf Prozent Preisdifferenz die Regel. Im Corona-Jahr 2020 mit seiner stark eingebrochenen Stromnachfrage betrug der Preisunterschied allerdings fast 80 Prozent.

So betrüblich es ist, dass die Bundesregierungen bisher nicht dazu in der Lage waren, die Energiewende im ganzen Land zu fairen Bedingungen für alle Bürger:innen durchzusetzen, so hilfreich wäre ein Diktum aus Brüssel. Es gäbe Berlin und den Landesregierungen von Bayern und Baden-Württemberg zum einen

---

64 Das Urteil wurde für Mitte 2021 und damit nach Redaktionsschluss dieses Buches erwartet.

die Gelegenheit, in eine fortschrittliche Strommarktregulierung einzusteigen, und zum anderen die Möglichkeit, mit dem Finger in Richtung Brüssel zu zeigen, um den Zorn einiger «Wutbürger:innen» dorthin abzuleiten.

Fazit

Eine Aufteilung der deutschen Strompreiszone könnte den Bau von Windkraftwerken und Stromleitungen in Bayern deutlich beschleunigen. Der Widerstand der Bundesregierung sowie der Landesregierungen in München und Stuttgart dürfte von der EU gebrochen werden: entweder weil der Europäische Gerichtshof entscheidet, dass die Bundesnetzagentur die Vorschriften zur EU-Strommarktregulierung besser umsetzen muss. Oder weil die oberste EU-Regulierungsbehörde ACER das demnächst vorschreibt. So oder so würde eine solche Entscheidung dazu führen, dass in Süddeutschland der Strom zunächst teurer würde, und man kann vermuten, dass aus der dortigen Wirtschaft schnell gefordert würde, das wieder zu ändern. Und zwar auch mit billigem Windstrom aus heimischen Landen.

17 Warum die Energiewende in Deutschland überall auf der Welt Nachahmer findet

China ist nicht als der Klimaschützer der Welt bekannt.* In keinem anderen Land wird mehr CO_2 in die Atmosphäre geblasen – fast 30 Prozent der globalen Treibhausgasemissionen entfallen auf das Reich der Mitte, und die Hälfte der Kohle des Planeten wird dort verbrannt. Die USA folgen auf Platz zwei der Klimasünder-Rangliste mit einem CO_2-Ausstoß, der «nur» halb so groß ist wie der von China. Auf Platz drei liegt Indien mit Treibhausgasemissionen, die wiederum nur die Hälfte jener der USA betragen. Damit stehen China, die USA und Indien gemeinsam für die Hälfte

unseres Klimaschutzproblems.[65] Ohne dass diese Länder ernsthaft, schnell und ambitioniert ihre fossilen Kraftwerke abschalten
und auf erneuerbare Energien umstellen, wird es mit dem Pariser
Klimaschutzziel nichts werden. Klimaschutz in Deutschland al-
leine bringt daher beim deutschen Anteil von knapp zwei Prozent
an den weltweiten Emissionen nichts – in diesem Punkt haben die
Kritiker:innen der Energiewende recht. Allerdings postulieren sie
häufig, dass Deutschland in seinem Bemühen um die Rettung des
Klimas allein dasteht. Das wiederum zeugt von einer engstirnigen,
nationalen Sicht, denn das Gegenteil ist der Fall: China soll bis
spätestens 2060 klimaneutral werden,* hat der chinesische Ministerpräsident Xi Jinping Ende September 2020 verkündet. Schon
vor 2030 sollen die chinesischen CO_2-Emissionen ihren Höhe-
punkt erreichen und dann sinken.

Platz	Geografie	CO_2-Emissionen 2018 (Mio. t)	Anteil an den welt- weiten Emissionen
	Welt	44 728	100%
1	China	12 355	27,62%
2	Vereinigte Staaten	6024	13,47%
3	Indien	3375	7,55%
4	Russland	2543	5,69%
	Internationaler Schiffs- und Flugverkehr	1260	2,82%
5	Japan	1187	2,65%
6	Indonesien	970	2,17%
7	Iran	828	1,85%
8	Deutschland	806	1,80%
9	Südkorea	719	1,61%
10	Saudi-Arabien	638	1,43%

Quelle: www.climate-transparency.org, www.ourworldindata.org/co2-emissions

Abbildung 11: Die Top 10 der weltweit größten Klimasünder

65 Die übrigen sieben Länder auf der Liste der Top 10 der Klimasünderliste
   sind für zusätzliche 17 Prozent der Emissionen verantwortlich. Damit entfallen zwei Drittel der weltweiten Treibhausgase auf zehn Staaten, in denen
   nur rund die Hälfte der Weltbevölkerung lebt. Klimagerechtigkeit sieht anders aus.

Mit dem Amtsantritt von Joe Biden als US-Präsident sind auch die Vereinigten Staaten wieder im Spiel: Bis 2050 sollen sie nach Willen des neuen Präsidenten klimaneutral werden, den Austritt aus dem Pariser Klimaschutzabkommen machte Biden am ersten Tag seiner Präsidentschaft rückgängig. In den nächsten zehn Jahren sollen die USA 1,7 Billionen Dollar in saubere Energie investieren und so bis 2030 den Treibhausgasausstoß im Vergleich zu 2005 halbieren.* Mit dem ersten Gipfel, zu dem Biden Ende April 2020 die Staats- und Regierungschefs aus 40 Ländern einlud, unterstrich er seine Ernsthaftigkeit* – und bekam dafür sogar Zustimmung von Russlands Präsident Wladimir Putin.

Klimaschutzziele basieren auf billigem Wind- und Solarstrom

Hinter diesen Zielen, die ähnlich von mehr als 100 Staaten verfolgt werden,* steckt die Erfahrung, dass Wind und Sonne den günstigsten Strom in der kürzesten Zeit liefern. Interessanterweise ist das keine Frage des politischen Systems, wie die beiden Kontrahenten um die wirtschaftliche und politische Vormacht auf dem Planeten zeigen: In China wurden 2020 fast 30 Prozent des Stroms aus erneuerbaren Energien produziert,* zu einem großen Teil aus Wasserkraft. Das starke Wachstum ist allerdings bei Wind- und Sonnenkraft zu verzeichnen: Allein 71 Gigawatt Windleistung wurden 2020 zugebaut,* eine Verdreifachung gegenüber 2019. Mehr als 280 Gigawatt Windkraft sind damit in China inzwischen installiert. Bei der Solarenergie gelang es den Chinesen im Jahr 2020, Module mit fast 50 Gigawatt an ihr Stromnetz anzuschließen. Der Bestand bei der Photovoltaik wuchs damit auf mehr als 250 Gigawatt – fast die fünffache Leistung dessen, was bei uns installiert ist. Ebenso wie bei der Windkraft wurden die Solaranlagen fast alle erst in den Jahren nach 2010 gebaut, bis 2030 ist nochmals mehr als eine Verdoppelung geplant.* Die Internationale Energieagentur prognostiziert, dass der Anteil der erneuerbaren Energien damit in China von 27 Prozent im Jahr 2019 auf bis zu 50 Prozent im Jahr 2030 wachsen könnte.

Blickt man in die USA – den Zweiten auf den Weltranglisten sowohl für CO_2-Ausstoß als auch für Wind- und Solarleistung –, so wird man dort mehr als 122 Gigawatt an Windkraftanlagen und rund 100 Gigawatt an Solarstromanlagen finden. Das ist nicht ganz das Doppelte dessen, was in Deutschland 2020 installiert war, und sicherlich nichts, womit sich ein Land, das nach Fläche und Einwohnerzahl Deutschland um ein Mehrfaches übertrifft, schmücken könnte. Bemerkenswert ist jedoch, dass die Hälfte der Anlagen erst in der Amtszeit von Donald Trump installiert wurde – dem Präsidenten, der aus dem Pariser Klimaabkommen austrat, Umweltgesetze schleifte und Kohlekonzerne stärkte. Ebenso wie in China war 2020 in den USA sowohl bei Wind* als auch bei der Photovoltaik* das bislang stärkste Jahr überhaupt. Und ausgerechnet in den Bundesstaaten Texas, Iowa und Oklahoma, die von den oft als ölverliebt wahrgenommenen Republikanern regiert werden, war die Windkraft besonders erfolgreich.

Die Attraktivität der erneuerbaren Energien war also stärker als der denkbar stärkste politische Gegendruck aus Washington. Mit dem Rückenwind, den die Biden-Administration nun macht, könnten jedoch die erneuerbaren Energien in den Vereinigten Staaten in den nächsten Jahren förmlich abheben: So geht die Internationale Energieagentur je nach Szenario von einer Verdoppelung bis Vervierfachung der installierten Wind- und Solarleistungen in den USA bis 2030 aus. Der Anteil der erneuerbaren Energien an der Stromproduktion könnte damit von rund 25 Prozent im Jahr 2019 auf 49 bis 63 Prozent im Jahr 2030 wachsen.

Parallel zum Boom der erneuerbaren Energien, aber auch zum Aufkommen billigen Fracking-Erdgases gehen in den USA die oft überalterten Kohlekraftwerke vom Netz.* Innerhalb von zehn Jahren halbierte sich ihre Stromproduktion. Einen Kohlekompromiss wie bei uns brauchten die Amerikaner dafür nicht. Und auch in China realisiert man inzwischen, dass die brandneue Flotte an Kohlekraftwerken womöglich kollektiven Schiffbruch erleiden könnte:* Sie liefen im Jahr 2020 rund ein Viertel weniger als eigentlich vorgesehen. Diese Entwicklung folgt dem, was wir auch in Deutschland schon gelernt haben.

China und die USA, die heute weltweit größten Märkte für Solar- und Windkraftanlagen, satteln auf Pionierleistungen und Investitionen um, die ihren Ursprung auch in Deutschland haben. Bis 2010 kauften deutsche Solarpioniere zeitweise bis zu 80 Prozent der weltweit verfügbaren Solarmodule. Bei der Windkraft war die Jahrtausendwende die Zeit der Pioniere in Deutschland: Im Jahr 2000 wurden hierzulande ungefähr genauso viele Windkraftanlagen gebaut wie in Dänemark, Spanien und Italien – den drei nächstgrößten Märkten – zusammen.* Diese enorme Nachfrage war es, durch die vor gut 15 Jahren eine Solar- und Windindustrie entstand – zunächst in Deutschland, Dänemark und Spanien, später auch in anderen europäischen Ländern, den USA und schließlich China, das Wind- und Solarindustrie sogar zu strategisch relevanten Wirtschaftszweigen erklärte und in der Folge mit unbegrenzt viel Geld ausstattete.*

EEG als Keimzelle eines weltweiten Trends

Möglich wurden die ersten Schritte der Erneuerbaren-Energie-Industrie durch ein einfaches gesetzliches Mittel, das in Deutschland zwar nicht erfunden, aber sehr konsequent und großzügig eingesetzt wurde: Jeder, der Strom aus erneuerbaren Energien erzeugte, konnte diesen unbürokratisch ins Netz einspeisen und sich jede eingespeiste Kilowattstunde auskömmlich vergüten lassen. Die sogenannte Einspeisevergütung betrug bei den ersten Photovoltaikanlagen im Jahr 2004 satte 54 Cent pro Kilowattstunde, bei der Windkraft lag die Vergütung im Jahr 2002 bei bis zu neun Cent je Kilowattstunde. Damit wurden Solar- und Windkraftanlagen als Renditeobjekte interessant, denn tatsächlich ließ sich der Strom vielfach deutlich unterhalb der gesetzlichen Vergütungssätze produzieren. Das Erneuerbare-Energien-Gesetz – im Jahr 2000 in einer eher klandestinen Aktion von der damaligen rot-grünen Koalition verabschiedet – war somit nicht nur ein Klimaschutzgesetz, sondern auch ein industriepolitisches Aufbauprogramm, das darauf ausgerichtet war, das Gewinnstreben der Menschen für die gute Sache auszunutzen und Milliarden von Euro privaten Geldes zu aktivieren.

Dieser Teil gelang hervorragend, die meisten anderen Instrumente zur Förderung erneuerbarer Energien weltweit waren entweder teurer oder weniger effektiv. Der große Nachteil des EEG ist, dass die Aufbau- und Entwicklungskosten nicht über den Staatshaushalt bezahlt wurden – wie etwa bei der Entwicklung der Atomkraft oder beim deutsch-französischen Megaprojekt Airbus –, sondern in Form der EEG-Umlage, die wir Stromverbraucher:innen über unsere Stromrechnung zahlen, um den Unterschied zwischen den (anfangs hohen) Einspeisevergütungen und den viel niedrigeren Verkaufspreisen des Erneuerbaren-Stroms an der Strombörse auszugleichen. Das EEG war von den Parlamentariern im Bundestag[66] sogar ausdrücklich so gestrickt worden, dass Windkraft, Solarenergie und Co. nicht aus dem Steuersäckel alimentiert werden mussten. Denn das hätte die EU-Kommission in Brüssel, die vor 20 Jahren noch nicht auf dem Klimaschutztrip war, womöglich als unerlaubte Beihilfe wieder kassiert. Die zarten Blüten des Erneuerbaren-Wachstums der ersten Jahre wären damit schnell wieder abgestorben.

Der Umweg über die Stromrechnung brachte viel Transparenz über die Kosten der erneuerbaren Energien mit sich. Die Bekanntgabe der EEG-Umlage zum 15. Oktober ist jedes Jahr ein Termin, um über die vielen Milliarden Euro zu debattieren, die über sie inzwischen jährlich umgewälzt werden. Auf 211 Milliarden Euro summieren sie sich nur für die Jahre von 2011 bis 2020.* Im Schatten dieser Frage steht dagegen, was diese sagenhafte

---

66 Das EEG war lange Zeit ein Parlamentsgesetz, das aus der Mitte des Bundestages in das Gesetzgebungsverfahren eingebracht wurde – also von einigen Abgeordneten. In den Anfangsjahren des EEG gab es mit Dietmar Schütz und Hermann Scheer (SPD) sowie Michaele Hustedt und Hans-Josef Fell (Die Grünen) eine fraktionsübergreifende Gruppe von Abgeordneten, die sich immer wieder nachdrücklich für das Gesetz einsetzten.

Summe neben der Erzeugung klimafreundlichen Stroms bewirkt hat: Sie hat nämlich den Keim für die enormen Fortschritte bei den Produktionskosten von Wind- und Solaranlagen weltweit gelegt. Von der Investition profitieren all diejenigen, die heute für Bruchteile der Kosten, die vor 20 Jahren in Deutschland fällig wurden, klimafreundlichen Strom erzeugen können.

Die EEG-Milliarden sind damit auch ein Geschenk Deutschlands an die Welt. Ohne sie hätte sich in China keine Solarindustrie bilden können, in der heute einzelne Hersteller so viele Solarmodule in zwei Jahren herstellen, wie in Deutschland seit Beginn der Erneuerbare-Energien-Geschichte vor 20 Jahren installiert wurden.[*] Ohne sie würde in Australien nicht auf jedem fünften Haus Solarfelder ruhen. Es würden nicht überall auf der Welt gigantische Solarparks gebaut, ebenso wenig wie Offshore-Windparks, die etwa in Großbritannien dazu geführt haben, dass dort kaum mehr Kohlekraftwerke laufen. Kurz: Wir hätten die Technologien zur Bekämpfung des Klimawandels nicht oder erst später bekommen.

Die Kehrseite der Milliardeninvestitionen in Deutschland ist jedoch auch, dass die Zeit von 2010 bis 2020 in Deutschland zu einem Jahrzehnt des Zweifelns über die Energiewende wurde. Während sich weltweit der Anteil von Windkraft, Solar- und Bioenergie an der Stromerzeugung fast verdreifachte und 2020 erstmals die Atomenergie überrundete,[*] verebbte Deutschlands Enthusiasmus in Ausbaudeckeln bei der Photovoltaik, in Abstandsregelungen bei der Windkraft und einer Diskussion, die sich vor allem um die Herausforderungen, Kosten und Risiken der Energiewende drehte.

Zuallererst hat es die Solarindustrie erwischt, die zwischen 2004 und 2010 vor allem in Ostdeutschland entstand: in Frankfurt (Oder), in Prenzlau, Freiberg, Arnstadt und vor allem rund um Bitterfeld. Ihr Niedergang ist einerseits eine Folge des Kleinregierens des deutschen Solarmarktes durch die damaligen Bundesumweltminister Peter Altmaier und Norbert Röttgen (beide CDU), andererseits aber auch ein Mangel an Courage bei den

Solarunternehmen selbst: Viele von ihnen hatten anders als ihre chinesischen Konkurrenten keine Wachstumspläne (oder kein Geld dafür) bis in den Himmel. Und ohne Wachstum konnten sie die Produktionskosten deutlich weniger senken als die Konkurrenz in China. Immer mehr Solarmodule wurden daher im Land der Mitte gefertigt und nicht in Deutschland. Damit haben die Solarmodule den gleichen Weg genommen wie so ziemlich alle Massenprodukte auf dem Planeten.

Nach 2018 geriet angesichts des kleinregierten Windmarktes – zunächst unter Bundeswirtschaftsminister Sigmar Gabriel (SPD), dann unter dessen Nachfolger Peter Altmaier (CDU) – auch die deutsche Windindustrie in die Krise. Der Hersteller Senvion ging pleite, Nordex schrammte knapp an der Insolvenz vorbei, und Enercon, das größte deutsche Windunternehmen, musste bei sich und verbundenen Unternehmen in mehreren Wellen Tausende von Mitarbeiter:innen entlassen.

Noch täuschen die Erfolge der Vergangenheit über diese Probleme der Gegenwart hinweg. Unter den 20 größten Industrieländern hatte Deutschland im Jahr 2020 den höchsten Anteil von Wind- und Solarenergie im Strommix.* Doch dieser Vorsprung schmilzt dahin, der bislang hintere Teil des Feldes holt dramatisch auf: In China, den USA, Brasilien, der Türkei, Australien und Südkorea wurde 2020 als das beste Jahr für den Ausbau der Windkraft überhaupt verzeichnet – in Deutschland hingegen war es das zweitschlechteste. Und während überall auf der Welt Solarparks im Maßstab von mehreren hundert Megawatt entstehen (in den dicht besiedelten Niederlanden entstand 2017 mit 1 750 Megawatt eines der größten Projekte weltweit*), haben es die deutschen Parlamentarier gerade einmal geschafft, die Größengrenze für Solarparks, die über das EEG vergütet werden, von 10 auf 20 Megawatt zu erhöhen. Solche kleingeistigen Entscheidungen verkennen völlig die Dimensionen der Veränderungen und erinnern an das Impfdesaster Anfang 2021, als Deutschland seine Energie lieber in Bürokratie als in schnelles Impfen mit einem in Deutschland entwickelten Impfstoff steckte. Gleichzeitig sind neue Dynamiken schon absehbar: Für Mitte der 2020er-Jahre sagt der frühere Kopf von Bloomberg New Energy Finance, Michael Liebreich, voraus, dass Strom aus neuen Erneuerbare-Energien-Anlagen mit angeschlossenem Speicher günstiger sein wird als Strom aus alten Kohle- und Gaskraftwerken. Dann wird die Umstellungsgeschwindigkeit der Energiewende weltweit nochmals zunehmen. Deutschland dafür zu rüsten, auch das wird Aufgabe der Bundesregierung in der Legislaturperiode von 2021 bis 2025 werden.

Fazit

Würde es wie beim Faxgerät, beim Audiostandard MP3 oder beim Mobilfunk, die auch jeweils in Deutschland ihren Ursprung haben, nur um verlorene industrielle Chancen gehen, so wäre das schon schlimm genug. Doch beim Ausbau der erneuerbaren Energien und der Energiewende geht es um ein für Deutschlands Zukunftsfähigkeit zentrales Projekt: klimafreundliche UND bezahlbare Energie als Grundlage für ein Industrieland und unseren Wohlstand. Dass die Bundesregierungen seit 2010 diese Chancen nicht entschlossen angepackt haben, werden ihnen künftige Generationen einmal vorwerfen können. Und sich fragen, wie die Politik in den 2010er-Jahren eigentlich so dämlich sein konnte, ein solches Blatt zu verspielen.

18 Warum Ursula von der Leyen, die deutsche Präsidentin der EU-Kommission, Europa beim Klimaschutz antreibt

Wenn wir in den kommenden Jahren davon hören, dass Kraftwerksbetreiber immer mehr für den Ausstoß von CO_2 bezahlen müssen, dass Sprit teurer wird, dass auf Stahl neuerdings ein Klimaschutzlabel klebt oder dass Produkte gut recycelbar sein müssen, dann hat das viel mit der Antrittsrede von Ursula von der

Leyen als Präsidentin der EU-Kommission zu tun. Sie hat darin im Dezember 2019 einen European Green New Deal versprochen – eine Hunderte von Milliarden Euro schwere Investitionskampagne für einen klima- und umweltfreundlichen, aber auch sozial gerechten Umbau der Europäischen Union. Bis 2050 soll die EU klimaneutral werden – also höchstens noch so viel CO_2 ausstoßen, wie auch wieder eingesammelt wird, etwa durch Wälder oder bei der unterirdischen CO_2-Speicherung. In den dafür nötigen Umbau soll allein bis 2030 rund eine Billion Euro fließen – öffentliches Geld genauso wie privates (was ein Grund dafür ist, dass wir neuerdings Grüne Bundeswertpapiere kaufen können).[*]

Ergebnis dieses Umbaus soll auch sein, dass die Treibhausgasemissionen in der Europäischen Union bis 2030 deutlich stärker sinken als bisher geplant: Gemessen an 1990, sollen es nicht mehr 40, sondern mindestens 55 Prozent weniger sein. Um das zu schaffen, müssen die EU-Bürger:innen und die EU-Industrie das Tempo, in dem wir Treibhausgasemissionen vermindern, in den nächsten zehn Jahren mehr als verdoppeln. Eine ähnliche Beschleunigung gilt für den Ausbau der erneuerbaren Energien,[*] die bis 2030 einen Anteil von mindestens 32 Prozent am Endenergieverbrauch bekommen sollen, und für die Energieeffizienz – der Energieverbrauch soll im Vergleich zu 1990 um 32,5 Prozent sinken.

Die Vorgaben aus Brüssel werden nun nach und nach in die diversen Bundesgesetze zum Schutze des Klimas übernommen – vom Bundesemissionshandelsgesetz über das Erneuerbare-Energien-Gesetz bis zum Gebäudeenergiegesetz. All das ist nicht mit von der Leyens Antrittsrede vom Himmel gefallen, sondern das Ergebnis einer längeren vorherigen Entwicklung. Diese begann mit der Wahl zum Europäischen Parlament im Mai 2019, die sich überraschend stark als eine Wahl pro Klimaschutz erwies. Die europäischen Grünen sowie die liberale Partei «Renew Europe» erreichten zusammen fast 25 Prozent der Stimmen,[*] beide Parteien hatten im Wahlkampf vehement für mehr Klimaschutz geworben. Die Grünen landeten in Deutschland sogar auf dem zweiten

Platz. In Frankreich wiederum schaffte Pascal Confin für Renew Europe den Einzug ins Parlament – er war zuvor Chef des dortigen WWF und wurde im EU-Parlament Vorsitzender des Umweltausschusses.

Nach langen Querelen über die Frage, ob einer der Spitzenkandidaten der Europawahl 2019 – der Sozialdemokrat Frans Timmermans oder der Christsoziale Manfred Weber – tatsächlich Präsident der EU-Kommission werden würden,* hatten sich die europäischen Staats- und Regierungschefs auf einem Sondergipfel Ende Juni 2019 überraschend auf die ehemalige deutsche Verteidigungsministerin als Kompromisskandidatin geeinigt.*

Das EU-Parlament ließ von der Leyen wenige Wochen später nur deshalb mit knapper Mehrheit passieren, weil sie den Renew-Europe-Abgeordneten, die sie unterstützten, dafür Klimaschutz versprochen hatte. Die Grünen stimmten hier noch gegen sie, weil ihnen die Zusagen nicht weit genug gingen. Das Klimaschutzversprechen konkretisierte sich später in der Auswahl der Mitglieder für die EU-Kommission, die ebenfalls vom Parlament bestätigt werden müssen, wobei sich die Grünen bei dieser Abstimmung schon enthielten: Mit Frans Timmermans als EU-Vizepräsidenten und kraftvollem Klimaschützer konnten sie zufrieden sein. Und schließlich hatten die EU-Beamten der vorherigen Kommission die Zeit bis zur Wahl von der Leyens genutzt, um eine umfangreiche Ideensammlung für das auszuarbeiten, was dann der European Green Deal werden sollte.

Zuckerbrot und Peitsche

Um uns Beine zu machen, wird die EU die klassischen Instrumente der Politik nutzen: Zuckerbrot und Peitsche. Die Peitsche, das sind unzählige Regelungen, mit denen wirklich alle Bereiche erfasst werden sollen, in denen Treibhausgase ausgestoßen werden. So müssen sich die Betreiber von fossilen Kraft- oder Stahlwerken darauf einstellen, dass die CO_2-Zertifikate, die sie für jede Kilowattstunde oder jede Tonne Stahl kaufen müssen, in den kommenden Jahren schneller knapp und damit teurer werden.

Denn die EU will die jährlich ausgegebenen Mengen stärker reduzieren als bisher geplant. Klar ist auch, dass es teurer werden
wird, Heizöl, Gas, Benzin und Diesel zu verbrennen. Das EU-
Klimaschutzgesetz, in das die Ankündigung des Green New Deals
Mitte 2021 mündete, regelt, dass auch CO_2-Emissionen im privaten Umfeld einen Preis bekommen. Das Bundesemissionshandelsgesetz, durch das in Deutschland Anfang 2021 die Treib- und
Brennstoffe schon teurer wurden, ist deshalb nur ein Vorge-
schmack darauf, was in den nächsten Jahren aus Brüssel noch
kommen wird.

Absehbar ist auch, dass diejenigen, die heute noch billigen, aber
auch klimaschädlich produzierten Stahl aus China oder Indien in
den EU-Binnenmarkt einführen, künftig einen Klimazoll, eine
sogenannte Grenzausgleichssteuer, berappen müssen. Das soll
einerseits vor dem sogenannten Carbon Leakage schützen – dem
Abwandern klimaschädlicher Industrien aus Staaten mit stren-
gen Klimaschutzgesetzen in Länder mit lascheren Vorgaben –
und andererseits auch die heimische Stahlindustrie schützen.
Diese muss immer teurere CO_2-Zertifikate für den Betrieb ihrer
Hochöfen kaufen, arbeitet aber gleichzeitig in mehreren Pilotpro-
jekten daran, Stahl künftig mit Hilfe von Wasserstoff oder Erdgas
herzustellen – das ist zwar klimafreundlicher, aber auch teurer.
Ähnliches müsste die EU konsequenterweise beim Import von
Lebensmitteln und Futter aus anderen Weltregionen tun. Denn
der Green New Deal zwingt auch die Bauern in der EU zu ökologischerem und klimafreundlicherem Wirtschaften, das hierzulande zu höheren Preisen führen könnte.*

Der Zucker wiederum sieht so aus, dass die EU den klimafreundlichen Umbau mit vielen Hunderten Milliarden Euro fördert. Der Ausbau erneuerbarer Energien zählt hierzu genauso wie
der Ausbau der Stromnetze, von Schienenwegen oder den ersten
Pipelines für Wasserstoff; ebenso die Renovierung von Gebäuden
oder von Industrieanlagen für höhere Energieeffizienz.

Dazu hat Brüssel auch die Dynamik der Corona-Pandemie genutzt. Zur Überraschung einiger kassierten die EU-Staats- und

Regierungschefs sowie die EU-Kommission die Klimapläne nämlich nicht infolge des Wirtschaftseinbruchs durch Corona. Sondern sie nutzten Corona, um die Klimapläne nochmals zu verstärken und stellten die sagenhafte Summe von 1800 Milliarden Euro für den wirtschaftlichen Wiederaufbau in den mehrjährigen EU-Haushalt ein. Etwa ein Drittel des Geldes – 600 Milliarden Euro – muss unmittelbar in den Klimaschutz fließen. Für die übrigen 1200 Milliarden Euro gilt: Sie dürfen den Klimaschutzplänen nicht schaden.

Doch nicht nur mit ihrem Recovery Act packt die EU den Umbau der langfristigen Kapitalstöcke an. Ein ebenso starker Hebel sind neue Vorgaben für große börsennotierte Unternehmen: Sie müssen künftig in ihren Geschäftsberichten ausweisen, welche Geschäfte sie mit fossilen Energien machen, und so ihre wirtschaftlichen Klimarisiken für Investoren transparent machen. Wenn Pensionsfonds sich aus Kohle-, Öl- und Gaskonzernen zurückziehen, dann liegt das auch an diesen Vorgaben.

Trostpflaster für die Bergleute

Flankiert wird das Fordern und Fördern durch das Prinzip der «Just Transition»* – des gerechten Übergangs der sieben europäischen Kohleregionen in Form von viel Geld. Dadurch sollen Strukturbrüche abgefedert werden, damit nach dem Ausstieg aus der Kohleförderung und -nutzung nicht plötzlich ganze Regionen verarmen. In die Lausitz fließen aus diesem Grund beispielsweise fast 900 Millionen Euro aus Brüssel* – Geld, das sowohl in die Infrastruktur als auch in die Ansiedlung neuer Betriebe investiert werden kann. Das könnte zum Beispiel die Batteriefabrik sein, die BASF im Süden Brandenburgs im Jahr 2022 in Betrieb nehmen will.[67]*

---

67 Dass es für die ehemaligen Beschäftigten in der kaputtregierten Wind- und Solarindustrie Deutschlands keine Just-Transition-Segnungen gab, muss man nicht begrüßen – es hat viel damit zu tun, dass die Beschäftigten in der Kohleindustrie traditionell über Gewerkschaften bestens politisch vernetzt

Neu an dem Green New Deal ist, dass die EU künftig auch kontrollieren will, ob die Mitgliedsländer jene Ziele einhalten, die sie gemeinsam im Europäischen Rat mit dem EU-Parlament und der EU-Kommission beschlossen haben. Hierzu müssen die EU-Mitglieder künftig jährlich ihre Fortschritte nach Brüssel melden. Sollten diese nicht den Zielvereinbarungen entsprechen, die die EU-Kommission mit den Mitgliedsstaaten ausgehandelt hat, so darf die Kommission direkt durchgreifen und eine «Empfehlung» aussprechen, wie der Klimamissstand beseitigt werden kann. Pikant dabei: Die Mitgliedsstaaten müssen der «Empfehlung» folgen, es sei denn, sie bringen selbst Maßnahmen auf den Weg, die denselben Effekt haben.

Fazit

Brüssel macht ernst: Die Klimaschutzziele für 2030 und 2050 sind ambitioniert. Es wird sehr viel Geld für den Umbau des Wirtschaftssystems ausgegeben, und die EU-Kommission will streng darüber wachen, dass auch alles mit rechten Dingen zugeht. Damit erweist sich die Europäische Union einmal mehr als Taktgeber für den Klimaschutz auch in Deutschland.

sind. Auf diesem Weg haben sie noch stets einen Preis für das Abwracken «ihrer» langfristigen Kapitalstöcke bekommen. Diese gewerkschaftliche Organisation gab es in der Erneuerbare-Energien-Industrie Deutschlands nicht. Und damit auch keine Unterstützung für die infolge der politischen Entscheidungen in Berlin gescheiterten Zukunftsindustrien.

19 Wind- und Solarstrom verändern nicht nur unser Land, sondern auch unser Wirtschaftssystem

Als durchschnittlicher Mensch können wir eine Dauerleistung zwischen 60 und 100 Watt in Form von körperlicher Arbeit aufbringen, nur für wenige Sekunden oder Minuten auch das bis zu Zehnfache. Das reicht nicht einmal, um die Trommel einer Waschmaschine zu bewegen, geschweige denn heißes Wasser dafür zu erzeugen. Um die Betriebsmittel unseres Lebensstandards am Laufen zu halten, brauchen wir je nach Berechnung zwischen 50- bis 150-mal mehr Energie, als wir mit unserem eigenen Körper aufbringen können.* Der Architekt und Ingenieur Richard Buckminster Fuller hat das vor mehr als 80 Jahren mit dem konzeptionellen Begriff «Energiesklave» umschrieben – ein unsichtbares Heer solcher Energiesklaven trägt uns durchs Leben. Allerdings gehört uns die Arbeitskraft der Energiesklaven in der Welt der fossilen Energieträger nicht dauerhaft. Denn Kohle, Öl und Gas entfalten lediglich im kurzen Moment des Verbrennens Kraft. Nur der dauerhafte Nachschub an Brennstoffen erhält das System am Leben. Und für diesen Nachschub zahlen wir kontinuierlich, weil irgendwo in unserem komplexen Wirtschaftssystem echte Menschen und nicht Energiesklaven kontinuierlich dafür arbeiten. Unsere Energiekosten sind zumindest zum Teil ihre Arbeitslöhne: Bergleute müssen jede Tonne Kohle aus dem Berg brechen, Lokführer:innen, Seeleute und Binnenschiffer:innen fahren sie über Wochen beispielsweise von Russland nach Deutschland (und verbrauchen dabei ebenfalls Energie). Ausgaben für fossile Energie sind also immer ein Tausch von Geld gegen menschliche Arbeitszeit.

Bei fossilen Kraftwerken kostet jede Kilowattstunde daher mindestens so viel, wie für Produktion, Aufbereitung, Transport und Lagerung der nötigen Rohstoffe ausgegeben werden muss. Produktivitätsfortschritte oder schlechte Bezahlung der Lieferanten kann in diesem Mechanismus zwar zu günstigerem Strom führen, doch am grundsätzlichen Prinzip ändert das nichts. Nach dieser Logik ist es bei Kraftwerken, die Rohstoffe verheizen (dazu zählt auch Biomasse), sinnvoll, für jede Kilowattstunde zu bezahlen.

Das «Erarbeiten» von Energie entfällt in einer Welt, die Strom aus Wind und Sonne erzeugt. Weder Wind noch Sonne bekommen einen Lohnzettel. Als Geschenk der Natur lassen sie sich allerdings auch nicht versklaven. Es sind die Hersteller der Photovoltaik- und Windkraftanlagen, die Rechnungen schicken, ebenso die Planungsunternehmen, die Banken für ihre Kreditzinsen und die Verpächter:innen des Landes, auf dem die Anlagen stehen. Diese Kosten müssen die Betreiber:innen der Anlagen wieder einspielen, und sie tun es bislang nach der Logik des alten Energiesystems: nämlich indem sie für jede gelieferte Kilowattstunde ein paar Cent kassieren. Wie viel, das ergibt sich entweder aus der Einspeisevergütung nach dem Erneuerbare-Energien-Gesetz, über den Verkaufserlös an der Strombörse, aus dem Verkauf von Grünstromzertifikaten oder einer Kombination aus diesen Faktoren.

Strom ist anders als Tomaten

Für die Kostenrechnung einer Solaranlage oder eines Windrades spielt es aber in Wirklichkeit kaum eine Rolle, ob sich die Flügel drehen oder ob Siliziumzellen Elektronen in Bewegung setzen. Denn die eigentliche Arbeit dieser Anlagen gibt es umsonst – weil Sonne und Wind nichts kosten. Die Grenzkosten – das sind die Kosten für jede zusätzlich (etwa zur ersten) produzierte Kilowattstunde – liegen deshalb bei ihnen nahe null.[68] Strom aus er-

---

68 Wind- und Solaranlagen unterliegen einem gewissen Verschleiß, der auf die Stromproduktion zurückgeht – das können Betriebsstunden für ein Getriebe oder einen Wechselrichter sein.

neuerbaren Energien ist anders als Tomaten, bei denen zwei das Doppelte von einer kosten, weil doppelt so viel Arbeitskraft zum Pflanzen, Pflegen und Ernten von zwei Tomatenstauden nötig ist wie für eine. Man kann eine Bezahlung nach Stückzahl – gelieferte Kilowattstunden mal Verkaufspreis je Kilowattstunde – deshalb bei Wind- und Solarkraftwerken in Frage stellen. Wer eine Solaranlage auf dem eigenen Dach hat, hat die Frage sogar schon beantwortet, denn die Anlage unterliegt ebenfalls diesem Null-Grenzkosten-Effekt: Nachdem sie einmal bezahlt wurde, liefert sie, wann immer die Sonne scheint, kostenlosen Strom.

Ein Stromsystem, in dem zunehmend Kraftwerke ohne und immer weniger mit Grenzkosten arbeiten, ist einem erheblichen Druck ausgesetzt, der nicht ohne Verwerfungen bleiben kann – vor allem, wenn der für eine Grenzkostenlogik konstruierte Strommarkt sich nicht zu einem Markt für Anlagen ohne Grenzkosten entwickelt. Das lässt sich schon seit einigen Jahren an den Strombörsen ablesen: Mit dem Wachstum der erneuerbaren Energien sanken überall auf der Welt die Großhandelspreise für Strom an sonnigen und windigen Tagen auf nahe null. Strom ohne Grenzkosten (aus erneuerbaren Energien) verdrängt dann fast vollständig Strom mit Grenzkosten (aus konventionellen Kraftwerken).

Das Ergebnis ist jedoch auch, dass die Erlöse am Strommarkt weder für die Refinanzierung der konventionellen Kraftwerke reichen (oft nicht einmal für deren Betriebskosten) noch für die Deckung der Baukosten von Erneuerbaren-Energien-Anlagen. Letztere waren für ihre Betreiber:innen nur deshalb wirtschaftlich, weil sie zusätzlich zu den Erlösen an der Strombörse noch die Vergütungsgarantien über das Erneuerbare-Energien-Gesetz hatten.

Wie in Kapitel 7 beschrieben, profitiert von dem Effekt des Null-Grenzkosten-Stroms allerdings schon heute die energieintensive Industrie. Denn einerseits kann sie sehr günstigen Strom beziehen. Andererseits muss sie sich nur in geringem Maße an der EEG-Förderung beteiligen, über welche die Baukosten der Anlagen im Wesentlichen bezahlt wurden. Wind und Sonne werden so zugunsten einiger privilegierter Unternehmen und auf Kosten der Masse der Stromkunden genutzt.

Beabsichtigt hatte die Bundesregierung diese merkwürdige und nicht zwingende Spielart der Nutzung der Gemeingüter Wind und Sonne nicht, als sie 2003 die Befreiung der energieintensiven Industrie von EEG-Kosten einführte.* Denn klassischerweise endet die friedliche Nutzung von Gemeingütern – Allmenden, auf denen die Bewohner eines Dorfes ihr Vieh weiden lassen, oder die Fischbestände eines Sees – durch Gier: Sobald durch Übernutzung Land oder Fisch knapp wird, steigt deren Wert, so dass es für einzelne Mitglieder der Gemeinschaften immer attraktiver wird, Wiese oder See noch stärker zu übernutzen und so die Knappheit noch weiter zu vergrößern. Diesem Teufelskreis unterliegen auch alle konzentriert und eher punktuell verfügbaren Energien – beispielsweise Kohle- oder Ölvorräte, die sich unter der Kontrolle von nur sehr wenigen Unternehmen befinden. Das ist die Tragik der Allmende. Es ist die Regel und nicht die Ausnahme, dass die Kontrolle über sie seit Jahrhunderten mit Gewalt und einseitig formulierten Gesetzen erlangt wird.

Wem gehört die Sonne?

Auf die sowohl grenzenlos gleichmäßig verteilten als auch vergänglichen Gemeingüter wie Wind und Sonnenstrahlen lässt sich das Prinzip der Tragik der Allmende allerdings nicht anwenden. Windkraftanlagen mögen sich noch gegenseitig im Weg stehen und einander den Wind streitig machen. Solaranlagen, die sich gegenseitig die Sonne wegnehmen, sind jedoch nur schwer vorstellbar. Und wer sollte die dezentral verteilten Ressourcen zentral kontrollieren und monopolartig ausbeuten können?

Es seien daher zwei Thesen gewagt:

These 1 lautet, dass insbesondere die Photovoltaik langfristig immer in der Hand von vielen sein wird. Denn einerseits sind die Zugangsbarrieren zur Nutzung der Sonne sehr niedrig, gerade weil Solaranlagen keine Rohstoffe im Betrieb verbrauchen. Umgekehrt ist der Kontroll- und Vollzugsaufwand für die Regulierung von Photovoltaik gerade wegen ihrer großflächigen Verbreitung und Allgegenwart sehr hoch. Ihr wohnt deshalb eine gewisse anarchische Kraft inne. In Begriffen wie «Solarguerilla» oder «Stromrebellen» findet das auch einen sprachlichen Ausdruck. Diese natürliche Energiedemokratie wird uns gegen eine Kontrolle über das Stromsystem und damit über die Strompreise durch wenige große Unternehmen oder gar Monopolisten absichern.

Diese Absicherung ist Voraussetzung für die zweite, viel fundamentalere These. Diese lautet: Wir werden uns mittel- bis langfristig von der Bezahlung des Stroms auf Basis von Kilowattstunden verabschieden und stattdessen monatliche Pauschalpreise entrichten.

Die Pauschalpreise – Flatrates – werden sich daran bemessen, wie viel Strom über unseren Stromanschluss fließen kann und inwieweit die Gemeinschaft der Stromverbraucher in der Lage ist, ihre Ressourcen fair zu nutzen. Denn das bestimmt, wie viele Betriebsmittel – Erneuerbare-Energien-Anlagen, Leitungen, Trafos, Wasserstoffspeicher, Reservekraftwerke – insgesamt im Stromsystem bereitgehalten werden müssen. Fairness ist eine Voraussetzung für niedrige Pauschalpreise und bekommt somit nicht nur einen gesellschaftlichen Wert, sondern auch einen Preis. Pauschalpreise sind also kein Freifahrtschein dafür, alle Geräte und Energieverbraucher einfach immer angeschaltet zu lassen.

Vorbild Internet

Sie glauben, dazu wird es niemals kommen? Erinnern wir uns kurz an die Entwicklung der Preismodelle in der Telekommunikation in den vergangenen 30 Jahren: Noch im Jahr 1992 wurden Telefongespräche in Einheiten zu je 23 Pfennigen (11,8 Cent) abgerechnet.* Dafür konnte man tagsüber im Umkreis von 20 Kilometern acht Minuten lang telefonieren, in daran anschließende Ortsnetze schon nur noch eine Minute. Geändert hat sich diese Art der Abrechnung nicht nur durch die Liberalisierung des Telekommunikationsmarktes, sondern auch durch die zeitgleiche

Entwicklung des Internets. Dadurch sanken die Kosten der Infrastruktur, und ihre Kapazitäten waren plötzlich nicht mehr knapp. Turnhallengroße Vermittlungsstellen und armdicke Telefonkabelbündel wurden ersetzt durch kompakte Serverschränke und Glasfaserleitungen. Ein Telefonat mehr oder weniger ändert an den Bau- und Betriebskosten dieser Infrastruktur kaum etwas – auch sie hat keine Grenzkosten. Die Konsequenz für uns ist seit der Jahrtausendwende, dass wir monatlich einen festen Betrag für Telefongespräche und Anschluss bezahlen. Der Wandel von einer mengenbasierten Abrechnung zu einer pauschalen Abrechnung hat nur rund zehn Jahre gedauert.

Dies war gleichzeitig die Voraussetzung dafür, dass sich ein neues Gemeingut entwickeln konnte – das Internet mit seiner Allgegenwart und weiteren Pauschalpreismodellen etwa bei Zoom, Spotify und Netflix. Auch die Produktion von Musik oder Filmen verursacht einmalige Kosten. Ob sie später eine Zuschauer:in mehr oder weniger haben, ändert an den Ausgaben für die Produktion nichts. Es handelt sich ebenfalls um Null-Grenzkosten-Güter.

All das hätte sich in Systemen, bei denen wir nach Nutzungsminuten oder übertragenen Bytes bezahlen müssten, niemals entwickeln können.[69] Gleichwohl wage ich zu behaupten: In der Frühzeit des Internets, 1995, wäre für uns eine solche Welt unvorstellbar gewesen.

Damit ist die Analogie der erneuerbaren Energien zur Nachrichtentechnik noch nicht abgeschlossen: Der zweite Faktor für den Erfolg des Internets liegt darin, dass jede neue Generation an

---

69 Grenzen hat auch die Pauschalpreis-Welt: Volumenpakete für monatliche Datenmengen, die sich am Bedarf der Nutzer:innen orientieren, werden akzeptiert. Ebenso ist uns klar, dass ein DSL-Anschluss mit 200 Megabit Bandbreite mehr kosten darf als ein 16-Megabit-Anschluss. Und wir können nachvollziehen, wenn Youtube seine Videos zu Beginn der Corona-Epidemie in verminderter Qualität ausspielte, weil das Bandbreite sparte, die wegen der massenhaften Videonutzung knapp war.

Halbleiterchips sowohl leistungsfähiger als auch billiger als ihre Vorgängergeneration wurde. Damit konnte sich die Leistungsfähigkeit des Internets in den vergangenen 30 Jahren vervielfachen, ohne dass seine Nutzer dafür ein Vielfaches zahlen mussten – im Gegenteil, die monatlichen Kosten sanken sogar. Eine vergleichbare Kostendegression erleben wir auch bei der Solarenergie sowie bei den Stromspeichern: Jede neue Generation an Solar- und Akkuzellen leistet mehr und kostet weniger als ihre Vorgänger. Die technologisch-wirtschaftlichen Grundlagen für Flatrates sind beim Strom aus erneuerbaren Energien damit so ähnlich wie beim Internet.

In der Synthese führen die Thesen zu der Vermutung, dass Strom aus Solar- und Windenergie künftig in einem privat-kollektiven Mischsystem produziert und vermarktet wird: Größere Player werden darin preislich auf Augenhöhe mit den Besitzern von Solaranlagen und ihrer Eigenstromherstellung spielen müssen. Und da diese letztlich auch einen monatlichen Pauschalpreis für ihren Solarstrom zahlen – nämlich den Kaufpreis der Solaranlage, geteilt durch die Monate ihrer Lebensdauer –, liegt es nahe, dass ein solches Modell sich allgemein durchsetzen könnte.

Funktionieren kann das nur, wenn gleichzeitig Regeln eingeführt werden, die die Übernutzung der Energieallmende durch Einzelne vermeiden. Das können technische Begrenzungen der Strommenge sein, die zu einem bestimmten Zeitpunkt durch unsere Anschlüsse fließt, oder Marktmechanismen, bei denen man zu bestimmten Zeiten seine Bezugsrechte gegen Bezahlung an andere Stromnachfrager abgibt. Hier würde dann ein Anreiz dafür entstehen, dass man eine gewisse Menge Strom nicht verbraucht – und eine neue Verdienstmöglichkeit. Da solche Knappheiten in einem einigermaßen ausgewogenen Stromsystem eher selten sind, würden die dadurch erzielten Geldströme kaum dafür ausreichen, um neue Kraftwerke und Speicher zu errichten, die dann die Knappheit auflösen. Das ist jedenfalls die bisherige Erfahrung mit diesem sogenannten Missing-Money-Problem. Es bliebe deshalb im Wesentlichen bei einem Pauschalpreissystem.

Die Energieproduktionsmaschinen-Produktionsmaschine

Die Pauschalpreise könnten zur Grundlage für ein selbstverstärkendes Wachstum eines auf Wind und Sonne basierenden Energiesystems werden: In Kombination mit Robotern, die ebenfalls keine Grenzkosten aufweisen, und künstlicher Intelligenz, für die das Gleiche gilt, könnten insbesondere Solaranlagen die Grundlagen für sich selbst replizierende Energiemaschinen legen. Die Konvergenz dieser Technologien würde zu Erneuerbare-Energien-Anlagen führen, die ihrerseits den Strom liefern, aus dem von künstlicher Intelligenz gesteuerte Roboter wiederum neue Erneuerbare-Energien-Anlagen bauen, die wiederum Strom für neue Fabriken liefern.

Das klingt nach Science-Fiction – doch die ersten Solarfabriken, die mit Solarstrom angetrieben werden, sind in China schon im Bau.* Der Weltmarktführer Longi will bis 2028 den Strom, mit dem es seine Solarmodule produziert, komplett aus erneuerbaren Energien gewinnen.* Roboter wiederum sind seit Jahren in Solarfabriken Standard und werden auch bei der Installation von Solarparks schon eingesetzt.* Nicht zu vergessen: Die Kohle aus den frühen Zechen im Ruhrgebiet wurde zu einem großen Teil genutzt, um Dampfmaschinen und Stahlwerke zu befeuern, mit deren Hilfe dann neue und größere Zechen für mehr Kohle gebaut wurden konnten, die wiederum die Rohstoffe für wiederum noch größere Zechen lieferten. Das Prinzip ist also alles andere als neu.

Damit würden auch unsere Pauschalpreise immer weiter sinken und sich umgekehrt die weltweite Umstellung der Energiesysteme immer weiter beschleunigen. Denn wir hätten es mit Stromquellen zu tun, die nicht nur keine Grenzkosten bei der Produktion von Strom kennen, sondern deren Produktion selbst ebenfalls nur geringen und immer geringeren Grenzkosten unterliegen würde. Mit anderen Worten: Auch das Kraftwerk könnte in einer solchen Welt irgendwann wenn nicht umsonst, dann doch sehr billig sein.

Strom aus erneuerbaren Energien würde dadurch praktisch unbegrenzt verfügbar werden und kaum noch Geld kosten.

Welche Folgen das hätte, lässt sich kaum abschätzen. Doch klar ist: Gewinner werden in diesem Spiel einerseits die Lieferanten – oder sollte man sagen: Plattformen? – sein, die das technologische Perpetuum mobile beherrschen. Und andererseits diejenigen, die über ausreichend Flächen für Wind- und Solaranlagen verfügen – seien es Städte, Bundesländer oder Staaten. Wer weder Fläche mit Erneuerbare-Energien-Potenzial hat noch mit Know-how und Industrie punkten kann, für den gibt es im künftigen Wettrennen um die Nutzung von Wind und Sonne nichts mehr zu gewinnen. Allmählich muss Deutschland sich deshalb entscheiden, welchen Platz es einnehmen will. Sonst wird es vom Strom davongeschwemmt werden.

Dank

Bei vielen Menschen möchte ich mich herzlich bedanken: Bei Susanne Baumann für ihre großartige Unterstützung und Rückendeckung. Bei Christian Welzbacher für seine klugen Kommentare und fortwährende Ermutigung. Bei den ehemaligen Agora-Energiewende-Kolleg:innen für ihre tiefe Expertise, die sie mit mir geteilt haben. Stellvertretend möchte ich Matthias Buck, Andreas Graf, Patrick Graichen, Andreas Jahn, Thorsten Lenck, Philipp Litz und Gerd Rosenkranz nennen. Bei vielen Journalist:innen, die mich im Lauf der Zeit immer wieder neu dazu gebracht haben, über Zusammenhänge in der Energiewende nachzudenken. Bei Eckart von Hirschhausen für sein Vorwort, das einen ganz anderen Blick auf mein Buch wirft. Und schließlich geht mein Dank an Thomas Hölzl, auf dessen Idee dieses Projekt überhaupt erst zurückgeht.

Weiterführende Links (im Text mit * versehen)

Seite 18: Diese Aufschieberitis hat das Bundesverfassungsgericht in seinem spektakulären Urteil zum ursprünglichen Klimaschutzgesetz Ende April 2021 scharf gerügt. – https://www.bundesverfassungsgericht.de/Shared-Docs/Entscheidungen/DE/2021/03/rs20210324_1bvr265618.html

Seite 27: So liegt die Spitzenlast in Frankfurt beispielsweise bei etwa 0,8 Gigawatt, also 800 Megawatt. – https://www.fnp.de/frankfurt/frankfurthes sen–stadt-verlangt-nach-strom-verbrauch-frankfurt-steigt-11841714.html

Seite 31: So hält es einem die rasend schnell laufende CO_2-Uhr des Mercator Research Institute on Global Commons and Climate Change erschreckend vor Augen. – https://www.mcc-berlin.net/forschung/co_2-budget.html
Wo Sie derzeit persönlich stehen, können Sie mit dem CO_2-Rechner des Umweltbundesamtes online ausrechnen. – https://uba.co_2-rechner.de/de_DE

Seite 32: Weil beim Anbau von Futter durch das Düngen mit Gülle oder Mineraldünger Lachgas entsteht. – https://www.umweltbundesamt.de/themen/boden-landwirtschaft/umweltbelastungen-der-landwirtschaft/lachgas-methan
Rechnet man Transport und Verarbeitung von Futter und Fleisch mit ein, so entsprechen zwei Rindersteaks CO_2-Emissionen in Höhe von 105 Kilogramm. – https://science.orf.at/v2/stories/2915979/
Jede Kilowattstunde, die Sie zum Beispiel 2019 verbraucht haben, wurde mit einem CO_2-Rucksack von rund 400 Gramm Gewicht geliefert. – https://de.statista.com/statistik/daten/studie/38897/umfrage/co_2-emissi onsfaktor-fuer-den-strommix-in-deutschland-seit-1990/

Seite 33: Für Berlin lässt sich daraus zum Beispiel ablesen, dass für Haushalte der höchste Stromverbrauch im Jahr 2021 für den Silvestertag um 17.45 Uhr erwartet wird. – https://www.stromnetz.berlin/globalassets/dokumente/netz-nutzen/lastprofile/standardlastprofil-haushalt-2021.xlsx

Seite 35: Für die neuen Zähler werden wir jährlich eine Rechnung zwischen 20 bis 100 Euro (je nach Stromverbrauch und Leistungsfähigkeit unseres Stromanschlusses) erhalten. – https://www.bmwi.de/Redaktion/DE/FAQ/Smart-Meter/faq-smart-meter.html

Seite 37: Schon zwei Jahre später baute Humphry Davy (1778–1829) die erste richtige elektrische Lichtquelle. – https://www.livescience.com/43424-who-invented-the-light-bulb.html
Der Deutsche Werner von Siemens (1816–1892) verfeinerte diese Erfindungen. – https://www.deutsches-museum.de/sammlungen/meisterwerke/meisterwerke-iii/dynamomaschine/

Seite 38: Das Geld für seine Unternehmen erhielt er unter anderem von dem New Yorker Privatbankier John Pierpont (J. P.) Morgan. – https://edison.media/erklaeren/edison-das-gilded-age-und-die-elektrifizierung-der-erde/20210026.html

Seite 40: Überall auf der Welt entstanden um die Jahrhundertwende die ersten Kraftwerke. – https://www2.vde.com/wiki/chronik_2016/Wiki-Seiten/Kraftwerke.aspx

Seite 41: Auch deshalb galten 16 Pfennige für eine Kilowattstunde als günstig, sie entsprachen einem Tausendstel dessen, was ein Reichsbeamter damals im Monat verdiente. – https://www.was-war-wann.de/historische_werte/monatslohn.html

Seite 43: 13 129 Petajoule Energie wurden in Deutschland im Jahr 2018 für die Stromerzeugung, zum Heizen, für den Personen- und Gütertransport und in industriellen Prozessen verbraucht. – https://ag-energiebilanzen.de/index.php?article_id=29&fileName=awt_2019_d.pdf

Seite 44: Nur ein halbes Milliardstel ihrer gesamten Strahlung trifft nach acht Minuten Reisezeit durch das All auf die Erde. – https://www.messerschmid-energiesysteme.de/warum-sonnenenergie.php

Seite 45: Nach dem Zweiten Weltkrieg halbierte sich der Verbrauch für kurze Zeit, um dann ab 1950 exponentiell zu steigen. – https://de.wikipedia.org/wiki/Stromerzeugung

Seite 47: Gleiches gilt auch für die Minen in Polen, die bis 2049 stillgelegt werden sollen. – https://www.swr.de/swr2/wissen/polens-schwerer-abschied-von-der-steinkohle-swr2-wissen-2020-12-16-102.pdf

Seite 52: Es besteht einerseits aus einer ganzen Reihe stromsparender und äußerst billiger Netzwerkverbindungen und andererseits aus einem Adressraum, der ausreicht, um jedes Sandkorn auf der Erde einzeln anzusprechen. – https://behrtech.com/blog/6-leading-types-of-iot-wireless-tech-and-their-best-use-cases/
Google etwa nutzt den vom Unternehmen entwickelten selbstlernenden Thermostat «Nest» in den USA längst dazu, Zigtausende Klimaanlagen im Sommer so zu steuern … – https://support.google.com/googlenest/answer/9244031?co=GENIE.Platform%3DAndroid&hl=en

Seite 53: Dieser Teil unserer Industrie befindet sich daher immer noch im Dampfzeitalter, und daran ändert nicht einmal der Fusionsreaktor ITER etwas … – https://www.zeit.de/2021/14/kernfusion-bewaeltigung-klimakrise-energie-technologie?

Seite 54: Bis Ende des 21. Jahrhunderts … könnten es bis zu 6 Grad werden. – https://yaleclimateconnections.org/2020/07/some-new-climate-models-are-projecting-extreme-warming-are-they-correct/

Seite 56: Im Jahr 2000 wurden weltweit Solarzellen mit einer Leistung von 0,28 Gigawatt produziert. – https://commons.wikimedia.org/wiki/File:Photovoltaics_cell_production.svg
Noch einmal zehn Jahre später, 2019, hatte sich die globale Solarzellenproduktion auf 115 Gigawatt gegenüber dem Beginn des Jahrtausends verdreihundertfacht. – https://www.pv-magazine.com/2020/05/01/global-pv-capacity-additions-hit-115-gw-in-2019-says-iea/
Allein der hierzulande eher wenig bekannte Weltmarktführer Longi produziert jährlich Module mit einer Gesamtleistung von rund 30 Gigawatt. – https://en.longi-solar.com/home/events/press_detail/id/110.html
Bei einer Verdoppelung der Produktionskapazitäten sinken die Produktionskosten um mehr als 20 Prozent. – https://www.pv-magazine.de/2018/03/20/itrpv-photovoltaik-lernkurve-2017-bei-228-prozent/
Anfang des Jahrtausends lag der Preis … noch bei 5000 Euro und mehr. – https://www.erneuerbare-energien.de/EE/Redaktion/DE/Downloads/Berichte/erfahrungsbericht-eeg-2007.pdf?_blob=publicationFile&v=2

Seite 56/57: Bis 2022 wird in den Vereinigten Arabischen Emiraten ein Solarkraftwerk gebaut, das mit 20 Quadratkilometern in etwa so groß ist wie der Frankfurter Flughafen. – https://www.power-technology.com/projects/al-dhafra-solar-project-abu-dhabi/– https://de.wikipedia.org/wiki/Flughafen_Frankfurt_am_Main

Seite 57: Es wird Strom für weniger als einen Cent pro Kilowattstunde liefern. – https://www.pv-magazine.de/2021/04/09/saudi-arabiens-zweite-photovoltaik-ausschreibung-mit-weltrekord-tiefstgebot-von-104-us-dollar cent-pro-kilowattstunde/
Im Jahr 2020 lieferten Solaranlagen in Deutschland rund 9 Prozent des Stroms. – https://static.agora-energiewende.de/fileadmin/Projekte/2021/2021_04_KNDE45/A-EW_209_KNDE2045_Zusammenfassung_DE_WEB.pdf

Seite 58: Von den rund 30 000 Windkraftanlagen, die in Deutschland nach dem Growian errichtet wurden, entstanden ungefähr 20 000 bis zum Jahr 2010. – https://de.statista.com/statistik/daten/studie/20116/umfrage/anzahl-der-windkraftanlagen-in-deutschland-seit-1993/
Die neueren Anlagen produzieren in Summe mehr als doppelt so viel Strom wie die alten ... – https://de.statista.com/statistik/daten/studie/156379/umfrage/stromerzeugung-durch-windkraft-in-deutschland-seit-1998/

Seite 59: Wurde die Kilowattstunde im Jahr 2000 noch mit rund 9 Cent vergütet, so sind es heute rund 6 Cent. – https://www.bundesnetzagentur.de/DE/Sachgebiete/ElektrizitaetundGas/Unternehmen_Institutionen/Ausschreibungen/Wind_Onshore/BeendeteAusschreibungen/Beendete Ausschreibungen_node.html

Seite 60: Vor Borkum und Amrum will der dänische Erneuerbare-Energien-Multi Ørsted bis Mitte der 2020er-Jahre drei Windparks mit zusammen 890 Megawatt bauen. – https://orsted.de/de/presse-media/news/2018/04/orsted-gewinnt-erneut-offshore-wind-auktion-in-deutschland
Ähnliches hat der baden-württembergische Versorger EnBW mit einem 900-Megawatt-Projekt ebenfalls vor Borkum vor. – https://www.enbw.com/unternehmen/investoren/news-und-publikationen/enbw-erhaelt-in-erster-deutscher-offshore-windauktion-zuschlag-fuer.html
260 Meter hoch soll beispielsweise die Haliade-X-Turbine von General Electric sein. – https://www.ge.com/renewableenergy/wind-energy/offshore-wind/haliade-x-offshore-turbine

Seite 63: Mit 751 Terawattstunden verbraucht der Transport von Menschen und Gütern in Deutschland mehr Energie als jeder andere Sektor. – https:// www.umweltbundesamt.de/sites/default/files/medien/384/bilder/dateien/ 4_abb_eev-sektoren-et_2020-02-25.pdf
Bei Solaranlagen dauerte es rund 30 Jahre, um die Preise um 92 Prozent zu senken … – https://www.ise.fraunhofer.de/content/dam/ise/de/documents/ publications/studies/Photovoltaics-Report.pdf

Seite 64: Im Jahr 2020 kostete eine Kilowattstunde Batteriekapazität nur noch rund 125 Euro. – https://about.bnef.com/blog/battery-pack-prices-cited-below-100-kwh-for-the-first-time-in-2020-while-market-average-sits-at-137-kwh/

Seite 65: Von diesem Zeitpunkt an dürfte es noch rund 18 Jahre dauern, bis diese Autos von den Straßen verschwunden sind. – https://de.statista.com/ statistik/daten/studie/316498/umfrage/lebensdauer-von-autos-deutsch land/

Seite 66: Anders als die Energiewende macht sie nur selten Schlagzeilen; das letzte Mal 2009, als die Glühlampe verboten wurde … – https://www. spiegel.de/wissenschaft/technik/gluehbirnen-verbot-hat-es-sich-gelohnt-a-1072585.html

Seite 67: Diese Rechnungen sind seit Jahren bekannt und unumstritten. – https://static.agora-energiewende.de/fileadmin2/Projekte/2017/Syn Kost_2050/Agora_SynCost-Studie_WEB.pdf
Umso erstaunlicher ist es, dass sie selbst von der Deutschen Energieagentur Dena vielfach ignoriert werden und auch der grüne Umweltminister im Autoland Baden-Württemberg … Anfang 2021 immer noch das Lied vom synthetischen Sprit aus Wasserstoff singt. – https://www.e-mobilbw.de/ser vice/meldungen-detail/landesregierung-beschliesst-wasserstoff-roadmap

Seite 67/68: Zu denken geben sollte, dass der Volkswagen-Konzern sich 2019 von seiner Wasserstoffvision verabschiedet hat und seitdem ganz auf das Batterieauto setzt. – https://www.volkswagenag.com/de/news/stories/ 2019/08/hydrogen-or-battery--that-is-the-question.html

Seite 68: Auch die Internationale Energieagentur sieht für Wasserstoffautos in den nächsten Jahrzehnten allenfalls eine Nischenrolle. – https://www.iea.

org/data-and-statistics/charts/share-of-electric-and-fuel-cell-vehicles-in-total-cars-and-light-trucks-sales-in-the-sustainable-development-scenario-and-net-zero-emissions-by-2050-case-2019-2030

Diesen Weg verfolgen Kampagnen wie «Gas kann grün» der deutschen Gaswirtschaft oder das Institut für Wärme und Mobilität, das die Mineralölwirtschaft ins Leben gerufen hat. – https://www.gas.info/klima schutz-mit-gas/gruenes-gas/gas-kann-gruen. – https://www.zukunftsheizen. de/energiewende/brennstoffe-der-zukunft.html

Seite 70: Selbst mit allen Einschränkungen werden wir schon 2030 in etwa so viel Energie in Form von Wasserstoff brauchen, wie heute alle Solarstromanlagen in Deutschland im Jahr produzieren. – https://static.agora-ener giewende.de/fileadmin2/Projekte/2020/2020_10_KNDE/A-EW_195_KN DE_WEB_V111.pdf

Seite 70/71: Das größte deutsche Pumpspeicherwerk im thüringischen Goldisthal leistet mit einem Gigawatt so viel wie ein Großkraftwerk und speichert mit acht Gigawattstunden in seinem Oberbecken in etwa so viel Energie, wie eine Millionenstadt wie München an einem kalten Tag in Form von Strom verbraucht. – https://www.swm-infrastruktur.de/dam/ swm-infrastruktur/dokumente/strom/netzstrukturdaten/netzdaten/last verlauf-zeitreihe-hs.csv

Seite 72/73: Es ist etwas dicker als ein Arm, und zwei davon – Plus- und Minuspol – transportieren eine elektrische Leistung von bis zu 2,5 Gigawatt – so viel, wie zwei große Atomkraftwerke abgeben. – https://www.abb-kun denmagazin.de/energietechnik/525-kv-unterirdisch-transportiert/

Seite 73: Zu ihrer Neuen Seidenstraße … gehört ein «Global Energy Connection» genanntes, weltumspannendes Stromkabel. – https://blog. energybrainpool.com/global-energy-interconnection-chinas-idee-fuer-eine-weltweite-energierevolution/

Es könnte Strom zum Beispiel aus der Inneren Mongolei, wo schon heute gigantische Solarparks entstehen, bis nach Europa transportieren. – https:// www.pv-magazine.com/2020/10/13/chinese-pv-industry-brief-inner-mon golia-set-for-5-gw-solar-storage-hydrogen-complex/

Dass solche Projekte möglich sind, ist in Brasilien zu besichtigen. – https:// www.abb-conversations.com/DACH/2015/01/eine-stromleitung-brasilien/

Seite 74: Unterirdische Tunnelsysteme für selbstfahrende Wagen, viel Platz für Fußgänger und Fahrradfahrer und das Versprechen, dass kein Weg in der künftigen Millionenstadt länger als 20 Minuten dauert. – https://www.neom.com/whatistheline/

Seite 75: Der Regelfall ist der «langlebige Kapitalstock». – https://www.agrar.hu-berlin.de/de/institut/departments/daoe/ress/forschung/projekte KE/foresee
Rund 17 der knapp 19 Millionen Wohnhäuser in Deutschland sind vor dem Jahr 2000 gebaut worden … –http://www.statistikportal.de/de/wohnge baeude-nach-baujahr

Seite 76: Viele Investmentfonds … diktieren Unternehmen daher mehr und mehr, die Herstellung klimaschädlicher Produkte auslaufen zu lassen. – https://www.nbim.no/en/the-fund/responsible-investment/principles/expectations-to-companies/climate-change/

Seite 77: Schon in der Frühphase der Exploration stecken die Bergbauunternehmen Claims ab, aus denen sich dann später Abbaurechte ergeben. – https://www.umweltbundesamt.de/themen/nachhaltigkeit-strategien-in ternationales/umweltrecht/umweltschutz-im-fachrecht/bergrecht

Seite 78: Denn er hätte zu «erheblichen bauplanungsrechtlichen Problemen vor Ort bis hin zu Einschränkungen des kommunalen Planungsrechts … führen können», wie ein Bundestagsabgeordneter der CDU erklärte. – https://www.euwid-energie.de/eeg-analyse-teil-iii-oeffentliches-interesse-streichung-im-eeg-ein-fatales-signal/
Ein Anfang 2021 von der Stiftung Klimaneutralität veröffentlichter Vorschlag will deshalb die Kommunen in die Pflicht nehmen. – https://www.stiftung-klima.de/app/uploads/2021/01/2021-01-27-Flaechen-fuer-Wind-Vorschlag-Stiftung-Klimaneutralitaet.pdf

Seite 79: Nur in Luxemburg, Litauen, Belgien und England zahlt man weniger. – https://www.finanzen.net/top_ranking/top_ranking_detail.asp?in ranking=934&inPos=25

Seite 80: Vorschläge dafür gibt es seit mehreren Jahren. – https://static.ago ra-energiewende.de/fileadmin2/Projekte/2017/Abgaben_Umlagen/147_Reformvorschlag_Umlagen-Steuern_WEB.pdf

Doch welche Regierung auch immer sie aufgreift, sie wird sich mit den Besitzern von Ölheizungen anlegen ... – https://de.statista.com/statistik/daten/studie/380920/umfrage/anzahl-der-oelheizungen-in-deutschland/

Seite 82: Hinzu kommt, dass die Bundesregierungen seit 2011 immer wieder versprochen haben, dass die Kosten für die energetische Sanierung von Altbauten steuerlich abgesetzt werden können. – https://welt.de/news ticker/dpa-nt/serviceline/beruf_bildung/berichte/article112071670/energe tische-sanierung-steuerlich-absetzen.html
Das immerhin hat sich 2020 geändert – für energetische Sanierungen zahlt der Bund jetzt bis zu 40 000 Euro als Steuerbonus auf die Einkommenssteuer. – https://www.mein-eigenheim.de/finanzieren/energetische-sanie rung-steuer.html

Seite 83: Denn die wenigsten Mechaniker haben bislang die nötige Fortbildung absolviert, um überhaupt nur die Räder an einem Elektroauto zu wechseln – https://www.firmenauto.de/wartung-von-elektroautos-wo-ist-die-naechste-werkstatt-10744789.html

Seite 84: Doch die Bundesregierung weiß nicht einmal, wie viele Fachkräfte denn eigentlich nötig sind, um Deutschland klimaneutral zu machen. – https://www.tagesspiegel.de/wirtschaft/regierung-fehlt-ueberblick-ueber-fachkraeftebedarf-wie-viele-klima-jobs-braucht-deutschland/26599388.html
Geschweige denn, dass das Thema in ihrer Klimaschutzstrategie 2030 eine große Rolle spielen würde. – https://www.bundesregierung.de/resource/blob/975232/1673502/768b67ba939c098c994b71c0b7d6e636/2019-09-20-klimaschutzprogramm-data.pdf
Wer durchgehend mehr als 7000 Stunden im Jahr volle Power zieht, der zahlt nur 20 Prozent der Netzentgelte. – https://www.gesetze-im-internet.de/stromnev/_19.html

Seite 85: Verantwortlich für diese Regelung ist die schwarz-gelbe Bundesregierung vor gut zehn Jahren. – https://www.udo-leuschner.de/energie-chronik/150702.htm
Sie hatte im Jahr 2011 die Änderung der «Stromnetzentgeltverordnung» in letzter Minute in einem unübersichtlichen Gesetz voll mit einzelnen Änderungen an einer Reihe bestehender Gesetze (Artikelgesetz) versteckt. – https://www.udo-leuschner.de/energie-chronik/160616.htm

Der Sprecher des Bundestagswirtschaftsausschusses, der die Änderung eingebracht hatte, war seinerzeit für die CDU Joachim Pfeiffer. – http://webarchiv.bundestag.de/cgi/show.php?fileToLoad=5404&id=1169
Dieser Politiker kündigte im April 2021 nach Korruptionsvorwürfen an, sich aus dem Bundestag zurückzuziehen. – https://www.zeit.de/politik/deutschland/2021-03/lobbyismus-cdu-bundestag-masken-affaere-consulting-korruption?utm_referrer=https%3A%2F%2Fwww.google.com%2F – https://www.sueddeutsche.de/politik/maskenskandal-joachim-pfeiffer-rueckzug-cdu-1.5261528

Seite 86: Immer noch 30 Prozent der neuen Häuser werden mit Gasheizungen ausgestattet. – https://de.statista.com/statistik/daten/studie/37957/umfrage/beheizungssysteme-in-neubauten-im-jahr-2008/
Anstatt klimaschädliche langlebige Kapitalstöcke abzubauen, werden hier also noch neue aufgebaut. – https://www.helma-wohnungsbau.de/referenzprojekte/brandenburg/dallgow-doeberitz-wiesenblick.html
Von Gesetzes wegen müssen in Neubauten Gasheizungen mit erneuerbaren Energien kombiniert werden. – https://www.energieheld.de/heizung/gasheizung/foerderung
Diese im Gebäudeenergiegesetz festgeschriebene Verpflichtung soll eigentlich dem Klimaschutz dienen. – https://www.gesetze-im-internet.de/geg/

Seite 87: In den Niederlanden ist es seit 2018 verboten, in neuen Häusern noch Gasheizungen einzubauen. – https://www.enbausa.de/heizung/aktuelles/artikel/niederlande-verbieten-neue-gasheizungen-5868.html
In Dänemark ist das sogar schon seit 2013 der Fall. – https://www.energie-experten.org/news/daenemark-verbietet-oel-und-gasheizungen

Seite 88/89: Etwa 15 Minuten pro Jahr bleibt hierzulande der Saft im Mittel weg, in Dänemark … sind es sogar nur rund 11 Minuten, im Kohleland Polen hingegen mehr als zwei Stunden. – https://www.researchgate.net/figure/SAIDI-index-in-Poland-in-the-years-2016-2019-own-elaboration-based-on-1-2_fig1_348365634

Seite 89: Eine Analyse des Regulatory Assistance Project … kam 2018 ebenfalls zu dem Ergebnis, dass mit dem wachsenden Anteil erneuerbarer Energien in Deutschland keine Versorgungsengpässe aufgetreten seien. – https://energypost.eu/how-german-energiewendes-renewables-integration-points-the-way/

Denn die Spielregeln unseres Stromsystems sind noch recht jung. – https://www.unendlich-viel-energie.de/themen/politik/artikel14031

Seite 93: Unternehmen, denen plötzlich der Strom abgestellt wird, haben vorher Verträge mit den Netzbetreibern abgeschlossen, die genau das erlauben … – https://www.bundesnetzagentur.de/DE/Sachgebiete/Elektrizitaet undGas/Unternehmen_Institutionen/Versorgungssicherheit/Engpassma nagement/AbLaV/AbschbareLasten_node.html

Seite 94: Wie zum Beispiel im Juli 2014, als während der Halbzeitpause des Weltmeisterschaftsfinales ganz Deutschland zum Kühlschrank oder auf die Toilette rennt und um Punkt 21.45 Uhr deutlich mehr Strom nachgefragt wird als geplant. – https://www.netzfrequenz.info/auswertungen/netzfre quenz-zum-wm-finale.html

Seite 96: Die EU-Kommission möchte das wiederholen, was ihr mit der Liberalisierung des Strommarktes in den letzten 20 Jahren schon einmal gelungen ist … – https://www.next-kraftwerke.de/wissen/balancing-guide line
Nicht nur, dass Pipelines das Land durchziehen, sondern überall in Deutschland gibt es große unterirdische Gasspeicher. – https://www.bveg. de/Erdgas/Erdgasspeicher/Speichervolumen-in-Deutschland

Seite 97: Ausprobiert werden soll das im niederländischen Eemshaven. – https://www.energate-messenger.de/news/184682/gaskraftwerk-in-eems haven-stellt-auf-wasserstoff-um
Dort will RWE auch eine Wasserstofffabrik bauen. – https://www.energate-messenger.de/news/206999/eemshaven-rwe-findet-erste-abnehmer-fuer-gruenen-wasserstoff
In den nächsten 15 Jahren muss die Leistung der Gaskraftwerke in Deutschland fast verdreifacht werden. – https://static.agora-energiewende.de/fileadmin2/Projekte/2020/2020_10_KNDE/A-EW_195_KNDE_WEB_V111. pdf

Seite 98: Ihr leicht beleidigter Titel lautete: «Deutschlands ungeliebte Klimaschützer». – http://schrewe.wp.hs-hannover.de/public_www/Infor mationskreis_Kernenergie/Broschueren/Deutschland ungeliebte Klima schuetzer.pdf

Seite 98/99: Einen Treibhausgasausstoß in Höhe von 150 Millionen Tonnen CO_2 pro Jahr hätten die deutschen Reaktoren demnach verhindert. – https://www.umweltbundesamt.de/presse/pressemitteilungen/klimaschutz-treibhausgasemissionen-im-jahr-2007-um

US-Präsident Joe Biden trommelt genauso für neue, kleine sowie angeblich effizientere und sicherere Atommeiler wie Bill Gates mit seiner Firma Terrapower. – https://joebiden.com/clean-energy/ – https://www.terrapower.com/

Seite 100: Für Europas jüngsten Kraftwerksneubau … hat die britische Regierung nur deshalb einen Betreiber finden können, weil sie pro Kilowattstunde Atomstrom eine fixe Vergütung von 9,25 Pence … versprochen hat. – https://medium.com/generation-atomic/the-hinkley-point-c-case-is-nuclear-energy-expensive-f89b1aa05c27

Im Jahr 2020 hatte Atomstrom nur noch einen Anteil von zwölf Prozent am deutschen Strommix. – https://www.ausgestrahlt.de/blog/2019/02/08/atomkraft-keine-option-klimaschutz/

Seite 101: Um die von diesen fossilen Energieträgern erzeugte Strommenge zu ersetzen, müssten rund um den Globus rund 1600 Atomkraftwerke der allergrößten Art neu errichtet werden … – https://www.worldnuclearreport.org/

Seite 102: Doch es gab Probleme über Probleme, die Inbetriebnahme steht aus und wird wohl nicht vor 2024 erfolgen. – https://www.heise.de/tp/features/Flamanville-Atomreaktor-wird-auch-bis-2024-nicht-ans-Netz-gehen-4770833.html

Fünf Jahre nach Baubeginn sind die Kosten bereits um rund 5 Milliarden Pfund (5,7 Milliarden Euro) gestiegen … und der Fertigstellungstermin verzögert sich von 2025 auf 2026. – https://world-nuclear-news.org/Articles/Hinkley-Point-C-cost-rises-by-nearly-15. – https://www.theguardian.com/uk-news/2021/jan/27/hinkley-point-c-costs-may-rise-by-500 m-covid-crisis-nuclear-power-plant

Der Finanzvorstand des französischen Atomkonzerns EDF hat derlei vorausgesehen … – https://www.ft.com/content/ef9d4de8-e3e9-11e5-ac45-5c039 e797d1c

Seite 103: Und geht man die Liste der im Bau befindlichen Atomkraftwerke durch, so fällt auf, dass Neubauprojekte vor allem von Ländern vorangetrieben werden, die nicht gerade durch demokratische Tugenden auffallen. – https://de.wikipedia.org/wiki/Liste_der_Kernkraftwerke

Aber selbst dort liegen die Vorhaben immer deutlich hinter dem ursprünglichen Zeitplan. – https://www.worldnuclearreport.org/IMG/pdf/wnisr 2020-v2_lr.pdf

Auch ein Blick auf die Erfahrungen des Landes mit dem höchsten Anteil Atomstrom auf der Welt lohnt sich … – https://www.weltenergierat.de/wp-content/uploads/2018/05/81040_DNK_Energie2018_Kap3.2.pdf

Diese Kraftwerke nähern sich dem Ende ihrer Lebensdauer … – https://assets.rte-france.com/prod/public/2021-01/RTE-AIE_rapport_complet ENR horizon 2050_EN.pdf

Seite 103/104: Doch das ist teuer, der französische Stromkonzern EDF müsste für 20 Extrajahre je Kilowatt Leistung knapp 1200 Euro investieren. – https://static.agora-energiewende.de/fileadmin2/Projekte/2017/EW_ Deutschland_Frankreich/Agora_IDDRI_French_German_Energy_Tran sition_2030_Study_DE_WEB.pdf

Seite 104: Doch im Januar 2021 legte der staatliche Übertragungsnetzbetreiber RTE gemeinsam mit der … IEA erstmals eine Machbarkeitsstudie genau für diese Utopie vor. – https://www.iea.org/reports/conditions-and-requirements-for-the-technical-feasibility-of-a-power-system-with-a-high-share-of-renewables-in-france-towards-2050

Anfang 2021 wurden die Laufzeiten der ältesten Anlagen erst einmal von 40 auf 50 Jahre verlängert. – https://www.tagesschau.de/ausland/europa/laufzeitverlaengerung-frankreich-101.html

Seite 105: Legt man diese Kosten auf sämtlichen Strom um, den das Kernkraftwerk Rheinsberg jemals produziert hat, dann kostet allein der Rückbau pro Kilowattstunde 11 Cent. – https://www.kernd.de/kernd-wAssets/docs/service/621kernenergie-in-zahlen.pdf

Seite 106: Trotzdem werden Sie vermutlich hören, dass die Strompreise viel zu hoch sind. – https://static.verivox.de/dateien/teurer-strom-tabellen-stand-1002486.pdf?updated=20191202090844

Denn im internationalen Vergleich ist die Kilowattstunde aus der Steckdose in Deutschland … am teuersten. – https://de.statista.com/statistik/daten/studie/13020/umfrage/strompreise-in-ausgewaehlten-laendern/

Wir zahlen mehr als doppelt so viel wie der weltweite Durchschnitt. – https://www.verivox.de/presse/analyse-deutsche-zahlen-weltweit-den-hoechsten-strompreis-1117479/

Seite 107: Im Jahr 2021 kostet eine Kilowattstunde Strom beim Berliner Grundversorger Vattenfall 33,25 Cent. – https://web-api.vattenfall.de/ser vice-apis/download/document/3b78d5dc-be82-4798-b565-0a84ad286604 Investiert man fünf Minuten Zeit in einen Strompreisvergleich, so lässt sich in Berlin die gleiche Kilowattstunde für 25 Cent kaufen – eine Segnung der Strommarktliberalisierung. – https://www.verivox.de/strompreisvergleich Trotzdem nutzt mehr als ein Viertel der Stromkunden in Deutschland diese Möglichkeit nicht … – https://www.bundesnetzagentur.de/Shared-Docs/Mediathek/Berichte/2019/Monitoringbericht_VerbraucherKennzah len2019.pdf?_blob=publicationFile&v=2
Das Gegenteil ist in Nordhorn, ganz im Westen der Republik, der Fall. – https://www.enet.eu/aktuelles/grundversorger-strom-mehrheit-der-tarife-bleibt-zum-jahreswechsel-auf-vorjahresniveau

Seite 108: Im Jahr 2021 sind das inklusive der Mehrwertsteuer etwas mehr als 5 Cent pro Kilowattstunde. – https://static.agora-energiewende.de/fileadmin2/Projekte/2021/2020_01_Jahresauswertung_2020/200_A-EW_Jahresauswertung_2020_WEB.pdf

Seite 1110: Und so liegen die Netznutzungsentgelte in ganz Schleswig-Holstein bei mehr als 10 Cent pro Kilowattstunde. – https://www.bundes netzagentur.de/SharedDocs/Mediathek/Berichte/2020/Monitoringbericht _VerbraucherKennzahlen2020.pdf?_blob=publicationFile&v=3

Seite 111: Besonders günstig sind die Netznutzungsentgelte in Großstädten, wie etwa Düsseldorf, wo weniger als 5 Cent fällig werden. – https://www. netz-duesseldorf.de/media/netzgesellschaft_duesseldorf/preisblaetter/ strom/2020-12-21_Preisblatt_NNE_Strom_2021.pdf
Auch Berlin ist mit 5,44 Cent eher günstig. – https://www.stromnetz.berlin/ globalassets/dokumente/entgelte/zugang/entgelte-01.01.2021/nne-b-2021.pdf

Seite 112: Was das kostet, ist nicht bekannt … – https://www.dena.de/filead min/dena/Dokumente/Themen_und_Projekte/Energiesysteme/dena-Ver teilnetzstudie/121210_denaVNS_Ergebniszusammenfassung_PSG_pdf.pdf

Seite 113: Verbrauchervertreter:innen und Energieanbieter wie Lichtblick beklagen das seit Jahren. – http://library.fes.de/pdf-files/wiso/15021-2019 0121.pdf. – https://www.klimareporter.de/advertorials/grundversorgungs tarife-teuer-und-wettbewerbsschaedlich

Seite 114: Zusammen stehen die beiden Gruppen für gut die Hälfte des Stromverbrauchs in Deutschland. – https://de.statista.com/statistik/daten/ studie/236757/umfrage/stromverbrauch-nach-sektoren-in-deutschland/
Die andere Hälfte entfällt bis auf einen kleinen Rest auf die Verbraucher in der Industrie – und hier vor allem auf Chemiefabriken und Metallbetriebe. – https://www.destatis.de/DE/Presse/Pressemitteilungen/2020/12/ PD20_476_435.html
Unternehmen mit geringem Stromverbrauch zahlen ebenfalls viele Abgaben, Umlagen und Entgelte … – https://www.bdew.de/media/documents/ BDEW-Strompreisanalyse_no_halbjaehrlich_Ba_online_28012021.pdf

Seite 114/115: Ersatzweise springen wir kleinen Verbraucher über die sogenannte Paragraf-19-Umlage ein und zahlen jährlich rund eine Milliarde Euro, um die Industrie von Netzkosten freizuhalten. – https://www.mpw-net.de/de/industrie/energie-und-stromsteuer/index.html

Seite 115: Im Jahr 2020 war das in 298 Stunden der Fall. – https://static.agora-energiewende.de/fileadmin2/Projekte/2021/2020_01_Jahresauswertung_ 2020/200_A-EW_Jahresauswertung_2020_WEB.pdf

Seite 117: Wie das aussehen könnte, hat Agora Energiewende im Jahr 2018 aufgeschrieben. – https://static.agora-energiewende.de/fileadmin/Projekte/ 2017/Abgaben_Umlagen/147_Reformvorschlag_Umlagen-Steuern_WEB.pdf

Seite 118: Denn dazu ist mehr nötig, wie ein Blick nach Schweden zeigt … – https://www.bne-online.de/de/news/detail/gastbeitrag-schwedischer-co$_2$-preis/

Seite 119: Die Regierung hatte einseitig an der Steuerschraube für eher arme Bevölkerungsgruppen gedreht, den Reichen aber sogar noch Steuern erlassen. – https://static.agora-energiewende.de/fileadmin2/Projekte/2018/ CO$_2$-Steuer_FR-DE_Paper/Agora-Energiewende_Paper_CO$_2$_Steuer_ FR-DE.pdf

Seite 120: Bereits heute können wir bei einigen Stromanbietern schon variable Tarife buchen. – https://www.energate-messenger.de/news/192652/ awattar-bringt-variablen-stromtarif-nach-deutschland
Das zeigt eine Simulation dieses Modells für Agora Energiewende. – https://static.agora-energiewende.de/fileadmin2/Projekte/2017/Abgaben_ Umlagen/147_Reformvorschlag_Umlagen-Steuern_WEB.pdf

Bei den Netznutzungsentgelten müssen vor allem die bestehenden Ungerechtigkeiten rasch gelöst werden. – https://www.agora-energiewende.de/fileadmin2/Projekte/2014/transparente-energiewirtschaft/Agora_Netzentgelte_2019.pdf

Seite 121: Es liegt bei nur ein bis zwei Kilowatt in Gebieten, in denen zum Beispiel 30 Häuser an einem Kabel hängen. – file://C:\\Users\chrpo\AppData\Local\Temp\Masterarbeit Referenznetze Gunther Gust 1358383.pdf
Der Netzbetreiber NetzeBW fand in einem vielbeachteten Modellversuch heraus, dass selbst in einer Straße, in der überwiegend Elektroautos vor den Häusern parken, es praktisch niemals dazu kommt, dass alle gleichzeitig geladen werden … – https://assets.ctfassets.net/xytfb1vrn7of/6gXs-8wiRSF0E2SqkwSq406/fc1c9430ba88b81c31e399242b09b17e/20191217_BroschuereE-Mobility_210x275 mm_100Ansicht.pdf
Wenn die künftigen Wärmepumpen und Elektroautos im Extremfall alle gleichzeitig nach Strom gieren, dann könnte das zu einer gigantischen zusätzlichen Nachfrage führen … – https://www.bne-online.de/fileadmin/documents/Folien_Workschop_14a_EnWG_gezeigt.pdf

Seite 122: Es habe sich um einen Entwurf der Arbeitsebene gehandelt, der nicht die Billigung des Ministers gefunden habe. – https://www.energate-messenger.de/news/208909/enwg-altmaier-kippt-spitzenlastglaettung
Schon 2019 hatte das Wirtschaftsministerium eine große Studie zur Kappung vom Netz in Workshops von Fachleuten diskutieren lassen. – https://www.bne-online.de/fileadmin/documents/Folien_Workschop_14a_EnWG_gezeigt.pdf
Wenn die Leitungen und Transformatoren vor der Überlastung stünden, würde der Strom teurer werden, so dass die Ladealgorithmen ein Signal bekämen, lieber noch etwas mit dem Befüllen des Akkus zu warten oder aber die Ladeleistung zu drosseln. – https://static.agora-verkehrswende.de/fileadmin/Projekte/2019/EV-Grid/AgoraRAP2019_VerteilnetzausbauElektromobilitaet_2019-08-26.pdf

Seite 123/124: Der RWE-Vorstandsvorsitzende Jürgen Großmann hielt noch 2008 die «Solarstromproduktion in Deutschland für so sinnvoll wie die Ananaszucht in Alaska.» – https://www.t-online.de/finanzen/immobilien-wohnen/mietrecht-wohnen/id_53238792/rwe-chef-kritisiert-solarfoerderung-als-geldverschwendung.html

Seite 124: Zwischen 2012 und 2015 kostet es nur 5 bis 7 Euro, eine Tonne CO_2-Ausstoß in die Luft zu blasen. – https://www.dehst.de/SharedDocs/ downloads/EN/publications/DEHST_brochure_figures_May_2015.pdf?_ blob=publicationFile&v=1

Seite 126: Im Jahr 2011 rotierten die Generatoren von Steinkohlekraftwerken im Mittel noch an 3850 Stunden im Jahr. – https://www.oekologi sche-plattform.de/wp-content/uploads/2013/07/AEE_Dossier_Studienver gleich_Volllaststunden_juli13.pdf
Der Niedergang der Steinkohleverstromung hat schon um 2015 begonnen … – https://beyond-coal.eu/coal-exit-timeline/
Seitdem haben sich viele weitere Länder angeschlossen. – https://static. agora-energiewende.de/fileadmin2/Projekte/2021/2020_01_EU-Annual-Review_2020/A-EW_202_Report_European-Power-Sector-2020.pdf

Seite 126/127: Dafür kassierte es noch Stilllegungsprämien im Rahmen des deutschen Kohleausstiegs in Höhe von zig Millionen Euro. – https://www. eid-aktuell.de/nachrichten/nachrichtenarchiv/detail/news/bnetza-gibt-weg-fuer-moorburg-abschaltung-frei.html

Seite 127: Die Baukosten in Höhe von rund drei Milliarden Euro hatte Vattenfall schon zuvor abgeschrieben. – https://www.welt.de/regionales/ hamburg/article203541682/Vattenfall-Chef-Eine-Option-waere-Moor burg-zu-verkaufen.html

Seite 127/128: Ihre wirtschaftliche Situation war Anfang 2021 so prekär, dass sie einen Sanierungsexperten in die Geschäftsführung holte. – https:// www.handelsblatt.com/unternehmen/energie/energiewirtschaft-strom produzent-steag-wird-zum-sanierungsfall-und-hofft-auf-hilfe-der-rag-stiftung/26910954.html?ticket=ST-1452130-J40d2kkA4jksGKeLaYgY-ap5

Seite 130: Sie dominieren die Top 20 der klimaschädlichsten Kraftwerke Europas. – https://www.eionet.europa.eu/etcs/etc-cme/products/etc-cme-reports/etc-cme-report-3-2020-trends-and-projections-in-the-eu-ets-in-2020/@@download/file/Report_ETS_03_2020_20201218.pdf
Die Anlagen stehen samt und sonders auf der Stilllegungsliste des Kohlestrombeendigungsgesetzes. – https://www.bundesnetzagentur.de/Shared Docs/Downloads/DE/Sachgebiete/Energie/Unternehmen_Institutionen/ Kohleausstieg/Braunkohletabelle.xlsx?_blob=publicationFile&v=1

Seite 131: 2,6 Milliarden Euro soll RWE für die Anlagen bekommen, die bis 2029 vom Netz gehen. – http://dipbt.bundestag.de/extrakt/ba/WP19/2587/258735.html

Denn auch den ursprünglichen Plänen der LEAG zufolge wäre der Braunkohletagebau dort um das Jahr 2040 herum ausgelaufen. – https://www.klimareporter.de/deutschland/wozu-so-viel-entschaedigung-fuer-die-braunkohle

Eine Analyse des britischen Thinktanks Sandbag kam schon 2019 zu dem Ergebnis, dass die Betreiber der Kraftwerke bis 2022 einen Betriebsverlust in Höhe von 1,8 Milliarden Euro zu erwarten hätten. – https://ember-climate.org/wp-content/uploads/2019/07/2019-Cash-Cow-report-1.3.pdf

Seite 133: Tillich hat sich nur einige Monate nach Abschluss der Verhandlungen zum Aufsichtsratsvorsitzenden der Mitteldeutschen Braunkohlengesellschaft wählen lassen … – https://www.epholding.cz/en/press-releases/ephs-statement-on-the-acquisition-of-a-50-stake-in-mibrag-from-cez/

Seite 134: Dafür müsste beispielsweise die LEAG Rückstellungen in Höhe von drei Milliarden Euro bilden … – https://www.greenpeace.de/sites/www.greenpeace.de/files/publications/2018-09-07stellungnahme-leag.pdf

Seite 137: Dann stoßen Sie wahrscheinlich mehr als zehn Tonnen CO_2 im Jahr aus. – https://uba.co_2-rechner.de/de_DE/living-hs

Leider ist die Zahl solcher Häuser in Deutschland sehr überschaubar … – https://de.statista.com/statistik/daten/studie/309514/umfrage/anzahl-der-fertig-gestellten-passivhaeuser-in-deutschland/

Von den rund 19 Millionen Wohnhäusern in Deutschland sind 17 Millionen mindestens zwanzig Jahre alt. – https://www.statistikportal.de/de/wohngebaeude-nach-baujahr

Seite 138: Bis 2030 sollen demnach europaweit jährlich zwei Prozent der alten Gebäude saniert werden. – https://www.bpie.eu/wp-content/uploads/2020/10/Renovation-Wave-briefing-DE_final.pdf

Seite 139: Auch hier wissen Gebäudeenergieberater Bescheid, und Plattformen wie die gemeinnützige Beratungsgesellschaft www.co_2online.de helfen ebenso. – http://www.co_2online.de/

Rund 500 000 Kilometer sind sie zusammen lang. – https://www.frontier-economics.com/media/2260/der-wert-der-gasinfrastruktur.pdf

Das ist mehr als die Hälfte der in Deutschland verbrauchten Endenergie und fast so viel Energie, wie das ganze Land in Form von Strom verbraucht. – https://www.umweltbundesamt.de/sites/default/files/medien/ 384/bilder/dateien/2_abb_anteil-waermeverbrauch_2020-01-02.pdf
Rund 40 Milliarden Euro geben wir jährlich für Öl und Gas zum Heizen aus. – https://www.bmwi.de/Redaktion/DE/Downloads/Energiedaten/ energiedaten-gesamt-pdf-grafiken.pdf?_blob=publicationFile&v=32

Seite 140: Im Jahr 2019 montierten die Installateure in Deutschland in knapp jedem zweiten neuen Haus in Deutschland ein solches Gerät. – https://www.solarserver.de/2020/05/26/waermepumpen-marktanteil-2019- im-neubau-spitzenposition-verteidigt/

Seite 141: Die dortigen Stadtwerke haben eine Großwärmepumpe installiert, die Fernwärme für die Fachwerkhäuser im historischen Stadtkern liefert. – https://www.stadtwerke-lemgo.de/privatkundenbereich/ueber-uns/ gefoerderte-massnahmen/?L=0
Die dafür nötige Umweltwärme stammt aus dem Abwasser des örtlichen Klärwerks. – https://www.stadt-und-werk.de/meldung_34480_Energie+ aus+gekl%C3%A4rtem+Abwasser.html

Seite 143: So geschehen etwa im münsterländischen Mettingen … – https:// www2.ivz-aktuell.de/articles/67561/niedstadtweg-gemeinde-setzt-auf-kalte- nahwaerme

Seite 144: Bis 2050 soll das ganze Land so klimafreundlich versorgt werden, Kopenhagen sogar schon 2025. – https://www.waermewende.de/daenische waermewende/

Seite 145: Ein moderner, 170 PS starker Elektromotor wiegt nur 14 Kilogramm. – https://www.handelsblatt.com/auto/test-technik/neue-e-moto ren-generation-nur-zehn-kilo-schwer-und-so-leistungsfaehig-wie-ein- porsche-boxermotor/25613336.html?ticket=ST-4356701-0bpiLqxcVved KHJhZIJ7-ap3

Seite 147: Große Autozulieferer wie Bosch und Schaeffler haben bereits vorgefertigte Chassis im Angebot, über die sich mit wenig Aufwand eine Fahrgastzelle stülpen lässt. – https://www.fool.de/2020/08/17/e-fahrzeuge-von- schaeffler-vorboten-einer-revolution-die-der-autobranche-einheizen-wird/

Seite 150: Die Autos einiger französischer und japanischer Hersteller können das bereits. – https://www.smarter-fahren.de/bidirektional-la den/

Nissan wirbt sogar offensiv mit dem bidirektionalen Laden. – https://www.nissan-cdn.net/content/dam/Nissan/ch/de/brochures/sonstige/e-mobility-brochure-ch-de.pdf

Volkswagen will allerdings von 2022 an seine Fahrzeuge mit diesem Feature ausstatten. – https://ecomento.de/2021/04/08/vw-will-bidirektionales-elektroauto-laden-in-die-breite-bringen/

Seite 151: In Deutschland fehlen hierfür noch einfache Regelungen, wohingegen in den Niederlanden, aber auch im US-Bundesstaat Delaware solche Ladesäulen bereits betrieben werden. – https://newmotion.com/nl-nl/ken niscentrum/nieuws-en-updates/what-is-smart-charging-nl

Gleichwohl haben weder Bundesnetzagentur noch Bundesregierung lange Zeit erkennen lassen, dass sie diesen Mehrwert von Elektroautos nutzen wollen … – https://www.pv-magazine.de/2020/06/24/e3-dc-wie-bidirek tionales-laden-der-energiewende-hilft/

Seite 153: Die bisherigen Recyclingvorschriften stammen aus dem Jahr 2006. – https://www.sonderabfall-wissen.de/wissen/recycling-und-entsor gung-von-e-auto-batterien/

Seite 153/154: In Deutschland können Sie den Ökostrom dieser Anlagen so gut wie nie kaufen. – https://www.aib-net.org/sites/default/files/assets/news-events/annual-reports/AIB Annual Report 2019 web.pdf

Seite 157: Fast 100 Terawattstunden Strom wurde 2017 auf diese Art und Weise in Deutschland zu Ökoenergie … – https://www.umweltbundesamt.de/sites/default/files/medien/1410/publikationen/2019-08-15_cc_30-2019_marktanalyse_oekostrom_ii.pdf. – https://www.bmwi.de/Redaktion/DE/Publikationen/Energie/erneuerbare-energien-in-zahlen-2017.pdf?_blob=publicationFile&v=27

Der Grund dafür liegt in einer anderen EU-Regelung, die sich im Erneuerbare-Energien-Gesetz «Doppelvermarktungsverbot» nennt. – https://www.gesetze-im-internet.de/eeg_2014/_80.html

Seite 158: Wegen des Doppelvermarktungsverbots liefern hierzulande bislang lediglich alte Wasserkraftwerke … sowie manche Müllverbrennungs-

anlagen … Grünstromzertifikate im nennenswerten Umfang. – https://
www.aib-net.org/sites/default/files/assets/news-events/annual-reports/AIB
Annual Report 2019 web.pdf

Seite 159/160: Durch den schlichten Tausch der Eigenschaften des Stroms
hatten die Norweger im Jahr 2018 einen Strommix, der zu mehr als 50 Prozent aus Kohle-, Gas- und Atomstrom bestand. – https://medium.com/@
skloesch/why-norwegian-and-icelandic-and-some-other-electricity-should-
not-be-considered-green-94c9a917efd7

Seite 161: Greenpeace Energy bietet jetzt schon solchen Strom an. – https://
www.greenpeace-energy.de/fileadmin/docs/monitoring/ok-power-
zertifikat-greenpeace-energy-oekostrom-aktiv.pdf

Seite 162: Unter anderem diesen Weg verfolgen Unternehmen, die möglichst schnell klimaneutral werden sollen, etwa Bosch, wo man sich schon
«2020 klimaneutral stellen» wollte. – https://www.bosch.com/de/unterneh
men/nachhaltigkeit/umwelt/
Auch die Deutsche Bahn lässt Strom, der aus Kohlekraftwerken in Datteln
und Schkopau stammt, mit Zertifikaten ergrünen. – https://www.zeit.de/
mobilitaet/2020-02/deutsche-bahn-oekostrom-kohlekraftwerk-datteln-
4-mobilitaet-klimaschutz/seite-2?utm_referrer=https://www.google.
com/2F

Seite 163: Zum Start waren es Anlagen mit rund vier Gigawatt Leistung –
rund dreimal so viele, wie im Jahr 2020 neu ans Netz gingen; bis 2025
werden es mehr als 16 Gigawatt Leistung werden. – https://www.euwid-
energie.de/geschaeftsmodell-power-purchase-agreement-ppa-potenzial-
zum-megatrend/
Eine Reihe von Dienstleistern und Vermarktungsunternehmen bieten Industriekunden inzwischen Strom aus solchen ausgeförderten Anlagen
an. – https://inpower.de/oekostrom-fuer-evu-und-industriekunden

Seite 164: Die Vollkosten von Solarstrom in Deutschland liegen Anfang
2021 bei etwas über 5 Cent pro Kilowattstunde. – https://www.bundes
netzagentur.de/DE/Sachgebiete/ElektrizitaetundGas/Unternehmen_Insti
tutionen/Ausschreibungen/Solaranlagen1/BeendeteAusschreibungen/
BeendeteAusschreibungen_node.html;jsessionid=A26BBC8196727D3BB4
AD72062C4AAE7B

Für PPA-Anlagen gilt das nicht, und so konnte der baden-württembergische Versorger EnBW östlich von Berlin eine Solarparkanlage mit 187 Megawatt bauen – die größte Anlage Deutschlands. – https://www.enbw.com/erneuerbare-energien/solarenergie/solarpark-weesow/

Seite 165: So betreibt Autohersteller BMW schon seit einigen Jahren Windkraftanlagen auf seinem Leipziger Werksgelände, um mit deren Strom Elektrofahrzeuge zu bauen. – https://www.press.bmwgroup.com/deutschland/article/detail/T0322900DE/die-windraeder-im-bmw-group-werk-leipzig-werden-in-der-adventszeit-zu-windkerzen?language=de
Eher an Mittelständler richtet sich das Angebot des Energiekonzerns E.on, der eine 250 Kilowatt starke «Klein»-Windkraftanlage gezielt an Unternehmen vermarktet und damit wirbt, dass diese dadurch bis zu 60 Prozent an Stromkosten sparen können. – https://www.eon.de/de/gk/energieloesungen/kleinwindkraftanlagen.html

Seite 166: Der Stromverbrauch der Bewohner unter dem Dach liegt aber im Mittel nur bei rund 4000 Kilowattstunden. – https://www.co$_2$online.de/energie-sparen/strom-sparen/strom-sparen-stromspartipps/stromverbrauch-4-personen-haushalt/
Diese Geschichte erzählen die Verkäufer von Solaranlagen häufig. – https://energie.q-cells.de/verbrauchertipps/verbrauchertipp-autarke-stromversorgung-stromanbieterwechsel-mit-einer-pv-anlage/
Rund 270 000 Stromspeicher stehen auch deshalb inzwischen in deutschen Kellern. – https://www.solarwirtschaft.de/2021/02/18/solarbatterie-boom/
Auch unter günstigen Bedingungen kostet es bei den bisher installierten Solarspeichern fast immer mehr, eine Kilowattstunde Strom mit ihnen zu speichern, als sie beim Stromanbieter zu kaufen. – https://www.finanztip.de/photovoltaik/stromspeicher/
Kostet beispielsweise eine Kilowattstunde Speicherkapazität 1200 Euro und gibt der Hersteller an, dass der Speicher 4000-mal geladen werden kann, so entfällt auf jeden Lade- und Entladevorgang pro Kilowattstunde ein Betrag von 30 Cent. – https://www.verbraucherzentrale.nrw/wissen/energie/batteriespeicher-die-sonne-in-die-verlaengerung-schicken-24589

Seite 169: Und sollten die Förderprogramme, die es dafür noch in vielen Bundesländern gibt, besser heute als morgen abgeschafft werden? – https://www.solarwatt.de/stromspeicher/foerderung

Agora Energiewende hat schon 2014 ausrechnen lassen, dass sie ab einem Anteil von 60 Prozent von Strom aus erneuerbaren Energien wichtig werden. – https://static.agora-energiewende.de/fileadmin2/Projekte/2013/spei cher-in-der-energiewende/Agora_Speicherstudie_Web.pdf

Seite 174: So hat Larry Fink, der Vorstandsvorsitzende des größten Finanzverwalters der Welt, Blackrock, im Jahr 2020 angekündigt, Unternehmen, an denen seine Firma beteiligt ist, zur Verantwortung zu ziehen, wenn diese klimaschädlich handeln würden. – https://www.blackrock.com/ch/privatanleger/de/larry-fink-ceo-letter

Seite 175: Im Jahr 2021 konkretisierte Fink diese Drohung und forderte die Firmen auf, künftig Nachhaltigkeitsberichte vorzulegen, aus denen unter anderem hervorgeht, welche Risiken und Chancen aus Klimaschutz beziehungsweise unterlassenem Klimaschutz erwachsen. – https://www. blackrock.com/de/privatanleger/2021-larry-fink-ceo-brief. – https://assets. bbhub.io/company/sites/60/2020/10/FINAL-2017-TCFD-Report-11052018. pdf
Bis 2030 will beispielsweise die britische BP ihre Ölproduktion um 40 Prozent verringern. – https://www.reuters.com/article/us-shell-strategy-in sight/shell-targets-power-trading-and-hydrogen-in-climate-drive-id-INKBN2A10ZZ
Eine Explorationsmannschaft wird deshalb nicht mehr gebraucht. – https://www.reuters.com/article/us-oil-exploration-bp-insight-idUSKBN 29U00C

Seite 176: Dabei helfen seit kurzem auch Initiativen wie Planetgroups. – https://planetgroups.net/de/
So investiert BP massiv in Wind- und Solarenergie. – https://www.bp.com/ en/global/corporate/energy-economics/energy-outlook/demand-by-fuel/ renewables.html
Bis 2030 will der Konzern seine installierte Leistung bei den erneuerbaren Energien von derzeit 2,5 auf 50 Gigawatt verzwanzigfachen. – https://www. greentechmedia.com/articles/read/bp-to-invest-5b-a-year-on-low-carbon-and-cut-fossil-fuel-output-by-40-percent-by-2030
Bis zur Jahrhundertmitte will das niederländisch-britische Unternehmen klimaneutral werden … – https://csr-news.net/news/2020/04/16/shell-will-bis-spaetestens-2050-klimaneutral-werden/
Teil dieser Strategie ist es, von einem der größten Ölproduzenten der Welt

zum größten Stromproduzenten der Welt zu werden. – https://www.boerse-am-sonntag.de/aktien/markt-im-fokus/artikel/shell-will-groesster-strom anbieter-der-welt-werden.html

Seite 177: So hat der französische Versicherungskonzern AXA im März 2021 dem RWE-Konzern die Versicherungen gekündigt. – https://www. insurancejournal.com/news/international/2021/03/12/605014.htm
Der Vorwurf: Die Technik von Siemens ermögliche ein Projekt, das im Alleingang die Pariser Klimaziele sprengen könne. – https://www.tagesschau. de/wirtschaft/siemens-kohle-proteste-101.html

Seite 179: In den Mittelgebirgen und in den Bergen trieben mehr als 50 000 Wasserräder überall Mühlen, Sägewerke und Schmieden an. – https://books.google.de/books?id=KV_B0n507QEC&lpg=PA31&ots=r P6PAlYM-B&dq=Gewerbestatistik%2018.362%20Windm%C3%BChlen &hl=de&pg=PA32
Unternehmen sowie reiche Familien leisteten sich in der zweiten Hälfte des 19. Jahrhunderts Dampfmaschinen mit Generatoren. – https://www2.vde. com/wiki/chronik_2016/Wiki-Seiten/Kraftwerke.aspx

Seite 181: Sollten Sie hingegen aus einer der Regionen stammen, die auf der Rohstoffkarte weiß geblieben sind … dann hat die Energiegewinnung in Ihrer geografischen Sozialisierung vermutlich keine allzu große Rolle gespielt. – https://geoviewer.bgr.de/mapapps4/resources/apps/geoviewer/ index.html?lang=de&tab=rohstoffe&cover=rohstoffe_bsk1000_ags

Seite 182: Versuche haben sogar ergeben, dass die Erträge von Weizen und Kartoffelpflanzen unter den Solarmodulen höher waren als ohne deren schattenspendende Wirkung. – https://www.ise.fraunhofer.de/de/presse-und-medien/presseinformationen/2019/agrophotovoltaik-hohe-ernte ertraege-im-hitzesommer.html
Interessant ist hier ein Blick nach Schleswig-Holstein, das zu den Vorreitern bei der Windkraft zählt. – https://www.schleswig-holstein.de/DE/ Landesregierung/Themen/Energie/Windenergieflaechen/_documents/ aktuellerPlanentwurf.html
Gleichzeitig ist Schleswig-Holstein eines der Bundesländer, in dem die Windenergie schon seit Jahrzehnten fast überall sehr sichtbar ist und bereits die Hälfte des Potenzials für Windkraft ausgeschöpft wird. – https:// www.foederal-erneuerbar.de/uebersicht/bundeslaender/BW|BY|B|BB|H

B|HH|HE|MV|NI|NRW|RLP|SL|SN|ST|SH|TH|D/kategorie/wind/aus
wahl/344-realisiertes_und_ges/
Eine Forsa-Umfrage bestätigt die Zahl bundesweit. – https://fachagen-
tur-windenergie.de/fileadmin/files/Veroeffentlichungen/Akzeptanz/FA_
Wind_Umfrageergebnisse_Herbst_2020.pdf

Seite 185: Bayern hätte sogar das größte Potenzial für die Windstromerzeugung in ganz Deutschland, nutzt davon jedoch nur knapp sechs Prozent. –
https://www.foederal-erneuerbar.de/uebersicht/bundeslaender/BW|BY|
B|BB|HB|HH|HE|MV|NI|NRW|RLP|SL|SN|ST|SH|TH|D/kategorie/wind/
auswahl/344-realisiertes_und_ges/
Für junge Erwachsene sind Windräder hingegen normal ... – https://www.
new4-0.de/wp-content/uploads/2020/07/Dritte_Online_Studie-NEW-
4.0_19062020.pdf
Angesichts dieser Dominanz ist die moderne Landwirtschaft die eigentliche Industrie in unserer Landschaft ... – https://www.bmel.de/Shared
Docs/Downloads/DE/Broschueren/Daten-und-Fakten-Landwirtschaft.
pdf?_blob=publicationFile&v=6
Ähnlich auf dem Weg nach Hamburg oder entlang der Ostseeautobahn. –
https://www.proplanta.de/Maps/proplanta_pointmaps.php?SITEID=
8280111

Seite 186: In Mecklenburg-Vorpommern sind solche Angebote seit einigen
Jahren Pflicht. – https://www.regierung-mv.de/Landesregierung/em/Ener
gie/Wind/B%C3%BCrger-und-Gemeindebeteiligungsgesetz

Seite 186/187: In Dänemark werden sogar nachgewiesene Wertminderungen von Immobilien in der Nähe neuer Windparks ersetzt. – https://kefm.
dk/aktuelt/nyheder/2019/nov/bedre-forhold-for-naboer-til-fremtidens-
vindmoeller-og-solcelleparker/

Seite 187: Auf zwei Arbeitsplätze in der Braunkohle kommt ungefähr ein
zusätzlicher Arbeitsplatz in anderen Branchen. – https://www.bmwi.de/
Redaktion/DE/Publikationen/Studien/strukturdaten-der-kommission-
wachstum-strukturwandel-und-beschaeftigung.pdf?_blob=publication
File&v=4
In Dithmarschen an der Nordseeküste wachsen deshalb mancherorts in-
zwischen die Gemeinden wieder. – https://www.kn-online.de/Nachrichten/
Schleswig-Holstein/Dithmarschen-Windmuehlen-bringen-den-Wohlstand

Seite 188: Die heutige Essener Zeche Zollverein ist nicht das Museum der Ausbeutung einer Landschaft oder von Menschen, sondern eine Event-Location, die dem wirtschaftlichen Aufstieg einer Region und der Bergbautechnik in Form eines UNESCO-Welterbes huldigt. – https://www. zollverein.de/besuch-planen/themenverzeichnis/

Ebenso geht es im Besucherbergwerk und auf der 500 Meter langen Förderbrücke F60 im ehemaligen Braunkohletagebau Lichterfeld-Sackdorf in der Lausitz nicht um Mondlandschaften und die Vertreibung von Menschen, sondern um ein beeindruckendes Stück Technik und um Bergbaufolgelandschaften als Kunstinstallation. – https://www.f60.de/

Seite 189: Angetrieben wurde diese Entwicklung maßgeblich von den Atomkraftwerken, die Franz Josef Strauß … im Freistaat bauen ließ. – https://www.spiegel.de/politik/wir-den-dreck-a-cebb5560-0002-0001-0000-000014350710?context=issue

Um die Jahrtausendwende lieferten die Anlagen mehr als 60 Prozent des dort produzierten Stroms. – https://www.statistischebibliothek.de/mir/ser vlets/MCRFileNodeServlet/BYMonografie_derivate_00000678/Strom erzeugung in Bayern Entwicklungen und aktuelle Ergebnisse.pdf;jsessio nid=96557885027BFF2364EB3FC96BCF47E5

Seite 190: An einem kalten Abend im Februar verbrauchen die Haushalte, Fabriken, Züge und Geschäfte Bayerns jedoch fast zwölf Gigawatt. – https:// www.ffegmbh.de/download/informationen/359_energienetze_in_bayern_ ihk/energienetz_in_bayern.pdf

Wind und Sonne steuern so ungefähr ein Viertel des Stromverbrauchs Bayerns bei, Biomasse und Wasserkraft ein weiteres Viertel. – https://www.zfk. de/energie/strom/stromimporte-in-bayern-nehmen-weiter-zu

Seite 191: Die offizielle Begründung der CSU-Landtagsfraktion für die Verhinderungsregel lautet: Nur so könne die Akzeptanz von Windkraft erhalten bleiben. – https://www.csu-landtag.de/lokal_1_1_1096_Ausbau-der-Windkraft-Soll-die-10H-Regelung-fallen.html

Bürgerinitiativen … brachten den damaligen CSU-Chef und bayerischen Ministerpräsidenten Horst Seehofer dazu, das von ihm selbst geforderte Bundesbedarfsplangesetz, das den Bau der Leitungen in Form von Hochspannungsmasten regelte, wieder abzuschießen. – https://www.zeit.de/ 2015/10/stromtrasse-bayern-horst-seehofer-energiewende-kernkraftwerk

Das dauert etliche Jahre länger und ist rund dreimal teurer als die ur-

sprünglichen Freileitungen. – https://www.netzentwicklungsplan.de/sites/
default/files/paragraphs-files/NEP_2030_2019_1_Entwurf_Kostenschaet
zungen.pdf

Seite 192: Abermals organisieren Bürgerinitiativen sich gegen die Projekte … – https://bundesverband-gegen-suedlink.de/buergerinitiativen/
Rund 15 Milliarden Euro werden für den Bau der Leitungen nach Bayern
fällig werden, schätzte der Netzbetreiber Tennet (mit Sitz in Bayreuth) im
Jahr 2015. – https://www.sueddeutsche.de/bayern/erdkabel-warum-aigner-
niedrigere-kosten-fuer-stromautobahnen-angibt-1.3188359

Seite 193: Weitere 600 Megawatt an Reserveleistung sind in Planung, ebenfalls bezahlt durch die Netzbetreiber und damit von allen Stromverbrau-
cher:innen.   –   http://www1.bayern.landtag.de/www/ElanTextAblage_
WP18/Drucksachen/Schriftliche Anfragen/18_0006585.pdf
Dass der bayerische Wirtschaftsminister Hubert Aiwanger von den Freien
Wählern inzwischen mit «Windkümmerern» versucht, seinen Landsleuten
die Anlagen schmackhaft zu machen, spricht Bände, hat aber noch kein
Windrad gebaut. – https://www.stmwi.bayern.de/presse/pressemeldungen/
pressemeldung/pm/428-2020/

Seite 194: Ende 2020 hat sie entschieden, nach welchen Regeln sie dabei
vorgehen will. – https://www.acer.europa.eu/Media/News/Pages/ACER-
decides-methodology-for-electricity-bidding-zone-review-and-will-
evaluate-alternative-configurations.aspx
Berücksichtigen wird sie dabei auch Vorschläge der deutschen Übertragungsnetzbetreiber. – https://www.montelnews.com/de/story/%C3%BCnb-
wollen-deutschen-preiszonensplit-prfen-lassen/1 049 662

Seite 195: Modellierungen kamen dabei schon vor einigen Jahren zu dem
Ergebnis, dass der Preisunterschied zwischen einer solchen süddeutschen
und einer norddeutschen Preiszone anfangs bei 20 Prozent des mittleren
Strompreises liegen würde. – https://www.strommarkttreffen.org/2018-02_
Fraunholz&Hladik_Zwei_Preiszonen_in_D.pdf

Seite 196: Die Bundesregierung hat deshalb 2017 sogar per Verordnung
festgelegt, dass die einheitliche deutsche Strompreiszone unteilbar ist. –
https://www.gesetze-im-internet.de/stromnzv/BJNR224300005.html
Die EU-Kommission hat Deutschland 2018 vor dem Europäischen Gerichts-

hof verklagt. – https://www.tagesspiegel.de/wirtschaft/eu-beanstandet-einmischung-des-bundes-muss-der-deutsche-energiemarkt-komplett-neu-reguliert-werden/26822212.html

Denn die Bundesnetzagentur müsste dann den Strommarkt entlang der EU-Regularien managen – und das würde wohl Aufteilung bedeuten, denn das wollte die EU-Kommission schon 2016. – https://www.sueddeutsche.de/wirtschaft/strompreise-eu-kommission-will-deutschland-in-zwei-strompreiszonen-teilen-1.3009985

Seitdem zahlt man in Lappland ganz im Norden weniger für Strom als in Schonen ganz im Süden. – https://www.nordpoolgroup.com/Market-data1/Dayahead/Area-Prices/SE/Yearly/?view=table

Seite 197: China ist nicht als der Klimaschützer der Welt bekannt. – https://www.worldometers.info/co$_2$-emissions/

Seite 198: China soll bis spätestens 2060 klimaneutral werden. – https://www.climatechangenews.com/2020/09/22/xi-jinping-china-will-achieve-carbon-neutrality-2060/

Seite 199: In den nächsten zehn Jahren sollen die USA 1,7 Billionen Dollar in saubere Energie investieren und so bis 2030 den Treibhausgasausstoß im Vergleich zu 2005 halbieren. – https://joebiden.com/climate-plan/

Mit dem ersten Gipfel, zu dem Biden Ende April 2020 die Staats- und Regierungschefs aus 40 Ländern einlud, unterstrich er seine Ernsthaftigkeit. – https://www.dw.com/de/joe-biden-setzt-signal-bei-klimagipfel/a-57282988

Hinter diesen Zielen, die ähnlich von mehr als 100 Staaten verfolgt werden, steckt die Erfahrung, dass Wind und Sonne den günstigsten Strom in der kürzesten Zeit liefern. – https://ca1-eci.edcdn.com/reports/ECIU-Oxford_Taking_Stock.pdf?mtime=20210323005817&focal=none

In China wurden 2020 fast 30 Prozent des Stroms aus erneuerbaren Energien produziert, zu einem großen Teil aus Wasserkraft. – https://www.argusmedia.com/en/news/2182487-chinas-2020-renewable-energy-output-rises

Allein 71 Gigawatt Windleistung wurden 2020 zugebaut, eine Verdreifachung gegenüber 2019. – https://www.reuters.com/article/environment-News/idUSKBN29Q0JT?il=0

Ebenso wie bei der Windkraft wurden die Solaranlagen fast alle erst in den Jahren nach 2010 gebaut, bis 2030 ist nochmals mehr als eine Verdoppelung geplant. – https://www.greentechmedia.com/articles/read/what-is-going-on-with-chinas-crazy-clean-energy-installation-figures

Seite 200: Ebenso wie in China war das Jahr 2020 in den USA sowohl bei Wind als auch bei der Photovoltaik das bislang stärkste Jahr überhaupt. – https://www.eia.gov/todayinenergy/detail.php?id=46976. – https://www.seia.org/us-solar-market-insight
Parallel zum Boom der erneuerbaren Energien, aber auch zum Aufkommen billigen Fracking-Erdgases gehen in den USA die oft überalterten Kohlekraftwerke vom Netz. – https://www.forbes.com/sites/davidcherney/2021/01/13/coal-producers-affirm-us-carbon-emissions-from-electricity-will-keep-declining/?sh=673a56d72ba1
Und auch in China realisiert man inzwischen, dass die brandneue Flotte an Kohlekraftwerken womöglich kollektiven Schiffbruch erleiden könnte. – https://www.reuters.com/article/us-china-energy-climatechange-idUSKBN29QoJT

Seite 201: Im Jahr 2000 wurden hierzulande ungefähr genauso viele Windkraftanlagen gebaut wie in Dänemark, Spanien und Italien – den drei nächstgrößten Märkten – zusammen. – https://www.windbranche.de/windenergie-ausbau
Diese enorme Nachfrage war es, durch die vor gut 15 Jahren eine Solar- und Windindustrie entstand – zunächst in Deutschland, Dänemark und Spanien, später auch in anderen europäischen Ländern, den USA und schließlich China, das Wind- und Solarindustrie sogar zu strategisch relevanten Wirtschaftszweigen erklärte und in der Folge mit unbegrenzt viel Geld ausstattete. – https://policy.asiapacificenergy.org/node/3040 https://policy.asiapacificenergy.org/node/2919

Seite 202: Auf 211 Milliarden Euro summieren sie sich nur für die Jahre von 2011 bis 2020. – https://static.agora-energiewende.de/fileadmin/Projekte/EEG-Rechner/Prognose_2021/2020-10-15_AGORA-EEG-Rechner_v4_1_1.xls

Seite 203: Ohne sie hätte sich in China keine Solarindustrie bilden können, in der heute einzelne Hersteller so viele Solarmodule in zwei Jahren herstellen, wie in Deutschland seit Beginn der Erneuerbare-Energien-Geschichte vor 20 Jahren installiert wurden. – https://about.bnef.com/blog/the-first-phase-of-the-transition-is-about-electricity-not-primary-energy/

Während sich weltweit der Anteil von Windkraft, Solar- und Bioenergie an der Stromerzeugung fast verdreifachte und 2020 erstmals die Atomenergie überrundete, verebbte Deutschlands Enthusiasmus in Ausbaudeckeln bei der Photovoltaik, in Abstandsregelungen bei der Windkraft und einer Diskussion, die sich vor allem um die Herausforderungen, Kosten und Risiken der Energiewende drehte. – https://twitter.com/MLiebreich/status/13713 73952057098242/photo/1

Seite 204: Unter den 20 größten Industrieländern hatte Deutschland im Jahr 2020 den höchsten Anteil von Wind- und Solarenergie im Strommix. – https://ember-climate.org/wp-content/uploads/2021/03/Global-Electricity-Review-2021.pdf
Und während überall auf der Welt Solarparks im Maßstab von mehreren hundert Megawatt entstehen …, haben es die deutschen Parlamentarier gerade einmal geschafft, die Größengrenze für Solarparks, die über das EEG vergütet werden, von 10 auf 20 Megawatt zu erhöhen. – https://en.wiki pedia.org/wiki/Top_Dutch_Joint_Solar_Array

Seite 206: In den dafür nötigen Umbau soll allein bis 2030 rund eine Billion Euro fließen, … was ein Grund dafür ist, dass wir neuerdings Grüne Bundeswertpapiere kaufen können. – https://www.bundesfinanzministerium. de/Content/DE/Pressemitteilungen/Finanzpolitik/2020/08/2020-08-24-PM-Bund-begibt-ab-2020-Gruene-Bundeswertpapiere.html
Eine ähnliche Beschleunigung gilt für den Ausbau der erneuerbaren Energien. – https://ec.europa.eu/clima/policies/strategies/2030_de
Die europäischen Grünen sowie die liberale Partei «Renew Europe» erreichten zusammen fast 25 Prozent der Stimmen. – https://www.europarl. europa.eu/election-results-2019/de

Seite 207: Nach langen Querelen … hatten sich die europäischen Staats- und Regierungschef auf einem Sondergipfel Ende Juni 2019 überraschend auf die ehemalige deutsche Verteidigungsministerin als Kompromisskandidatin geeinigt. – https://www.spiegel.de/politik/ausland/eu-kommission-letzte-chance-fuer-manfred-weber-und-frans-timmermans-a-1274117. html. – https://www.merkur.de/politik/eu-hammer-von-leyen-soll-nach-merkel-blamage-eu-kommissionschefin-werden-zr-12745383.html

Seite 208: Denn der Green New Deal zwingt auch die Bauern in der EU zu ökologischerem und klimafreundlicherem Wirtschaften, das hierzulande

zu höheren Preisen führen könnte. – https://www.agrarheute.com/manage
ment/betriebsfuehrung/green-deal-schlechtes-geschaeft-fuer-bauern-fuer-
planeten-577135

Seite 209: Flankiert wird das Fordern und Fördern durch das Prinzip der
«Just Transition». – https://ec.europa.eu/info/strategy/priorities-2019-2024/
european-green-deal/actions-being-taken-eu/just-transition-mechanism/
just-transition-platform_de
In die Lausitz fließen aus diesem Grund beispielsweise fast 900 Millionen
Euro aus Brüssel. – https://www.lr-online.de/lausitz/cottbus/gruener-deal-
der-grosse-eu-plan-fuer-die-lausitz-42932042.html
Das könnte beispielsweise die Batteriefabrik sein, die BASF im Süden Brandenburgs im Jahr 2022 in Betrieb nehmen will. – https://www.spiegel.de/
wirtschaft/unternehmen/basf-baut-batteriefabrik-in-der-lausitz-a-619a2
4f4-4ca2-4211-8b29-57b3c86e7651

Seite 211: Um die Betriebsmittel unseres Lebensstandards am Laufen zu
halten, brauchen wir je nach Berechnung zwischen 50- bis 150-mal mehr
Energie, als wir mit unserem eigenen Körper aufbringen können. – https://
www.umweltschulen.de/energie/powermensch.html

Seite 214: Beabsichtigt hatte die Bundesregierung diese merkwürdige und
nicht zwingende Spielart der Nutzung der Gemeingüter Wind und Sonne
nicht, als sie 2003 die Befreiung der energieintensiven Industrie von EEG-
Kosten einführte. – https://www.clearingstelle-eeg-kwkg.de/gesetz/274

Seite 215: Noch im Jahr 1992 wurden Telefongespräche in Einheiten zu je
23 Pfennigen (11,8 Cent) abgerechnet. – https://www.neues-deutschland.
de/artikel/364563.ab-telefon-zeittakt-alle-minuten-pfennig.html

Seite 218: Das klingt nach Science-Fiction – doch die ersten Solarfabriken,
die mit Solarstrom angetrieben werden, sind in China schon im Bau. –
https://www.pv.de/media/en-longi_company_presentation_version_
2020_05.pdf
Der Weltmarktführer Longi will bis 2028 den Strom, mit dem es seine
Solarmodule produziert, komplett aus erneuerbaren Energien gewinnen. –
https://en.longi-solar.com/home/events/press_detail/id/212_LONGi_con
ducts_Green_Sustainability_manufacturing_concepts_and_practices_
across_its_global_factories_and_supply_chains.html

Roboter wiederum sind seit Jahren in Solarfabriken Standard und werden auch bei der Installation von Solarparks schon eingesetzt. – https://www. wiwo.de/technologie/green/bau-von-solarparks-wie-drohnen-und-roboter-die-kosten-senken/13568696.html

Alle Links und weiterführende Informationen unter www.deutschland unterstrom.de